Josef Schmid

KURT BARNEKOW

Ein Unternehmerleben

Mit einem Vorwort von Udo Bandow

Bibliografische Information Der Deutschen Bibliothek

Die Deutsche Bibliothek verzeichnet diese Publikation in der Deutschen Nationalbibliografie; detaillierte bibliografische Daten sind im Internet über http://dnb.ddb.de abrufbar.

IMPRESSUM
Herausgeber: KUBAH-Stiftung
Verlag Schmidt-Römhild, Lübeck
Text: Dr. Josef Schmid
Grafische Gestaltung: Sigrid Steinbach
Redaktion und Projektbetreuung: Klaus J. Groth
Diese Publikation entstand in der Forschungsstelle für Zeitgeschichte in Hamburg
Technische Herstellung: Verlag Schmidt-Römhild
ISBN 3-7950-7007-4

DIE LIEBE IST DAS MASS ALLER DINGE!

Diese Biografie ist die Erinnerung
an den Menschen KURT BARNEKOW,
der als Unternehmer und christlicher, demokratischer Bürger
vielen seiner Zeitgenossen imponierte, viele auch faszinierte.
Er nahm Zeitabläufe nicht einfach hin,
sondern mischte sich ein, erhob kritisch seine Stimme.
Das haben Freunde und Feinde erfahren.

Er hatte ein Ziel!!
Ich bin überzeugt – er hat es erreicht!

Für mich als Partnerin und Ehefrau war es ein großes Glück,
dass ich ihn 39 Jahre lang begleiten
und an seiner Seite mitwirken konnte.

In liebevollem Andenken und großer Dankbarkeit dafür,
dass es ihn gab

Karin Brennecke-Barnekow

Inhalt

Vorwort 8

Frühe Überlebenskämpfe 11
Alltag eines Waisenkindes 11
– Kaufmann im Blut – Mit sieben Jahren Waise
– Der hungrige Schüler – Im Lebenssturm

Chancen sehen und ergreifen 20
– Mit den Augen stehlen – Der Jahrgangsbeste
– Blicke über den Tellerrand – Spezialist in Sachen Werbung

Erste Schritte in der Möbelbranche 31
21 Pfennig Stundenlohn 31
– Produkte zum Anfassen – Lernen von der Pike auf
– „Ersatzfamilie Rusheweyh" – Weitergehende Ambitionen

Mut zur Karriere 35
– Exporte via Hamburg – Nazis an der Macht
– Sprung in die Selbständigkeit

Als Selbständiger im „Dritten Reich" 43
Vom Handelsvertreter zum Großhändler 43
– Prioritäten setzen – Familiengründung
– Distanzierung und Anpassung – Kampfplatz Möbelwirtschaft
– Sieg und Niederlage

Die KZ-Haft und ihre Folgen 59
– Die Gestapo kommt – Stehvermögen – Am Leben bleiben

Kampf an allen Fronten 66
– Soldat wider Willen – Einsatz in der „Hölle"
– Heimatfront in Trümmern – „Schildbürgerstreiche"
– Mit Glück und Tricks – Patriotismus

Die KUBAH-Kogge in voller Fahrt 87
Ein Traum wird Wirklichkeit 87
– Kurze Wege finden – Ein ehrgeiziges Projekt
– Markenprodukte vom Fließband – Von den USA lernen
– Wirtschaftswunder Marke KUBAH

Innovativ und erfolgreich 109
– Keine Stunde Null – Offene Worte – Vertrauen in die Kunden
– „Amerikanisch" werben – Gegen den Mainstream

Der Chef entscheidet 129
– Der Firmenpatriarch – Kommunisten unerwünscht
– Wo die Liebe hinfällt

Blick für Realitäten 141
– Neue Herausforderungen – Getrennte Wege
– Verantwortung übernehmen – KUBAH am Scheideweg
– Das Ende wird zum Anfang

Neuanfang statt Ruhestand 153

Maßvolle Visionen 153
– Im Trend der Zeit – Misstrauen aller Orten
– Gleiches Recht für alle – „Wir kämpfen weiter"

Einsichten eines Kaufmannes 163
– Engagement mit Haut und Haar – Innerlich ruhig
– Der „Spar"-Vertrag – Was ist Fortschritt?

Eine Tradition wird beendet............................ 173

50 Jahre KUBAH 173
– Zeit zum Feiern – „Sie waren kein einfacher Partner"
– Nicht nur Rückblick

Punktgenaue Landung 179
– Planvoller Rückzug – Der letzte Schritt
– Zwischen Sylt und Börse – „Vor Gott ein Wurm"

Bilanz eines kämpferischen Unternehmerlebens 189

Anhang 192

Kurt Barnekow: Lebensweg im Überblick 192

Anmerkungen 195

Danksagung 205

Bildnachweis – Zitatnachweis 206

Vorwort

Schon beim ersten Kennenlernen war Kurt Barnekow für mich der Prototyp des Einzelunternehmers, der nach dem Krieg entscheidend dazu beigetragen hat, Deutschland wieder aufzubauen. Er machte auf mich einen in sich ruhenden, souveränen Eindruck, er stellte sich nicht in den Mittelpunkt, er stand da. Sein persönliches Auftreten strahlte Vertrauen aus, ebenso sein geschäftliches Verhalten. Gegebene Zusagen hielt Kurt Barnekow stets ein, und für Fehler stand er immer selbst gerade. Die von ihm sehr wörtlich genommene persönliche Haftung war Basis des Vertrauensverhältnisses.

Als ich Kurt Barnekow Ende der 1970er Jahre erstmals persönlich begegnete, damals in meiner Eigenschaft als Chef der Wertpapierabteilung der Vereins- und Westbank AG, lag die Blüte seiner unternehmerischen Laufbahn bereits hinter ihm. In den ersten beiden Jahrzehnten nach dem Zweiten Weltkrieg hatte er mit seiner KUBAH Möbel-Fabrik in Wedel und den KUBAH Möbel- und Einrichtungshäusern in Hamburg und Kiel große ökonomische Erfolge erzielt. KUBAH war ein Markenname geworden, mit einem weit über die Grenzen Hamburgs und Norddeutschlands hinaus reichenden Ruf für hohe Qualität und guten Service. Darüber hinaus hat er vielen Menschen einen Arbeitsplatz und eine gute Ausbildung gegeben.

In den 1970er Jahren wurde das Möbelgeschäft zunehmend schwieriger. Möbel sind langlebige Güter, und in wirtschaftlichen Krisenzeiten richten sich Menschen nicht mehr so schnell neu ein. Kurt Barnekow blieb auch in dieser Zeit ein ausgesprochen risikofreudiger Unternehmer. Wenn die Umstände es erforderten, stellte er die Weichen für neue Unternehmungen. Dabei behielt er stets den klaren Kopf, den ein erfolgreicher Kaufmann braucht.

Etwas mehr konnte sein Blut in Wallung geraten, wenn er Ungerechtigkeiten witterte. Oft berichtete mir Kurt Barnekow über Briefe an Behörden, Politiker und andere gesellschaftliche Verantwortungsträger, in denen er sich über empfundene

Ungerechtigkeiten beschwert habe. Politik verfolgte er kritisch und sachkundig, wobei er nie parteipolitisch festgelegt war. Ganz offenkundig verspürte er eine Verantwortung gegenüber der res publica, die er auf seine Art und Weise auszudrücken versuchte. Diese Verpflichtung gegenüber der res publica war wahrscheinlich ein Grund für meine Wertschätzung ihm gegenüber, da ich diese ähnlich stark empfinde.

In einer weiteren Hinsicht war Kurt Barnekow ein ungewöhnlicher Unternehmer: Er interessierte sich für internationale Wertpapiere, und zwar bereits zu einer Zeit, als es noch große Mühe machte, auf diesem Gebiet Informationen zu erhalten. Er muss sich sehr viel mit solchen Fragen beschäftigt haben, denn so nebenbei kann man sich ein profundes Wissen, wie Kurt Barnekow es besaß, nicht erwerben. Es machte Spaß, mit ihm zusammenzuarbeiten. Die Vereins- und Westbank war stolz und glücklich, ihn als Kunden gehabt zu haben.

Hamburg, im November 2003

Udo Bandow

Kurt Barnekow, damals schon Vollwaise, als Schüler ca. 1916/17.

Frühe Überlebenskämpfe
Alltag eines Waisenkindes

Alfred Karl Kurt Barnekow liebte es nicht, schon gar nicht öffentlich, allzu viele Details aus seinem Privatleben mitzuteilen. Eigene Aussagen über ihn prägende Erfahrungen und Erlebnisse konzentrierten sich auf wenige zentrale Einschnitte in seinem Leben. Entsprechend begrenzt sind auch die überlieferten Informationen über seinen familiären Hintergrund.

Kaufmann im Blut

Von den Vorfahren her, so ließ Kurt Barnekow später gelegentlich verbreiten, sei er „in seiner Berufswahl erheblich vorbelastet" gewesen.[1] Zur Erläuterung verwies er stets nur kurz auf die kaufmännischen Tätigkeiten seines Großvaters Joachim Andreas Christian Barnekow und seines Vaters Otto Barnekow als Wurzel für die eigene unternehmerische Laufbahn. In der weit verzweigten, aus adeligen und nicht adeligen Gliedern bestehenden und vorwiegend im Ostseeraum ansässigen „Familie Barnekow"[2] lassen sich noch weitere Nachweise kaufmännischer Betätigung finden, auch in Kurt Barnekows näherer Verwandtschaft.

Allein auf solche Spuren in Kurt Barnekows Herkommen zu verweisen und damit eine ausgeprägte Kaufmannstradition zu suggerieren, würde allerdings in die Irre führen, denn sowohl Großvater wie Vater hatten sich ihre Position erst erarbeiten müssen. So entstammte der auf der Insel Rügen geborene Großvater einer Arbeiterfamilie. Er betrieb im ausgehenden 19. Jahrhundert in Stralsund ein Handelsgeschäft für Milch- und andere Landprodukte. In der damals stark expandierenden Hansestadt an der Ostsee – die Einwohnerzahl stieg zwischen 1850 und 1900 von 18.000 auf 31.000 – konkurrierte Großvater Barnekow mit 30 vergleichbaren Viktualienhändlern. Im Tausch für Erzeugnisse aus der Stadt, so erzählte man später in der Familie Barnekow, habe der Großvater vor allem von Bauern der Insel Rügen Landprodukte erhalten und auf diese Weise ein kleines, aber florierendes Ladengeschäft in der Hansestadt aufgebaut. Stralsund erlebte in dieser Zeit generell eine wirtschaftliche Blüte. Warenhausgesellschaften wie Wertheim (1878) und Tietz (1879, heute: Kaufhof AG), die schon bald zu den ganz Großen in ihrer Branche zählten, begannen dort ihren ökonomischen Erfolgsweg.

Otto Barnekow wurde 1882 in Stralsund als eines von elf Kindern geboren. Trotz dieses Kinderreichtums, so berichtete Kurt Barnekow später, hätten die Großeltern zudem noch ein Waisenkind aufgenommen. "Wenn wir elf Kinder ernähren, können es auch zwölf sein", habe der Großvater seine Entscheidung begründet.[3] Kurts Vater ging bereits mit 14 Jahren eigene Wege. Er sammelte zunächst zahlreiche praktische Erfahrungen als Lagerist und Verkäufer in Textilfabriken und Bekleidungsgeschäften in mehreren Städten Pommerns und Mecklenburgs sowie in Berlin. Anschließend zog er nach Hamburg. Die Stadt an der Elbe wuchs damals vor allem durch Zuwanderung. Von den etwa 750.000 Einwohnern, die dort um die Jahrhundertwende lebten, waren die Hälfte nicht mehr in Hamburg geboren. Die Sogkraft resultierte vor allem aus der starken wirtschaftlichen Position der Stadt. So hatte die international orientierte Handelsmetropole Hamburg vorangegangene Krisenzeiten vergleichsweise gut überstanden und partizipierte nun sehr am weltwirtschaftlichen Aufschwung.

Otto Barnekow machte sich in Hamburg als Textilkaufmann und Fabrikant von Wolldecken selbständig. 1908 heiratete er dort die vier Jahre jüngere, in Hamburg geborene Frieda Jacobs. Von ihrer Familie und deren Hintergrund ist ebenfalls wenig überliefert. Dem Taufschein zufolge war ihr Vater Carl Jacobs von Beruf Schmied. Ihr Bruder Carl Jacobs jr. hatte allerdings bald als Kaufmann Erfolg. Er gründete 1912 in Hamburg einen nach ihm benannten Möbelvertrieb und übernahm 1924 die Möbelfirma Julius Stern, deren alleiniger Inhaber er bis zum Erlöschen der Firma 1935 blieb.

Mit sieben Jahren Waise

Kurt Barnekow wurde am 9. April 1910 in Altona, heute ein Stadtteil von Hamburg, als erstes und einziges Kind von Otto und Frieda Barnekow geboren. Seine Eltern wohnten damals im gut bürgerlichen Hamburg-Harvestehude und lebten offenkundig in einem gewissen Wohlstand, wovon etwa Bilder von Ausflügen ans Meer oder zum Skilaufen zeugen. „Noch sehr genau" erinnerte sich Kurt Barnekow viele Jahre später, „als ich mit meinem ‚Holländer'[-Rad] durch die Parkallee unter den herbstlichen Kastanien fuhr, und sie [meine Mutter] mir in einem wallenden Kostüm in Herbstfarben mit einem großen weiten

Umhang entgegen kam und mir freundliche Worte sagte!"⁴ Doch solche Erinnerungen an eine glückliche Kindheit blieben allein deshalb Episode, da seine Mutter bereits in seinem sechsten Lebensjahr, am 12. Januar 1916, an Herzversagen starb. Deshalb habe er sie, bekannte er rückblickend, „kaum gekannt".⁵

Für Kurt Barnekow war der frühe Tod seiner Mutter der Auftakt zu einer umfassenden Veränderung seiner Lebensumstände. Denn wenig später wurde sein Vater zum Kriegsdienst herangezogen. Der 1914 begonnene Erste Weltkrieg hatte sich rasch zu einem kaum fassbaren „Abnutzungskrieg" von Menschen und Material entwickelt, mit letztlich fast zehn Millionen Toten und über zwanzig Millionen Verwundeten. Nach seiner Einberufung gab Otto Barnekow den Sohn in die Obhut seiner Schwestern Martha und Hedwig Barnekow nach Stralsund und trat am 1. August 1916 als Kanonier dem Deutschen Heer bei. Er kam nach Frankreich an die Front, wo er an den verlustreichen Stellungskämpfen an der Somme teilnahm. Allein während dieser fünf Monate dauernden Schlacht verloren über 1,2 Millionen Soldaten ihr Leben, darunter eine halbe Million auf deutscher Seite. In einer der nachfolgenden Kämpfe an jenem Frontabschnitt im März 1917 wurde Otto Barnekow verwundet. Zunächst kam er ins Kriegslazarett in Cambrai, anschließend wurde er in ein Hamburger Lazarett überführt. Dort erlag er am 29. Oktober 1917 den Folgen seiner Kriegsverletzung. Trotz seiner jungen Jahre nahm Kurt Barnekow sowohl den Tod seiner Mutter als auch seines Vaters sehr bewusst wahr, markierten sie doch den ersten tiefen Einschnitt in seinem Leben: „Ich sehe es noch heute ganz klar vor meinen Augen", so erinnerte er Jahrzehnte später, „als der Sarg aus hellem Eichenholz sich nach der Trauerfeier herabsenkte und sich darüber eine Jalousie schloß. Es war – wie gestern!"⁶

Die beiden Tanten kümmerten sich nach Aussage von Kurt Barnekow während der nächsten zehn Jahre, die er in Stralsund verbrachte, liebevoll um ihn und seine Erziehung. Dabei entwickelte er vor allem zu Hedwig Barnekow ein enges Verhältnis. Dies sollte sich später unter anderem darin ausdrücken, dass seine Trauer über ihren Tod am 24. Dezember 1951 alle nachfolgenden Weihnachtsfeste überschattete.

Der hungrige Schüler

Einen ähnlichen Lebensstandard wie zuvor das elterliche Heim in Hamburg bot ihm das neue Stralsunder Zuhause allerdings nicht. Als Antwort auf die Frage, was aus dem

*Großvater Barnekow (Bild o. r.) betrieb in Stralsund ein Landprodukte-
geschäft (Bild o. l.), Großvater Jacobs (Bild u. l., 1. v. l.)
war Schmied in Hamburg. Mutter Frieda (Bild r.) starb 29 Jahre jung.*

Kurzes Glück mit den Eltern Otto und Frieda: Mit 6 Jahren kam Waisenkind Kurt in die Obhut seiner Tanten Hedwig (Portraitbild) und Martha (Bild l., 1. v. r.) Barnekow.

Erbe seiner Eltern geworden sei, deutete Kurt Barnekow später nur Erbstreitigkeiten an und schwieg ansonsten. Auf jeden Fall sei er damals nicht nur Vollwaise, sondern auch weitgehend mittellos geworden. In den verbleibenden Kriegsjahren bis 1918 habe er sogar erstmals am eigenen Leib erfahren, was es heißt, hungern zu müssen. Die kriegsbedingte Ernährungskrise in Deutschland hatte sich vor allem durch die von den Briten verhängte Seeblockade drastisch verschärft und im „Steckrübenwinter" 1916/ 1917, dem ersten, den Kurt Barnekow in Stralsund erlebte, einen Höhepunkt erreicht. An den Folgen von Hunger und Unterernährung starben damals in Deutschland etwa eine dreiviertel Million Menschen.

Vor diesem Hintergrund erlebte Kurt Barnekow seine Schuljahre von Beginn an als harten Existenzkampf: „Wir waren sehr arm, und ich trug morgens Brötchen und nachmittags Zeitungen aus, um etwas Taschengeld zu bekommen."[7]

> *Meine Tanten und ich hatten oft nichts mehr zu essen. Als die Not eines Tages am grössten war und wir Drei am Tisch beteten, läutete kurze Zeit darauf die Türglocke und herein kam Frau Wienkoop, eine Gutsbesitzerin aus Stönkvitz auf Rügen. Sie brachte uns einen Korb mit Brot und Lebensmitteln, wofür Tante Martha ihr Kleider nähen und umändern sollte. Als sie gegangen war, sagten meine Tanten: ‚Der Herrgott hat unser Gebet erhört!' Wir hatten wieder Speisen. Das vergisst man in seinem ganzen Leben nicht.*

Stolz verwies er später darauf, sich auf diese mühsame Art das Geld für ein eigenes Fahrrad erspart zu haben. An Klassenreisen habe er jedoch nur teilnehmen können, weil der Klassenlehrer das Fahrgeld stiftete. Nach der Grundschule wechselte Kurt Barnekow, dem stets „guter Fleiß" bescheinigt wurde, 1922 auf die Oberrealschule Stralsund. Allerdings waren und blieben seine schulischen Leistungen durchschnittlich. Er sei kein Streber gewesen, sondern ein „richtiger Lausejunge", bekannte er rückblickend.[8]

Ehrgeiz entwickelte er im Sport, spielte zunächst Schlagball, später Hockey.

Vor allem widmete er viele Stunden seiner Freizeit einer weiteren Leidenschaft: dem Zeichnen. Allein in diesem Fach erhielt er in seinem Abgangszeugnis 1927 die Zensur „sehr gut". Auch zahlreiche Linolschnitte, die in dieser Zeit entstanden, dokumentieren seine frühe künstlerische Begabung.

Die Wirtschaftskrise 1923

Unter den zahlreichen Krisen der Weimarer Republik (1919-1933) ragte die Wirtschaftskrise von 1923 heraus, da damals weite Teile der deutschen Bevölkerung verarmten und durch mehrere politische Aufstände zeitweilig der Fortbestand der Reichseinheit und der Demokratie gefährdet schien.

→ Anfang Januar 1923 besetzten französische und belgische Truppen das Ruhrgebiet. Die durch Kriegsschuldentilgung und Zinszahlung bereits angespannte Haushaltslage in Deutschland wurde durch die Produktionsausfälle im Ruhrgebiet und die Unterstützung der Ausgesperrten und Ausgewiesenen erheblich verschärft. Vergeblich versuchte die Regierung, die Situation mit höheren Krediten und durch immer häufigere Betätigung der Notenpresse in den Griff zu bekommen. Die Geldentwertung steigerte sich Juni 1923 zu einer Hyperinflation.

→ Mit fortschreitender Inflation verschlechterte sich die Versorgungslage der Bevölkerung dramatisch. Der Reallohn sank auf 40 Prozent seines Niveaus von 1913, Vermögenswerte schmolzen dahin. Ein Zentner Kartoffeln kostete, wenn er überhaupt zu haben war, im Oktober 1923 den Wochenlohn eines Facharbeiters.

→ Im September 1923 versuchte die bayerische Staatsregierung eine Rechtsdiktatur zu errichten. Reichspräsident Ebert verhängte den Ausnahmezustand. Unruhen und Separationsbestrebungen in Sachsen, Thüringen und im Rheinland folgten. Kommunisten lieferten in Hamburg der Polizei Straßenkämpfe. Mit einem Putschversuch vom 8./9. November 1923 versuchte Adolf Hitler die chaotische Lage in seinem Sinne auszunutzen.

→ Am 15. November 1923 trat eine Währungsreform in Kraft, welche die Inflation rasch beendete. Angesichts der katastrophalen Folgen überdachten die Alliierten ihre Politik gegenüber dem Deutschen Reich und modifizierten die Reparationszahlungen (Dawes-Plan). Im Oktober 1924 wurde die Reichsmark eingeführt. Die wirtschaftliche und politische Situation stabilisierte sich.

1923 geriet Deutschland erneut in eine schwere wirtschaftliche Krise, in der sich vor allem die Lebensbedingungen der Bezieher kleiner und mittlerer Einkommen dramatisch verschlechterten. Es kam zu einer Hyperinflation, die Währung brach zusammen. Ein Inlandsbrief kostete bald eine Milliarde Mark Porto und ein Kilogramm Butter 420 Milliarden. Dazu wurden Lebensmittel generell knapp. Tante Martha Barnekow sorgte damals durch das Zuschneiden und Ausbessern von Kleidungsstücken für den Lebensunterhalt der Drei, was unter diesen Bedingungen nur unzureichend möglich war. In Stralsund meldeten viele kleine Unternehmen Konkurs an, und wie überall im Reich wuchs die Arbeitslosigkeit rapide.

Im Lebenssturm

Kurt Barnekow erinnerte sich bis zu seinem Lebensende an diese Zeit des Hungers und der Entbehrungen. Eine wichtige Wurzel seiner unternehmerischen Ambitionen und seines Durchhaltevermögens sei diese Erfahrung bitterer Armut gewesen, betonte er später. Denn so etwas habe er nicht mehr erleben wollen.

In diesen Krisen fanden Kurt Barnekow und seine Tanten immer wieder Halt im Glauben. Gott habe ihre Gebete erhört und sie vor dem Verhungern gerettet, so gab er später seine damaligen Eindrücke wieder. Die Eltern hatten ihn wenige Wochen nach seiner Geburt evangelisch taufen lassen. Am 28. März 1926 erfolgte in der evangelisch-reformierten Marienkirche Stralsund seine Konfirmation. Ein fleißiger Kirchgänger wurde aus Kurt Barnekow nicht, doch seine Verbundenheit mit dem christlichen Glauben dokumentierte er in der Folge, wenn er sich bei öffentlichen Auftritten dazu bekannte oder zu Hause für kranke Angehörige betete. Mit zunehmendem Alter erwachte außerdem sein Interesse an der Bibel, in der er oft las, wenn er nachts keinen Schlaf fand.

Aus dem Glauben zog Kurt Barnekow lange Zeit vor allem Kraft, den Widrigkeiten des Lebens zu trotzen und sein Schicksal in die eigene Hand zu nehmen. „Bist Du Gottes Sohn, so hilf Dir selber!" lautete eines seiner Mottos. Erst sehr viel später betonte er stärker die Bescheidenheit, die er aus seinem Christsein ebenfalls ableitete. „Vor Menschen ein Adler, vor Gott ein Wurm, so stehst Du fest im Lebenssturm!" – das Thema seiner Abschlussarbeit zur Obersekundareife sollte er mit fortschreitendem Alter häufiger zitieren. Doch zunächst entschied sich der knapp Siebzehnjährige, die Schule abzubrechen und allein nach Hamburg zu gehen, wo er eine Lehrstelle gefunden hatte. Er habe lernen

*Schon der Schüler Kurt Barnekow (3. Reihe von oben, 4. v. r.)
zeigte künstlerische Begabung, etwa in seinen zahlreichen Linolschnitten.*

„Die Stadt", Linolschnitt von 1927.

wollen, seinen Lebensunterhalt selbst zu bestreiten und sich eine bessere materielle Existenz aufzubauen. Auf seinem Abgangszeugnis von der Oberrealschule Stralsund vom 20. März 1927 ist vermerkt, er verlasse die Anstalt jetzt, „um Kaufmann zu werden."[9]

Chancen sehen und ergreifen

Am 1. April 1927 begann Kurt Barnekow eine kaufmännische Lehre bei der Hamburger Im- und Exportfirma Brock & Schnars. Das traditionsreiche, 1838 gegründete Unternehmen hatte in den Jahren vor 1914 den ökonomischen Höhepunkt erlebt und bis zu 18 Personen beschäftigt. Nachdem in den früheren Jahrzehnten das Reisgeschäft im Vordergrund gestanden hatte, avancierte nach der Jahrhundertwende der Handel mit amerikanischen Schlachthausprodukten zur geschäftlichen Hauptbasis. Zu den Partnern zählten die größten Schlachthäuser Amerikas, vornehmlich in Chicago, und die Hamburger Firma stieg in dieser Sparte zu einem Marktführer in Europa auf. Ferner handelte sie mit anderen nordamerikanischen Exportartikeln und importierte getrocknete Früchte aus Griechenland und der Türkei, Baumwollsaat aus Ägypten und den USA sowie Palmfasern, Sisalhanf und Copra aus Afrika. Außerdem fungierte Brock & Schnars als Privatbank für Handeltreibende.

In der Folge des Ersten Weltkrieges und der wirtschaftlichen Krisen der Weimarer Republik verlor Brock & Schnars ihre marktführende Stellung im Handel mit Schlachthausprodukten an andere Gesellschaften. Außerdem gründeten die amerikanischen Unternehmen in steigendem Maße eigene Niederlassungen in Europa. Da die Hamburger Firma keinen Grundbesitz hatte, ging ein großer Teil ihres Vermögens mit der Nachkriegsinflation über Bord. Brock & Schnars schloss 1923 ein günstiges Abkommen mit der Deutschen Orientlinie, was eine Zeitlang ihr Überleben sicherte. Ein Versuch, durch den Kauf einer Dampfmolkerei- und Käsefabrik ein neues wirtschaftliches Standbein aufzubauen, wurde nach einigen Jahren wieder eingestellt. In der zweiten Hälfte der 1920er Jahre besserte sich die generelle konjunkturelle Lage in Deutschland, wobei in Hamburg besonders die anhaltend positive Entwicklung des Ausfuhrhandels zur wirtschaftlichen Erholung beitrug. Brock & Schnars partizipierte daran insofern, als sich die ökonomische Situation der Firma, wenn auch auf niedrigem Niveau, vorübergehend stabilisierte. Zu dieser Zeit arbeiteten dort noch zwischen fünf und acht Angestellte. Erst nach 1945 sollte es der Firma wieder für einige Jahre gelingen, an erfolgreichere Tage anzuknüpfen.

Mit den Augen stehlen

Auch wenn das Hamburger Handelshaus seinen wirtschaftlichen Zenit 1927 bereits überschritten hatte, profitierte Barnekow nach eigener Aussage doch sehr von der langjährigen kaufmännischen Erfahrung seines Lehrherrn und dem anhaltend breiten Engagement seiner Ausbildungsstätte. Während der nachfolgenden zwei Jahre wurde er mit sämtlichen Arbeitsbereichen vertraut gemacht. Alle Mitarbeiter, vom Chef bis zum jüngsten Lehrling, saßen, so berichtete Barnekow später, im gleichen Raum, was den Einblick in die unterschiedlichen Tätigkeitsbereiche gefördert habe. Den Leitspruch seines Lehrherrn „Stehle mit Augen und Ohren, aber bleibe immer ein ehrlicher Mensch!" habe er sich dadurch nicht nur zu eigen machen, sondern unverzüglich in die Tat umsetzen können.[10] Ein Vorbild sei ihm besonders Prokurist Ferdinand Domeier geworden, der nach dem plötzlichen Tod von Inhaber Otto Brock 1929 die Firma bis zu seinem Lebensende 1953 leitete. Domeier wurde nach dem Zweiten Weltkrieg von der Presse auf Grund seines unerschütterlich wirkenden Optimismus und seiner Verlässlichkeit als hanseatischer „Grandseigneur des Handels" gefeiert.[11]

Begleitend zu seiner Lehre bei Brock & Schnars besuchte Barnekow morgens von sieben bis neun Uhr und an mehreren Tagen auch abends die kaufmännischen Fachkurse der Höheren Handelslehranstalt des Gewerkschaftsbundes der Angestellten (GDA) in Hamburg, das Büsch-Institut. Der liberale GDA war einer der drei führenden Berufsverbände der Angestellten in der Weimarer Republik.

Barnekow trat für die Zeit seiner zweijährigen Ausbildung im Büsch-Institut auch in den GDA ein, ohne darin jedoch aktiv zu werden. Sein Umfeld vermittelte ihm aber gewiss die fortdauernde ökonomische Verunsicherung der Angestellten in der Weimarer Republik. Ingesamt hatten sich zwar die Realeinkommen von Arbeitnehmern 1927 wieder dem Vorkriegsstand von 1913 angenähert und deren Lebensbedingungen sich verbessert, doch besonders die Situation der Angestellten hinkte dieser Entwicklung hinterher. Überlange Arbeitszeiten und unterdurchschnittliche Gehälter waren weit verbreitet. Viele jüngere Angestellte und mehr als die Hälfte der Frauen in

BÜSCH=INSTITUT

Höhere Handelslehranstalt des G. D. A., Ortsgruppe Hamburg.

Abteilung: Höherer Handelskursus

Kaufmännischer Fachkursus für junge Leute mit abgeschlossener Real=, Lyzeal= oder entsprechender Schulbildung zur Ergänzung der kaufmännischen Lehre.

Halbjahrs=Zeugnis

Herr ~~Fräulein~~ Kurt Barnekow aus Altona

hat am Unterricht des 4. Semesters von Michaelis 1928 bis Ostern 1929

regelmäßig und mit sehr gutem Fleiß teilgenommen.

Zeugnisse für die Leistungen:

Kaufmännisches Rechnen	sehr gut
Handelsbetriebslehre und Briefwechsel	ausgezeichnet
Buchführung	sehr gut
Kaufmännische Rechtslehre	
Wirtschaftsgeographie einschl. Technologie und Warenkunde	
Volkswirtschaftslehre	sehr gut
Englisch	sehr gut
Spanisch	sehr gut

Bedeutung der Ziffern für Leistungen: 1 = sehr gut, 2 = gut, 3 = genügend, 4 = mangelhaft, 5 = ungenügend.
Beurteilung des Fleißes: mit sehr gutem Fleiß, mit gutem Fleiß, mit genügendem Fleiß, ohne Fleiß.

Besondere Bemerkungen: Herrn B. wurde wegen besonderer Leistungen eine Prämie zuerkannt.

Der Direktor: Der Klassenvorstand:

HAMBURG, den 20. März 1929.

Angestelltenberufen verdienten nicht einmal das amtlich ermittelte Existenzminimum. Außerdem lastete eine vergleichsweise hohe Arbeitslosigkeit auf dieser Berufsgruppe.

Der Jahrgangsbeste

Vor diesem Hintergrund legte Barnekow von Beginn an in Lehre und Unterricht einen enormen Fleiß an den Tag. Der zuvor allenfalls durchschnittliche Schüler bekam im Büsch-Institut von Semester zu Semester bessere Zensuren für seine Leistungen. Am 23. März 1929 „freute sich" das Institut, Brock & Schnars in einem Schreiben Folgendes mitteilen zu können: „Aus Anlass der Entlassungen der Lehrlinge aus dem höheren Handelskursus nach zweijährigem Besuch unserer Anstalt möchten wir nicht verfehlen, Ihnen davon Kenntnis zu geben, dass Ihr Lehrling Kurt Barnekow weitaus am besten abgeschnitten hat. Wir legen eine Abschrift seines Zeugnisses bei und verweisen besonders auf die Zensur ‚ausgezeichnet' in Betriebslehre, die Kurt Barnekow sich in erster Linie durch Anfertigung verschiedener Referate, insbesondere durch die Arbeit ‚Von der Reklame' erworben hat. In Anerkennung seiner Leistungen und seines Fleißes wurde ihm vom Büsch-Institut eine Prämie zuerkannt, außerdem stellte der G.D.A. ihm einen kostenlosen 10tägigen Ferienaufenthalt in Walsrode zur Verfügung."[12]

In einer Bescheinigung über die erfolgreiche Beendigung der Fachschulausbildung betonte das Büsch-Institut erneut, Barnekow die Zensur „ausgezeichnet" für Betriebswirtschaftlehre nur „ausnahmsweise" und auf Grund seiner überragenden Abschlussarbeit zuerkannt zu haben.[13]

Auch in seiner Lehrfirma Brock & Schnars zeigte man sich höchst zufrieden mit den Leistungen Barnekows. Er habe, so hieß es in seinem Zeugnis, „die ihm übertragenen Arbeiten stets mit Fleiß und Zuverlässigkeit ausgeführt und unsere Zufriedenheit durch seine Führung erworben. Herr Barnekow zeigte gute Anlagen für Organisation und, da er den Wunsch hat in die Industrie überzugehen, haben wir ihm 1/2 Jahr seiner Lehrzeit erlassen, was uns durch seine Leistungen gerechtfertigt schien."[14]

Mit begründetem Stolz verwies Barnekow später regelmäßig darauf, dass er sich in diesen beiden Jugendjahren durch eigene Leistung früh eine wichtige Basis für den weiteren beruflichen Erfolg geschaffen hatte.

Auf der Feier anlässlich des Ausbildungsabschlusses am Büsch-Institut erhielt Barnekow als Jahrgangsprimus den „ehrenvollen Auftrag", eine Rede zu halten. Er lobte darin den „freien, gesunden und ungebundenen Geist" im Institut, „welcher das Lernen zur Freude" habe werden lassen. Besonders dankbar sei er den Lehrern in Hamburg, die es im Unterschied zu seinen Stralsunder Erfahrungen verstanden hätten, „die Persönlichkeit wach zu rütteln". Was er damit meinte, deutete der knapp Neunzehnjährige den Schulkameraden und Lehrern in seinen weiteren Ausführungen an: „Unsere Generation wächst in einer Zeit schwerster wirtschaftlicher Not heran, aber unsere Generation ist berufen, den Wiederaufbau und die Wiedererstarkung deutschen Wirtschaftslebens zu ermöglichen. Wenn wir dies erkennen, so müssen wir auch die notwendigen Folgerungen daraus ziehen. Den schweren Existenzkampf wird nur der Kaufmann bestehen können, der das beste Rüstzeug hat. Wissen ist Macht! Der Könner im Berufe und der Mann der Tat haben sich noch immer durchgesetzt, und wenn wir an uns unermüdlich weiterarbeiten […] wird der Erfolg nicht ausbleiben."[15]

Blicke über den Tellerrand

Die Rede Barnekows ist darüber hinaus ein erstes Zeugnis, dass er sich mit politischen Fragen auseinander zu setzen begann. Obwohl er noch „zu jung" sei, „um die augenblickliche Führung zu verstehen", forderte er darin die Politik auf, zukünftig ökonomische Entscheidungen „nur nach wirtschaftlichen und kaufmännischen Gesichtspunkten" zu treffen. Er schloss mit einem Appell an den Patriotismus seiner Zuhörer: „Gerade in diesen Tagen sehen wir wieder, dass unsere ehemaligen Kriegsgegner unsinnige wirtschaftliche Forderungen stellen, die nur darauf hinaus laufen, das deutsche Volk und damit die deutsche Kraft weiter zu drosseln. Durch Fleiß, Sparsamkeit und durch Einigkeit müssen wir, muss sich das deutsche Volk wieder emporarbeiten können, und ich bitte Sie alle, meinem Wunsche zuzustimmen, der ausklingen soll in den Ruf: ‚Unser geliebtes deutsches Vaterland möge durch die Arbeit unserer Generation einen neuen Aufstieg aus tiefster Not erleben.'"[16]

Weitere Zeichen von Barnekows während der Ausbildung begonnenen Suche, den eigenen Horizont als angehender Kaufmann möglichst sinnvoll zu erweitern, waren die zusätzlichen Qualifikationen, die er sich erwarb. In Englisch hatte er sich in Stralsund nicht nur in der Schule, sondern auch in der Freizeit geübt. Nun vertiefte er seine Sprachkenntnisse in Französisch in freiwillig belegten Abendkursen. Hier zeigte er „das größte Interesse im Unterricht" und absolvierte die Kurse „mit sehr gutem Erfolg".[17] Außerdem besuchte er ein Mal pro Woche Vorträge in der Kunstgewerbeschule, um seine schon zu Schulzeiten gelebten kreativen Neigungen und Begabungen noch besser entfalten zu lernen.

Spezialist in Sachen Werbung

Ein viel beachteter Beleg für die Frucht seiner Bemühungen, innovativ zu sein, war die Abschlussarbeit „Von der Reklame".[18] In knapp sechs Monaten, überwiegend in Nachtstunden neben Lehre und Unterricht, hatte Barnekow das zwei voluminöse Bände umfassende Werk erstellt. Es wurde zur Grundlage seiner zukünftigen beruflichen Leidenschaft und Spezialität: der Wirtschaftswerbung. Zur Vorbereitung auf diese Arbeit hatte er einschlägige Fachzeitschriften und vor allem angelsächsische „Väter" moderner Propaganda – so nannte man damals Werbung – wie John C. Powers und Claude C. Hopkins studiert. Der sich auf langjährige eigene Erfahrungen in der Arbeit mit amerikanischen Großinserenten berufende Hopkins[19] etwa hatte schon damals in verschiedenen Artikeln und Büchern versucht, Sinn für umfassende Werbestrategien zu wecken, wie sie noch heute im Rahmen modernen Marketings üblich sind.

Barnekow würdigte solche Überlegungen in seinen einführenden theoretischen Betrachtungen ausführlich.

Kurt Barnekow als Kapitän des Hockey-Clubs Hamm-Horn (oben), auf einer Feier mit Kommilitonen des Büsch-Instituts (Mitte) und auf einem Wanderausflug mit Verwandten der Familie Jacobs (unten).

„ *Das Problem der Reklame ist ein psychologisches Problem. Wenn eine Schuhfabrik in ihren Reklameversuchen etwa nur mitteilt, dass sie gut arbeitet, bestes Material nimmt und ihre Kunden nicht überteuert, so macht sie damit nicht eigentlich Reklame. Die Konkurrenz kann genau das gleiche sagen, und der Zweck der Reklame ist zunächst einmal illusorisch. Aber eine Reklame, die besagt, dass die wirklich elegante, schöne Frau nur Schuhe der Firma X trägt, ist eine gute Reklame, eben weil sie mit der Ware an sich nichts zu tun hat, sondern mit der Seele ihrer Kunden.*

Eine der erfolgreichsten Reklamen überhaupt: ‚Die Elidareklame'. Sie schwieg sich immer über die Zusammensetzung ihrer Erzeugnisse aus, versuchte also nicht durch Anpreisung der Qualität Reklame zu machen. Sie zeigte dafür aber in ihren Inseraten und Plakaten das Bild einer schönen Dame, die jeden mehr interessiert als eine chemische Analyse.
Ich komme jetzt dem Problem der Reklame immer näher und kann es auf die Frage konzentrieren: ‚Wie mache ich die anderen auf mich neugierig?'
Es gibt Inserate, die in der einen Nummer einer Zeitung nichts als ein Fragezeichen bringen und sagen: ‚Warten Sie bis morgen.' Darauf wird dann angezeigt: ‚Die Welt hat einen neuen und besseren Wagen, unübertroffen in Bau und Konstruktion. – Das ist der Wagen, den Sie suchen!'
So ist eben die Reklame. Das erste Inserat wird ganz sicher sein, dass das zweite gelesen wird, was ohne das erste Inserat nicht eben der Fall sein brauchte. "

ELIDA

MERCEDES BENZ
MERCEDES·BENZ

Sie wollen ein Auto kaufen
wir raten Ihnen:
warten Sie bis übermorgen

Und wenn Sie sich ein
Auto kaufen,
wählen Sie richtig
Ein guter Rat kommt nie zu spät:
Morgen werden Sie
alles erfahren

Heute wollen wir es Ihnen sagen
DIE WELT HAT EINEN NEUEN
UND BESSEREN WAGEN
unübertroffen in Bau u. Konstruktion
NASH
MODELL 1929
Das ist der Wagen
den Sie suchen
Rufen Sie uns an — wir holen Sie gern zu einer unverbindlichen Probefahrt ab
S. KRIM, AUTOMOBILE, HAMBURG
Alsterdamm 1. Telephon: Bismarck 1341/44
GENERALDEPOT DER NASH- UND PACKARD-WAGEN FÜR DEUTSCHLAND:
HANKO G. M. B. H. – KOBLENZ AM RHEIN – RHEINZOLLSTRASSE 6-8

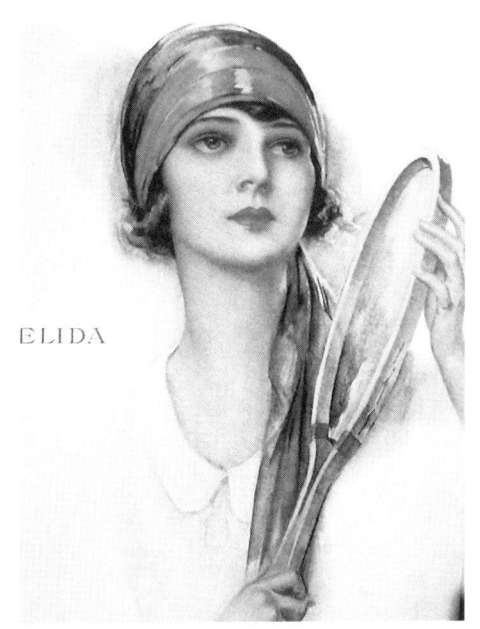

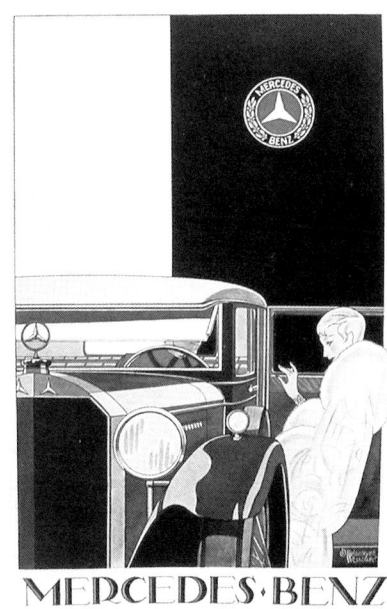

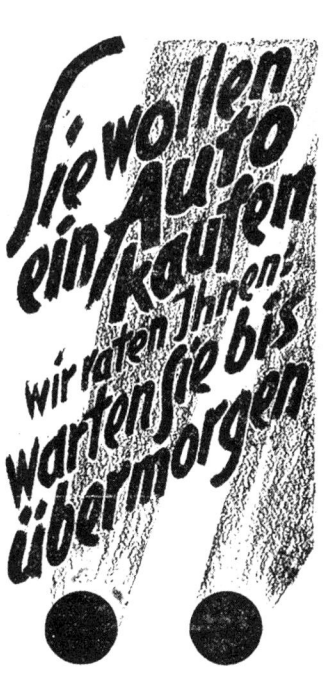

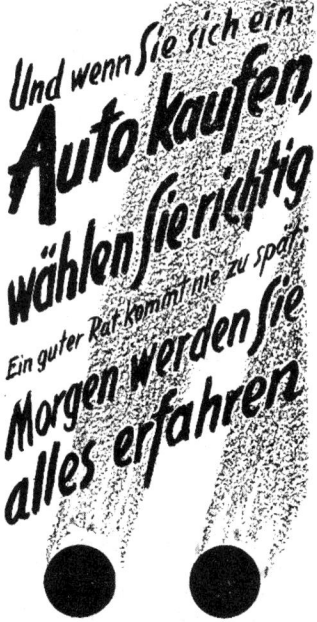

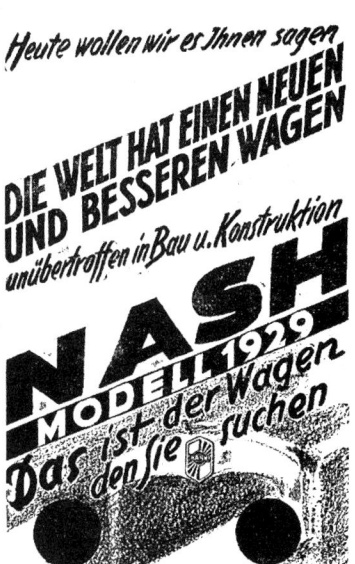

Ausgehend von einer genauen Analyse des Marktes, der eigenen betrieblichen Möglichkeiten und der Qualität der anzubietenden Ware, müssten zentrale Elemente erfolgreicher Werbung beachtet werden. Sie sei ein Kampf, der mit den Mitteln der Psychologie geführt werde. Ständige Wiederholung, so betonte er an mehreren Stellen, gehöre unabdingbar dazu: "Die Reklame muss vielfach mehr auf Masse als auf Gründlichkeit gehen; sie ist eine Schwester der Fabrikation."[20] Dabei gelte es, „die Seele der Kunden" anzusprechen, sie nachdenklich und neugierig zu machen, Aufdringlichkeit dagegen zu vermeiden. Wiederholung habe variantenreich zu sein. Anzeigenraum zu kaufen sei keine Kunst, ihn kreativ zu füllen schon. Die verbindende Idee müsse in allen Variationen der Reklame erkennbar sein: "Reklame muss ein Feldzug sein für eine Idee, ein Kampf für und um eine Überzeugung!"[21]

Besonderen Wert legte Barnekow in seiner Abschlussarbeit auf die Würdigung der ihm von namhaften, überwiegend deutschen und einigen Firmen aus dem europäischen Ausland zur Verfügung gestellten Beispiele ihrer Werbung. Große Teile der beiden „Reklame"-Bände visualisierten durch geschicktes Arrangement dieser Materialien seine pointierten Analysen. Dabei erörterte er unterschiedlichste Aspekte von Werbung wie den Umgang mit Humor, die Erzeugung von Massensuggestion, das differenzierte Handhaben der verschiedenen Werbeträger oder die jeweiligen Bedingungen der Werbung in der Stadt und auf dem Land. Eingehend untersuchte Barnekow anhand ausgewählter Unternehmen auch Raffinessen und Probleme in der aktuellen Werbung, wobei er seine Thesen wiederum durch geeignete Illustrationen stützte. Er machte so bei der Ausgestaltung seines „Reklame"-Werkes den Wahlspruch des Büsch-Instituts „Aus der Praxis für die Praxis" zum Leitgedanken.

Barnekow verschickte Exemplare seiner Abschlussarbeit an ausgewählte Firmen. Die Resonanz, die er darauf erhielt, war ungemein positiv. Die Werbeabteilung der Kölner Stollwerck AG meinte, das Werk liefere „den Beweis eines großen Geschickes und eines Verständnisses für die Reklame, wie sie bei manchem sich Reklamefachmann nennenden Herrn vergeblich gesucht werden."[22] Andere Firmen stellten ihm sogar eine Anstellung in Aussicht. Die Berliner Crawfords Reklame-Agentur GmbH, ein 1928 gegründetes Tochterunternehmen der international renommierten Crawfords Limited, London, bekundete ebenfalls Interesse. Crawfords war zuvor durch ihre erfolgreiche Vermarktung des Automobilherstellers Chrysler auch in Deutschland einem breiteren Publikum zum Begriff geworden und suchte auf dem deutschen Werbemarkt durch den Aufbau einer Filiale in der Hauptstadt noch besser Fuß zu fassen. Junge engagierte und begabte Mitarbeiter waren der Firma natürlich höchst willkommen. Am 8. August 1929 schrieb der Leiter der Berliner Crawfords-Filiale an Barnekow: „Die Arbeit zeugt nicht nur von einem erstaunlichen Fleiß, sondern auch von einem tiefen Verständnis der immerhin recht komplizierten Materie. „[...] Wenn Sie der Weg gelegentlich einmal nach Berlin führt, würde sich der Unterzeichnete freuen, Sie kennen zu lernen. Vielleicht ergibt sich im Laufe der Zeit eine Möglichkeit, einen Posten in unserem Betrieb für Sie zu finden, falls Sie sich dafür interessieren."[23]

Doch Barnekow schlug die Angebote aus. Er habe, so begründete er später seine Entscheidung, zuerst nach einem Betätigungsfeld gesucht, in dem er mit greifbaren Materialien umgehen und sich umfassende Kenntnisse über das zu verkaufende Produkt aneignen könne. Schon in der Abschlussarbeit hatte er als unverzichtbaren „Lehrmeister" erfolgreicher Werbung „das Leben, die Praxis, Erfahrung und Zweckbewusstsein" benannt. „Nie und nimmer" könne „man aus einer allgemeinen Theorie heraus den richtigen Maßstab für die Reklame" gewinnen.[24]

Ruscheweyh Aktiengesellschaft

Ruscheweyh Patent-Tische
Ruscheweyh Sitzmöbel
Ruscheweyh Möbel

FERNRUF:
LANGENÖLS, BEZ. LIEGNITZ NR. 201 und 202
DRAHTWORT:
RAG, LANGENÖLS, BEZ. LIEGNITZ
BANKKONTEN:
BANKHAUS PHILIPP ELIMEYER, DRESDEN.
COMMUNALSTÄNDISCHE BANK FÜR DIE PREUSSISCHE OBERLAUSITZ, GÖRLITZ.
DEUTSCHE BANK UND DISCONTO-GESELLSCHAFT FILIALE GÖRLITZ.
GIRO-KONTO: REICHSBANK-NEBENSTELLE LAUBAN.
POSTSCHECK-KONTO: BRESLAU NR. 1293.

Ruscheweyh Aktiengesellschaft
Exportvertretung

Hamburg 1
Pferdemarkt 14

MAPPEN-NR. Exp. UNSERE ZEICHEN F./H. IHRE ZEICHEN

BITTE BEI JEDER ANTWORT ANGEBEN
BETRIFFT: Exportaufträge.

LANGENÖLS, BEZ. LIEGNITZ
AM 24. Januar 1933.
/25.

Um den Exportaufträgen besondere Aufmerksamkeit zu widmen, sind Sondermaßnahmen getroffen, die Sie aus der Anlage ersehen.

Jhr Geehrtes vom 19.cr. kreuzte sich mit unserem Schreiben vom 20.ds.Mts.

Wir wünschen festgelegt, dass Sie für alle Auslandsaufträge, welche Sie behandeln, Provision erhalten. Wir werden Jhnen wahrscheinlich alle Auslandsaufträge zur Bearbeitung übergeben, damit eine einheitliche Behandlung dieser Export-Angelegenheiten gewährleistet ist. Wir wollen dazu aber nicht verpflichtet sein.

Unser heutiges Schreiben wollen Sie uns bitte bestätigen.

Hochachtungsvoll
Ruscheweyh Aktiengesellschaft

Erste Schritte in der Möbelbranche

21 Pfennig Stundenlohn

Kurt Barnekow wurde auf seiner Suche nach einem geeigneten Arbeitsplatz auf eine Zeitungsannonce der Ruscheweyh Aktiengesellschaft (AG) aufmerksam: Das Unternehmen suche kaufmännischen Nachwuchs für die Direktionsabteilung, der bereit sei, zunächst in allen Abteilungen des Betriebes einschließlich der Produktion mitzuarbeiten. Die im schlesischen Langenöls angesiedelte Ruscheweyh AG gehörte damals zu den führenden Möbelfabriken in Deutschland. Außerdem kam die Stellenbeschreibung Barnekows Wunsch entgegen, zukünftig mit Produkten zu handeln, die er von Grund auf kennen gelernt hatte. So bewarb er sich und wurde im Sommer 1929 zum Vorstellungsgespräch in ein Hamburger Hotel eingeladen. Es verlief erfolgreich, und wenig später erhielt er die Zusage.

Produkte zum Anfassen

Barnekow ließ sich mit seinem Einstieg in die Möbelindustrie auf eine Branche ein, in der zu dieser Zeit die Produktion noch viel Handarbeit erforderte. Das Label „Industrie" darf nicht darüber hinwegtäuschen, dass damals eine handwerklich-manufakturelle Möbelfertigung dominierte, in der überwiegend Facharbeiter tätig waren. Dies sollte noch bis in die 1950er Jahre andauern. Generell war die Technisierung in der holzverarbeitenden Industrie im Vergleich mit anderen Industriezweigen mit erheblicher zeitlicher Verzögerung erfolgt. Zunächst hatten vor allem moderne Werkstoffe wie Eisen, Stahl und Blech von den Errungenschaften der Technik profitiert, welche mit der industriellen Revolution im 19. Jahrhundert einhergegangen waren. Im Unterschied zu diesen Materialien war der organische Rohstoff Holz nicht in gleichem Umfang einer maschinellen Bearbeitung zugänglich gewesen. Stofflich bedingte Besonderheiten von Schnittholz wie etwa der unterschiedliche Feuchtigkeitsgehalt oder die divergierende Ebenmäßigkeit des Wuchses hatten eine weitgehend manuelle Bearbeitung erfordert. Erst mit der nach dem Ersten Weltkrieg zunehmenden Herstellung und Verwendung von Holzwerkstoffen wie Sperrholz- oder Tischlerplatten begann ein nennenswerter Einsatz von Technik. Nun entstanden erstmals Fabriken, in denen Möbel unter Verwendung von Elektromotoren teilautomatisiert hergestellt wurden, wobei auch hier die manuelle Werkstoffführung und ein hoher Fachkräftebedarf charakteristisch blieben.

Typisch war außerdem eine Spezialisierung der einzelnen Betriebe auf bestimmte Möbelarten. Die Ruscheweyh AG produzierte neben Kasten- und Sitzmöbel vor allem Patent-Tische. Mit ihren knapp 200 Beschäftigten gehörte die Firma Ende der 1920er Jahre zu den wenigen Großbetrieben in der deutschen Möbelindustrie, die damals noch zu 90 Prozent aus kleineren und mittleren Handwerksbetrieben bestand. Es war allerdings ein junger, aufstrebender Industriezweig, da fabrikmäßig hergestellte Möbel zunehmend Akzeptanz fanden. Dies war nicht nur auf die kostengünstigere Massenproduktion zurückzuführen, sondern auch auf die qualitative Verbesserung der Produkte. Die vergleichsweise sorgfältigere Arbeit eines Tischlermeisters war den Möbeln anfangs oft noch mit bloßem Auge anzusehen gewesen. Inzwischen näherten sich die Fabrikwaren in der Verarbeitung, Haltbarkeit und Gestaltung der handwerklichen Qualität an.

Lernen von der Pike auf

Am 15. Oktober 1929 trat Kurt Barnekow seine Stelle bei der Ruscheweyh AG an – nur neun Tage bevor der als „Schwarzer Freitag" in die Geschichtsschreibung eingegangene drastische Verfall der Kurse an der New Yorker Börse den Beginn eines tiefen politischen und sozialen Einschnitts markierte. Mit der einsetzenden weltweiten wirtschaftlichen Depression ging ein rasanter Anstieg der Arbeitslosigkeit in Deutschland einher, und die materielle Situation weiter Teile der Bevölkerung verschlechterte sich dramatisch. Im Winter 1929/30 gab es in Deutschland schon mehr als drei Millionen Arbeitslose, die materiell weitaus schlechter abgesichert waren als heutzutage. In den folgenden zwei Jahren sollte sich ihre Zahl fast verdoppeln.

Barnekow erinnerte sich später mit erkennbarem Schaudern an diese Begleitumstände seines Berufseinstieges, gleichwohl verhehlte er nicht seinen Stolz, die ihm gebotene Chance bei Ruscheweyh genutzt und damit ein Zeichen gegen den Trend der Zeit gesetzt zu haben. Wie es sein Vertrag vorsah, begann er in der Langenölser Fabrik mit schweißtreibenden Hilfstätigkeiten auf dem Holzplatz. Anschließend wechselte er in die Packerei und kam nach einigen Monaten praktischer Arbeit in weiteren Abteilungen des Betriebes in die Verwaltung. Der Stundenlohn des „Hilfsarbeiters" Barnekow betrug in dieser Anfangszeit gerade mal 21 Pfennig. Durch Überstunden habe er seinen Lebensunterhalt bestreiten können, so rechnete er später vor, denn das von ihm gemietete möblierte Zimmer habe ihn pro Monat acht Reichsmark (RM) und ein Mittagessen 50 Pfennig gekostet.

Oft nutzte Barnekow die Zeit vor Beginn und nach Ende der eigenen Arbeitsschicht, um sich im Betrieb umzusehen und Details der Produktion kennen zu lernen. Es gelang ihm so frühzeitig, Zusammenhänge zu erkennen: Zum Beispiel erlaubten es die Verwendung von Sperrholz- und Tischlerplatten sowie der Einsatz von Furnieren, störende Eigenschaften des organischen Rohstoffes weitgehend auszuschalten und großflächigere, billigere und leichter zu transportierende Möbel in Serienfertigung herzustellen. Die einzelnen Serien umfassten damals meist 50 bis 100 Stück, eine im Vergleich mit späteren Serienproduktionen noch geringe Zahl. Darüber hinaus erfuhr Barnekow bei seinen freiwilligen Erkundungen im Betrieb, welche anderen Materialien – Beizen, Leim, Lacke, etc. – für die Möbelfertigung benötigt wurden und wie man sie einsetzte. Vor allem wenn nachts neue Maschinen montiert wurden, war er als neugieriger Beobachter dabei. Er lernte bei Ruscheweyh, wie Hölzer und Furniere unter Berücksichtigung des aktuellen Technikstandards maschinell bearbeitet und Arbeitsprozesse effektiv organisiert werden konnten.

In der Verwaltung arbeitete Barnekow zunächst in verschiedenen kaufmännischen Abteilungen, bevor er schließlich in den Verkauf und damit auch erstmals als Reisender in den Außendienst kam. In der erwähnten Abschlussarbeit „Von der Reklame" hatte er als – damals theoretische – Einsicht festgehalten, dass die beste Schule „das Verkaufen von Haus zu Haus" sei. Man lerne erst „durch die persönliche Berührung mit Kunden, was diese gewinnt und abstößt."[1] Nun durfte er praktisch erproben, worauf in dieser Hinsicht beim Möbelverkauf zu achten war.

„Ersatzfamilie Ruscheweyh"

Wenige Monate später wurde Kurt Barnekow „durch einen Glücksfall" Sekretär des damaligen Generaldirektors Carl Fischer, der ihm „väterliches Vorbild und Freund" werden sollte.[2] Für den Waisen Barnekow waren freundschaftlichen Kontakte, die er zu Kollegen und Vorgesetzten in der Ruscheweyh AG knüpfte, offenkundig von großer Bedeutung. Noch mehr als dem Generaldirektor fühlte er sich früh

> „*Anfangen musste ich auf dem Holzplatz mit 21 Pfennig Stundenlohn. Durch Überstunden besserte ich mein Einkommen auf und konnte mich selbst ernähren – und noch Geld sparen. 1931 konnte ich mir meinen ersten von einem tschechischen Maßschneider angefertigten Anzug für 200 RM anfertigen lassen. Ich war sehr stolz.*"

Kurt Barnekow (r.) und sein Vorbild bei der Ruscheweyh AG, Direktor Albert Fischer, auf einem Wanderausflug 1931.

mit dessen Bruder Albert Fischer verbunden, dem technischen Direktor der Firma. Ihm gedachte Barnekow stets mit großer Dankbarkeit und Bewunderung. Dieser habe sich seiner angenommen und ihn gefördert, erzählte Barnekow später. Im Betrieb sei ihm Albert Fischer, „ein rastloser, immer ideenreicher und freundlicher, solider und stets hilfsbereiter Mann", zum „Kompaß" geworden.[3] Der begabte Ingenieur Fischer hatte früh Karriere gemacht und war, als Barnekow bei Ruscheweyh anfing, mit 38 Jahren bereits Direktor. 1932 wechselte Fischer zur Möbelfabrik Erwin Behr ins württembergische Wendlingen, wo er ebenfalls als technischer Direktor fungierte. Dort sollte Fischer zunächst mit der Entwicklung des sogenannten Formholzes in der deutschen Fachwelt Anerkennung finden, nach dem Zweiten Weltkrieg machte er als „Erfinder der Spanplatte" sogar international auf sich aufmerksam.[4]

Für Barnekow entwickelte sich Fischer auch über den Betriebsalltag hinaus zu einer wichtigen Stütze. Bald folgten private Begegnungen. Fischer und seine Ehefrau Resi nahmen den jungen Norddeutschen mit zu ihren Wander- und Skiausflügen in die nahegelegenen Mittelgebirge. Wenn Barnekow sich später seiner beruflichen Wurzeln erinnerte, deutete er wiederholt an, wie wichtig ihm auch diese emotionale Geborgenheit gewesen ist. Zwischen Barnekow und Fischer entstand eine Freundschaft, die bis zu Fischers Tod 1973 andauerte.

Weitergehende Ambitionen

Barnekows praktische Tätigkeit in allen Abteilungen der Produktion hatte die ersten sechs Monate seiner Zeit bei Ruscheweyh beansprucht. Nach Einschätzung seines Arbeitgebers[5] hatte er sich dabei „umfassende Kenntnisse der gesamten Fabrikation erworben". Auch die anschließenden Tätigkeiten in den kaufmännischen Abteilungen habe er wie alle übrigen ihm übertragenen Arbeiten „restlos zu unserer vollsten Zufriedenheit ausgeführt. Wir haben Herrn Barnekow als einen äußerst fleißigen und soliden Mitarbeiter kennen und schätzen gelernt."

In der Folge stellte er als Assistent in der Generaldirektion seine kaufmännischen Fähigkeiten unter Beweis. In dieser Zeit erwarb er sich auch den Ruf eines kompetenten Organisators. Darüber hinaus fiel Generaldirektor Carl Fischer besonders Barnekows Interesse an Verkaufswerbung und an der Bearbeitung der Exportgeschäfte auf. Fischer bescheinigte Barnekow, die Firma habe nicht zuletzt durch dessen Engagement „gute Erfolge" erzielt.

Vor diesem Hintergrund ergriff Barnekow die Initiative für eine eigenständige Exportabteilung der Ruscheweyh AG. Das bisher eher stiefmütterlich betriebene Auslandsgeschäft sollte seiner Meinung nach durch eigens dafür geschaffene professionelle Vertriebsstrukturen ausgeweitet werden.

Mit diesem Vorhaben stieß er aber auf Widerstände im Unternehmen. Die Ruscheweyh AG orientierte sich, wie in der Branche damals üblich, primär am Binnenmarkt. Damals betrug die Exportquote der deutschen Möbelwirtschaft insgesamt nur etwa zwei Prozent. Erst nach 1945 sollte sich dies allmählich ändern und später der Export sogar wesentlicher Träger des Umsatzzuwachses werden.

„Möbel exportiert man nicht", so fasste Barnekow rückblickend die zunächst ablehnende Reaktion seines Arbeitgebers zusammen.[6] Doch es gelang ihm, die Vorgesetzten zu überzeugen, einen Versuch zu wagen. Auf eigenen Wunsch schied er am 30. Juni 1931 aus der Fabrik in Langenöls aus, um in Hamburg eine Exportabteilung aufzubauen.

Mut zur Karriere

Nach Hamburg zurückgekehrt, richtete Kurt Barnekow sich zunächst im „Dynamohaus" am Pferdemarkt ein Büro ein. In diesem Haus hatte auch der Möbelhandel seines Onkels Carl Jacobs, die Firma Julius Stern, die Geschäftsstelle. Die von Barnekow eröffnete Exportvertretung bestand personell nur aus ihm, denn die Anstellung einer Sekretärin konnte er sich nicht leisten. Er musste sein unternehmerisches Experiment vielmehr mit einem begrenzten Etat und unter strengen Reglementierungen durch die Langenölser Firmenzentrale beginnen. Die Leitung der Ruscheweyh AG übertrug ihm ab 1. Juli 1931 die Bearbeitung ihrer Exporte und verpflichtete ihn gleichzeitig, sämtliche Korrespondenzen der Zentrale in Langenöls zur Kenntnis zu geben, ihr monatlich über die getätigten Geschäfte zu berichten und sich dort alle, mit bisherigen Richtlinien der Firma nicht gedeckten Verkäufe vorab genehmigen zu lassen. Finanziell war Barnekow mit diesem Schritt auch ein persönliches Risiko eingegangen. Statt eines festen Gehaltes zahlte ihm Ruscheweyh fortan, neben der Erstattung der Spesen, eine Vergütung von einem Prozent seines Umsatzes.

Exporte via Hamburg

Für Barnekow begann eine Zeit intensiver Reisetätigkeit. Im Rahmen seiner Bemühungen, bestehende Geschäftskontakte der Ruscheweyh AG zu intensivieren und neue aufzubauen, besuchte er Holland, Belgien, Luxemburg, Frankreich, Österreich und England. 1932 nahm er erstmals an einer Sitzung der Engrosmöbelfabrikanten Deutschlands in Berlin teil, um einen besseren Überblick über die Anbieterseite zu erhalten. Barnekows Engagement fand die Anerkennung seiner Vorgesetzten. Am 24. Januar 1933 teilte ihm die Leitung der Ruscheweyh AG mit, dass sie dem Exportgeschäft fortan „besondere Aufmerksamkeit" widmen möchte. Außerdem beabsichtigte sie, ihm „alle Auslandsaufträge zur Bearbeitung" zu übergeben, „damit eine einheitliche Behandlung dieser Export-Angelegenheiten gewährleistet ist."[7]

Die eineinhalb Jahre, die Barnekow bis dato dem Aufbau der Exportabteilung gewidmet hatte, waren für ihn nicht nur ökonomisch erfolgreich verlaufen, sondern nach eigener Aussage auch eine persönlich be-

Die rege Reisetätigkeit während des Aufbaus der Exportabteilung für die Ruscheweyh AG führte Kurt Barnekow unter anderem nach London.

REGENT PALACE HOTEL,
PICCADILLY CIRCUS,
LONDON, W.1.

6th June 1932.

1287.6.RS.

t of your letter of the
 the contents, which
ntion.

We are, dear Sir,
Yours faithfully,
THE STRAND HOTEL LIMITED.
Proprietors.

Badeausflug Kurt Barnekows (l.) mit Geschäftsfreund André Span und dessen Frau an die holländische Nordseeküste 1932.

reichernde Zeit gewesen. Ausländische Gesprächspartner etwa hätten ihn oft mit ihren anderen Perspektiven auf soziale und politische Fragen konfrontiert und damit zum Nachdenken angeregt. Vor allem mit André Span, dem in der Branche erfahrenen Vertreter der Ruscheweyh AG für Holland, hatte sich ein freundschaftlicher Kontakt entwickelt. Dazu gehörten gemeinsame Ausflüge in familiärer Atmosphäre. Barnekow fand in Span einen weiteren „väterlichen Freund".[8]

In Hamburg hatte Barnekow beim Aufbau einer selbstständigen Existenz zunächst auch an bestehende verwandtschaftliche Bande angeknüpft. So wohnte er, wie schon zur Zeit seiner Lehre, im Haus der Eltern seiner verstorbenen Mutter in der Marienthalerstraße in Hamburg-Hamm. Außerdem war Barnekow zusätzlich zur Tätigkeit für die Ruscheweyh AG im Juli 1931 als Kontorist und Reisender in der Möbelfirma seines Onkels tätig geworden. Dieser lobte im späteren Zeugnis die Kompetenz und das Engagement des Neffen sehr: „Herr Barnekow hat durch seine praktische Ausbildung als Volontär in einer Möbelfabrik allerbeste Grundlagen für seinen Beruf und ein umfassendes Wissen als Möbelkaufmann. Besonders hervorheben möchte ich sein gewandtes Auftreten und seine damit verbundenen guten Verkaufserfolge beim Möbeleinzelhandel ebenso wie seine Begabung in Fragen der Werbung."⁹ Doch das berufliche Miteinander von Onkel und Neffe blieb zeitlich begrenzt. Im August 1933 schied Barnekow wieder aus der Firma Julius Stern aus. Außer seiner damit einhergehenden beruflichen Umorientierung, so teilte Barnekow später Vertrauten mit, haben auch persönliche Differenzen zwischen ihm und dem Onkel diesen Entschluss herbeigeführt.

Nazis an der Macht

Auf seinen Reisen war Barnekow oft mit der Besorgnis ausländischer Geschäftspartner über den politischen Aufstieg der Nationalsozialisten unter Adolf Hitler konfrontiert worden. „Hitler, c'est la guerre", hätte man ihn im Ausland schon früh gewarnt. Seit 1930 hatte die Nationalsozialistische Deutsche Arbeiterpartei (NSDAP) Wahlerfolge verzeichnet und war von einer Splittergruppe zur zweitstärksten Partei in Deutschland aufgestiegen. In Hamburg lag sie bei der Bürgerschaftswahl am 27. September 1931 mit 26,3 Prozent der Stimmen nur noch um 1,5 Prozent hinter der führenden Sozialdemokratischen Partei Deutschlands (SPD). Bei der Neuwahl am 24. April 1932, der letzten Bürgerschaftswahl in der Weimarer Republik, erhielt die NSDAP mit 31,2 Prozent sogar die meisten Stimmen. Parallel dazu wurde immer offener erkennbar, dass die physische Bedrohung und Vernichtung Andersdenkender ein elementarer Bestandteil der nationalsozialistischen Bewegung war. Zahlreiche, von Nationalsozialisten initiierte oder aktiv unterstützte Straßenschlachten mit politischen Gegnern sowie antisemitische Exzesse und Friedhofsschändungen brachten dies sehr deutlich zum Ausdruck.

Die Machtergreifung der Nationalsozialisten am 30. Januar 1933 beobachtete Barnekow nach eigener Aussage mit Misstrauen und Ablehnung. Er verhielt sich allerdings politisch passiv – wie schon in der Zeit zuvor. So gab er zwar 1945 an, während seiner Zeit als „Hilfsarbeiter" in der Ruscheweyh AG der

Die Machtergreifung

Am 30. Januar 1933 ernannte Reichspräsident Paul von Hindenburg den Vorsitzenden der Nationalsozialistischen Deutschen Arbeiterpartei (NSDAP), Adolf Hitler, zum neuen Reichskanzler. Diese von Anhängern der Nationalsozialisten mit einem triumphalen Fackelzug durch das Brandenburger Tor gefeierte Machtübernahme markierte das Ende der Weimarer Republik und den Beginn der NS-Diktatur.
Innerhalb kürzester Zeit etablierten die Nationalsozialisten eine von jeder Kontrolle durch den Reichstag befreite, autoritäre Regierung.

→ Bereits am 1. Februar 1933 forderte Hitler die Auflösung des Reichstages. Überlegungen der deutschnational-konservativen Regierungsvertreter, die Nationalsozialisten zu zähmen, entpuppten sich rasch als bloße Illusion. Die darauf folgende Reichstagswahl am 5. März 1933 besaß keinerlei freien Charakter mehr.
Zusammen mit der „Kampffront Schwarz-Weiß-Rot" aus Deutschnationaler Volkspartei (DNVP) und „Stahlhelm" erreichte die NSDAP eine parlamentarische Mehrheit im Reichstag.

→ Auf scheinbar legalem Weg verstanden es die Nationalsozialisten in der Folgezeit, politische Gegner auszuschalten und die staatlichen Machtinstrumente für ihre Zwecke einzusetzen. Der über das Deutsche Reich verhängte Ausnahmezustand wurde bis zum Ende des NS-Regimes nie aufgehoben.

→ Die Nationalsozialisten flankierten ihre Maßnahmen zur Gleichschaltung nahezu aller Lebensbereiche mit einer Mischung aus Terror und Propaganda. Als die von den Nationalsozialisten proklamierte „nationale Erhebung" im Sommer 1934 ihren Abschluss fand, waren Demokratie und Pluralismus in Deutschland zerstört, ohne dass es zu nennenswerter Gegenwehr gekommen wäre.

SPD beigetreten zu sein, doch war dies nur ein kurzes Intermezzo gewesen. Es ist keine Form aktiver Mitwirkung in der SPD von Barnekow bekannt geworden, und er selbst ließ die Mitgliedschaft unkommentiert. In der Folgezeit betonte er wiederholt seine Unabhängigkeit und trat keiner Partei mehr bei, wenngleich nach 1945 eine politische Nähe zur neu gegründeten Christlich-Demokratischen Union Deutschlands (CDU) entstehen sollte.

Sprung in die Selbständigkeit

Zunächst schienen Kurt Barnekow die tiefgreifenden politischen Veränderungen, die mit der nationalsozialistischen Diktatur verbunden waren, nicht direkt zu betreffen. Doch das änderte sich rasch. Als er im Juli 1933 wieder einmal im holländischen Scheveningen weilte, erreichte ihn ein Telegramm mit der Nachricht, dass die Ruscheweyh AG ihren Betrieb mit sofortiger Wirkung einstelle. Mehrere Hundert Beschäftigte einschließlich Barnekow waren damit arbeitslos. Er erfuhr später einzelne Details der Hintergründe: Die jüdischen Hauptaktionäre des Unternehmens hatten schon früh ihr

Am 2. August 1933 eröffnete Kurt Barnekow seinen ersten Gewerbebetrieb. Wenig später ließ er die selbständige Tätigkeit als Kaufmann auch polizeilich registrieren.

Kapital größtenteils ins Ausland transferiert und waren im Zusammenhang mit der Machtergreifung der Nationalsozialisten nach Frankreich emigriert. Ihre Beteiligung an der Langenölser Firma erlosch, und in der Folge musste die Ruscheweyh AG mangels Liquidität schließen. Von verschiedenen Seiten angestellte Bemühungen, eine neue Gesellschaft zu gründen und diese mit neuem Kapital auszustatten, sollte erst Monate nach der Betriebsstilllegung eine vorübergehende Wiederaufnahme des Betriebes ermöglichen.

So lange wartete Barnekow nicht. Noch in Scheveningen erhielt er von seinem Freund André Span den Rat, sich als Handelsvertreter für Möbel in Deutschland selbständig zu machen. Barnekow nahm den Rat an und war, wie er es später bildlich formulierte, lediglich „einen Tag arbeitslos".[10] Da seine Rücklagen damals gerade mal 2.000 RM betrugen, wollte er besonders sein erworbenes immaterielles Kapital für den Aufbau einer eigenen Firma nutzen: seine detaillierten Kenntnisse des Metiers und persönlichen Kontakte zu Inhabern vieler Möbelfabriken. Umgehend fuhr er nach Hamburg zurück und beantragte eine Genehmigung für einen eigenen Gewerbebetrieb. Mit Wirkung zum 2. August 1933 erhielt er die Erlaubnis, zukünftig als selbständiger Kaufmann tätig zu werden. Dies war die Geburtsstunde seines Unternehmens, das unter dem selbst gewählten Kürzel KUBAH – für *Ku*rt *Ba*rnekow *H*amburg – später große Erfolge erzielen sollte.

Bitte merken Sie sich vor...

ab 6. August 1935 befinden sich unsere Geschäftsräume

Bachstr. 9/11

Zu erreichen:
Mit der Strassenbahn ab Hamburg-Hauptbahnhof bis Bachstrasse. Strassenbahn-Linie 6, 7, 8 und 9.

Mit der Hochbahn ab Hamburg-Hauptbahnhof bis Mundsburg.

Wir vertreten leistungsfähige deutsche Möbelfabriken und führen in unseren umfangreichen Kollektionen Qualitätsmöbel zu günstigen Preisen.

Ständiges Musterlager in:
Speise-, Herren- und Schlafzimmern
Küchen- und Polstermöbeln
Kleinmöbeln, Tischen und Stühlen
in allen Hölzern und Stilarten.

Auf Wunsch jederzeit unverbindliches Angebot und Vertreter-Besuch.

Kurt Barnekow / Hamburg 21

Deutsche Möbel-Vertretungen   Telefon: 22 63 14   Rein arisches Unternehmen
Nur Bachstraße 9/11 / Verkauf nur an Wiederverkäufer

Als Selbständiger im „Dritten Reich"
Vom Handelsvertreter zum Großhändler

Mit seiner Entscheidung, sich unternehmerisch selbständig zu machen, bewies der damals erst 23jährige Kurt Barnekow großen Mut. Sowohl die eigenen materiellen Grundlagen als auch die generellen ökonomischen und politischen Rahmenbedingungen waren in vielerlei Hinsicht ungünstig. Der Anfang, so räumte er im Rückblick selbst ein, sei „sehr hart" gewesen.[1] Da eigenes Kapital fast nicht vorhanden war, bildete bereits der Erwerb einer Grundausstattung eine gewisse Hürde. Als erster Sitz seines Unternehmens fungierte noch die Privatadresse, sprich: seine Unterkunft im Haus der Großeltern. Offenkundig wurde er mit seinem Vorhaben aber für kreditwürdig befunden, denn schon kurz nach Beginn seiner Selbständigkeit richtete er ein eigenes Büro im siebten Obergeschoss des angesehenen Gewerbehauses „Mohlenhof" im Zentrum Hamburgs ein.

Prioritäten setzen

Barnekow hatte mit der Gewerbeanmeldung im August 1933 den Anspruch verbunden, zukünftig selbständig Export-, Groß- und Einzelhandel mit Möbeln, Haus- und Küchengeräten sowie Glas-, Eisen-, Leder-, Spiel- und Bijouteriewaren zu betreiben. Insofern schwebte ihm von Beginn an eine mehrgleisige kaufmännische Betätigung vor. Doch das Ausüben der einzelnen Gewerbe bedurfte in der Regel einer gesonderten Erlaubnis. Die Gemeindeverwaltung der Hansestadt Hamburg wies ihn umgehend darauf hin, dass hierfür die jeweiligen „Gesetze, Verordnungen und Bekanntmachungen von Behörden und Wirtschaftsverbänden" zu berücksichtigen seien.[2] Da er als Ein-Mann-Betrieb überhaupt erst ökonomisch Fuß fassen musste, erwarb er zunächst für den Geschäftsbereich, den er zuletzt für die Ruscheweyh AG ausgeübt hatte und den er am besten kannte, eine Lizenz: Er agierte als Vertreter für Möbel zwischen Produzenten und Einzelhändlern. Barnekow musste somit, wie es ein späterer Geschäftspartner zugespitzt ausdrückte, mit „Klinkenputzen" bei potentiellen Kunden beginnen.[3]

Dieser berufliche Neustart Barnekows aus dem „Nichts" fand in einer Zeit statt, in der Deutschland und besonders auch Hamburg noch sehr unter den Folgen der Weltwirtschaftskrise von 1929 litten. Seit Sommer 1931 stand die Hansestadt beständig vor dem Staatsbankrott und hing am finanziellen Tropf des Reiches, was ihre Abhängigkeit von den rigorosen politischen und finanziellen Vorgaben der Reichsregierung erhöhte. Etwa ein Drittel aller Lohnabhängigen war Anfang 1933 erwerbslos, ein Viertel der Hamburger Bevölkerung lebte unter dem Existenzminimum. Inzwischen fristeten auch immer mehr Händler und Handwerker ein Leben in bitterer Armut. Hinzu kam, dass die öffentliche Hand dem Bezug von Fürsorgeleistungen immer höhere Barrieren und Zumutungen entgegensetzte. Um dieser Massenarmut und ihren Begleiterscheinungen zu entkommen, flüchteten sich viele in die Scheinselbständigkeit und Schwarzarbeit. Im Juni 1933 betrug der Anteil der Ein-Mann-Betriebe an der Gesamtzahl der Hamburger Gewerbebetriebe 54,8 Prozent.

Die von der nationalsozialistischen Reichsregierung verfolgte Autarkiepolitik trug erheblich dazu bei, dass das Herzstück der Hamburger Wirtschaft – Überseehandel, Schifffahrt und Verkehrsgewerbe – weiterhin in der Krise blieb. Nur wenige Branchen, wie die Werften, profitierten früh von der bald einsetzenden Aufrüstungspolitik der nationalsozialistischen Staatsführung. Die generelle wirtschaftliche Erholung Hamburgs hinkte der Entwicklung im Reich hinterher, wenngleich sich auch hier die Lage in der zweiten Hälfte der 1930er Jahre erkennbar verbesserte. Inwieweit maßgebliche Vertreter und Interessenverbände der Hamburger Wirtschaft sich in den Bemühungen, die Hansestadt ökonomisch wieder flott zu bekommen, zu Erfüllungsgehilfen der nationalsozialistischen Führung machten oder sich ihr verweigerten, ist bis heute umstritten. Es gab nachweisbar Versuche Hamburger Wirtschaftsvertreter, die traditionelle ökonomische Eigenständigkeit der Handelsmetropole fortzuführen und den planwirtschaftlichen Vorgaben der NS-Regierung zu trotzen. Belegt ist ein beharrliches Festhalten der örtlichen Kaufmannschaft über alle Widerstände hinweg an der Vorstellung Hamburgs als traditioneller Überseehandels- und Schifffahrtsstadt. Gleichwohl erfolgte eine weitreichende Gleichschaltung der Organisationen der wirtschaftlichen Selbstverwaltung durch die nationalsozialistische Führung. Viele Interessenverbände versuchten dabei offenkundig, die autoritären Strukturen des nationalsozialistischen Herrschaftssystems zu ihrem Vorteil zu nutzen.

Auf Barnekows Anfängen der unternehmerischen Selbständigkeit lasteten nicht nur die Probleme der allgemeinen ökonomischen Krise, er wurde auch durch seinen geringen Einfluss als Handelsvertreter auf

Entwicklungen der Branche in seiner Entfaltung begrenzt. Angesichts steigender Unkosten versuchten die führenden Möbelhändler und die ihre Interessen vertretenden Möbelfachverbände zunehmend, Waren günstiger einzukaufen, um Gewinneinbußen auszugleichen. In einem Schreiben an den Reichswirtschaftsminister Hjalmar Schacht erläuterte Barnekow 1935, in welche Zwickmühle sein Berufsstand dadurch geriet: „Der Druck auf Preisminderung setzt gegenüber dem Fabrikanten ein. Da es dem Vertreterstand schlecht geht, der Vertreterstand daher angewiesen ist, Geschäfte zu vermitteln, ist, soweit nicht der Fabrikant nachgibt, in zahlreichen Fällen der Vertreter derjenige, auf dessen Kosten der Preisdruck erfolgt. Es können Firmen namhaft gemacht werden, die prinzipiell nicht unter 10% Kassenskonto einkaufen, bei denen der Vertreter, falls der Fabrikant die Geschäfte ablehnen muss, auf seine halbe Provision verzichtet, um ein notwendiges Umsatzgeschäft zu machen."[1]

Von Beginn hatte Kurt Barnekow versucht, durch pfiffige Innovationen solchen Widrigkeiten entgegen zu wirken. Einen Vorteil verschaffte er sich beispielsweise durch die Investition in einen gebrauchten ADLER Personkraftwagen. Der Wagen war keineswegs dazu gedacht, es Kurt Barnekow etwas bequemer zu machen. Seine unternehmerischen Überlegungen richteten sich allein auf die Stärkung der Wettbewerbsfähigkeit. Das Auto machte ihn einfach mobiler als andere Möbelvertreter, die in großer Mehrheit noch mit Straßen- und Eisenbahn reisten. Es versetzte ihn in die Lage, in einem vergleichsweise großen Gebiet ein Kundennetz aufzubauen. Dabei nutzte er konsequent frühere Kontakte. Sein Aktionsradius reichte bald von der holländischen Grenze bis nach Ostpreußen, im Norden bis Dänemark, und die Städte Osnabrück, Hannover, Braunschweig, Magdeburg und Berlin markierten die südliche Randlinie seines Geschäftsbereiches.

Während der oft mehrere Tage andauernden Geschäftsreisen war Barnekow schwer zu erreichen, und im Büro stapelte sich dann die unerledigte Post. In dieser Situation half es ihm sehr, in Martha Husar, der Tochter eines Hamburger Kolonialwarenhändlers, nicht nur privates Glück, sondern auch beruflich eine Stütze gefunden zu haben. Seine Verlobte übernahm in Zeiten seiner Abwesenheit die Bürotätigkeiten. Dieser ersten Mitarbeiterin folgten bald bezahlte Angestellte. Die Eröffnung eines Auslieferungslagers in Hamburg war dann ein weiteres Zeugnis des raschen ökonomischen Erfolges. Im Unterschied zu vielen an-

Kaffee, Thee.
Friedrich Husar.
Bisquit, Chocolade.
Einmache-Essig
Oliven-Oel.
Colonialwaren
F.P.H. Husar
Fernsprecher No 328, Amt III.
Apfel-Wein.
Wein & Conserven
F.P.H. Husar
Fernsprecher No 328, Amt III.

Nachdem Kurt Barnekow als selbständiger Möbelkaufmann Fuß gefasst hatte, heiratete er am 29. November 1935 Martha Husar, die Tochter eines Hamburger Kolonialwarenhändlers (Bild l.). Die Schwiegereltern, die ein Ladengeschäft im Stadtteil St. Georg betrieben (Bild u. l.), unterstützten Barnekow beim Ausbau seiner Firma. Auf Geschäftsreisen nach Osten machte er gerne Station bei Onkel Alfred Barnekow (Bild u. r., r.) und dessen Familie, die in Chorin/Mark einen Gaststättenbetrieb unterhielten (Bild o. r.). Dort fanden Tochter Christel und Tante Hedwig zeitweilig sicheren Unterschlupf während des Zweiten Weltkrieges.

deren war aus Kurt Barnekows Ein-Mann-Betrieb von 1933 schon nach wenigen Jahren ein aufstrebendes, mehrere Mitarbeiter beschäftigendes Unternehmen geworden. Am 6. August 1935 zog die Firma in die Bachstraße 9/11 nach Hamburg-Uhlenhorst. Zur Neueröffnung warb Barnekow bei seinen Kunden, den Möbeleinzelhändlern, in einem 40 Seiten starken Katalog für sein reichhaltiges Angebot an Speise-, Herren- und Schlafzimmern, Küchen- und Polstermöbeln sowie Kleinmöbeln, Tischen und Stühlen. Der Umzug des Betriebes nach Uhlenhorst markierte für Barnekow außerdem den Vorstoß in eine Marktlücke: den Möbelgroßhandel.

Familiengründung

Parallel zum ökonomischen Aufschwung schlug Kurt Barnekow tiefe private Wurzeln in Hamburg. „Dank der Unterstützung meiner Schwiegereltern Husar" konnten er und Martha am 29. November 1935 heiraten und sich „eine schöne Wohnung" nahe der Betriebsstätte einrichten.[5]

Schwiegervater Friedrich Husar unterhielt damals ein Kolonialwarengeschäft in Hamburg-St. Georg. Der Kolonialwarenhandel profitierte in den 1930er Jahren von breit gefächerten Bemühungen der Hamburger Politik und Wirtschaft, die Hansestadt zum zukünftigen „Tor der deutschen Kolonien" zu machen. Die Folgen des Ersten Weltkrieges und der Weltwirtschaftskrise hatten dieser Branche zunächst zwar heftig zugesetzt, doch 1935 widmeten sich etwa 180 Hamburger Betriebe, meist Im- und Exportfirmen, wieder mit zunehmendem Erfolg diesem Geschäft. Diese kurze Blütezeit endete mit dem Ausbruch des Zweiten Weltkrieges am 1. September 1939. Zwei Tage nach dem Einmarsch deutscher Truppen in Polen erklärte Großbritannien Deutschland den Krieg. Die britische Seeblockade führte den Kolonialwarenhandel erneut in eine Krise.

Der 17. Februar 1938 war für Martha und Kurt Barnekow ein glücklicher Tag, ihre Tochter Christel Frieda Karla wurde geboren. Dieses Mädchen sollte das einzige leibliche Kind des Paares bleiben. Zunehmend warfen politische und ökonomische Probleme, mit denen sich Kurt Barnekow in dieser Zeit auseinandersetzen musste, Schatten auf die junge Familie. Die starke Inanspruchnahme des Unternehmers ließ für die Familie wenig Zeit. Im Februar 1942 hieß es für ungewisse Zeit Abschied nehmen, Kurt Barnekow wurde zur Wehrmacht eingezogen. Ein Jahr später, als Hamburg durch Luftangriffe der Alliierten großflächig zerstört wurde, brachte Martha Barnekow ihre Tochter zu Tante Hedwig Barnekow nach Stralsund. Diese beiden begaben sich anschließend zu Hedwigs Bruder Alfred Barnekow, der in Chorin/Mark einen Hotel- und Gaststättenbetrieb unterhielt. Im Januar 1945, als die Rote Armee der brandenburgischen Stadt immer näher rückte, holte Kurt Barnekow Tante Hedwig und Tochter Christel kurzerhand mit einem Stadturlaubschein nach Hamburg. Die Tante schleuste er dabei illegal ein, denn zu dieser Zeit galt eine Zuzugssperre für Hamburg.

Distanzierung und Anpassung

Nach eigener Aussage hatte Kurt Barnekow schon vor der Machtergreifung durch die Nationalsozialisten die Bedenken seiner ausländischen Gesprächspartner gegen Adolf Hitler und seine Gesinnungsgenossen in Deutschland zu verbreiten versucht. Vor allem die dabei entwickelte eigene Skepsis gegenüber dem neuen Regime habe ihn im Frühjahr 1933 das Ansinnen der NSDAP ablehnen lassen, auf seinen Auslandsreisen für sie zu spionieren. Mit der Begründung, er wolle sich nicht politisch betätigen, habe er auch erfolgreich die Aufforderung, in die NSDAP einzutreten, zurückgewiesen. „Von Anfang an erhebliche Schwierigkeiten" habe er dagegen infolge seiner „Verbindungen zu jüdischen Lieferanten und Kunden" bekommen.⁶ Als 1934 der Berufsverband der Handelsvertreter ein Ehrengerichtsverfahren gegen Barnekow anstrengte, weil er gegen Anordnungen des Verbandes verstoßen habe, wurde sein jüdischer Wirtschaftsberater und Syndicus, Leo Steinguth, zur Verhandlung nicht zugelassen.

In der Folge demonstrierte Barnekow nach außen hin eine gewisse Anpassung, etwa indem er in Katalogen und Werbebroschüren früh damit warb, ein „rein arisches Unternehmen" zu führen.⁷ Formal zollte er auch mit seinem – gemäß den Vorgaben der nationalsozialistischen Wirtschaftspolitik obligatorischen – Beitritt zur Fachgruppe der Handelsvertreter dem Regime Tribut. Doch aktiv wurde er in diesem Verband nicht. Intern grenzte er sich ohnehin gegenüber den neuen Machthabern ab, wie ein damaliger Mitarbeiter 1947 bestätigte: „Ich hatte sofort den Eindruck, dass Herr Barnekow mich nicht eingestellt hätte, wenn ich irgendwie Bindungen zur NSDAP gehabt hätte. Aus dem Verhalten von Herrn Barnekow musste ich annehmen, dass Herr Barnekow ein scharfer Gegner des damaligen Regimes war, ja ich glaubte, dass er irgendwie jüdisch versippt war."⁸

Dies war kein „Persilschein", wie ihn NS-Gesinnungsgenossen nach Kriegsende einander zur politischen Entlastung dann häufig ausstellen sollten. Barnekow hatte vielmehr auf Grund seines wiederholt unangepassten Verhaltens bald zahlreiche Konflikte mit den Behörden und der Geheimen Staatspolizei (Gestapo). Ein Vertreter der der NSDAP angeschlossenen Deutschen Arbeitsfront (DAF) forderte ihn und seine Belegschaft 1937 auf, dieser Einheitsorganisation gemeinsam beizutreten. Barnekow lehnte Zeitzeugen zufolge für sich das Ansinnen ab, überließ ansonsten aber die Entscheidung jedem Mitarbeiter selbst. Da auch seine Beleg-

> *Im Jahre 1937 kam ein Amtswalter der DAF, Hamburg, in den Betrieb und verlangte, dass der Betrieb geschlossen in die Arbeitsfront überführt würde. Ein Rundgang durch den Betrieb zusammen mit dem Amtswalter der DAF ergab alsdann, dass kein Betriebsangehöriger auf Grund dieser Unterredung neu eintrat. Als derselbe dann sehr dreist wurde, warf ich ihn zur Tür hinaus. Ich wurde einige Tage später von der Gestapo in dieser Angelegenheit zum Stadthaus vorgeladen, konnte aber diese Sache durch Hinweis auf das ungehörige Benehmen des DAF-Amtswalters Heine aufklären, erhielt jedoch einen Verweis.*

schaft nicht in die DAF eintreten wollte, kam es zum Konflikt Barnekows mit der Gestapo, die ihm einen Verweis erteilte. Wenig später beschwerte Barnekow sich bei Reichsministerien über seiner Meinung nach ungerechte Regelungen und verweigerte sich mit Ausreden einer von den Nationalsozialisten initiierten Spende. Daraufhin versuchte ihn die Gestapo einzuschüchtern, indem sie eine Hausdurchsuchung durchführte und ihn nachdrücklich verwarnte.

Kampfplatz Möbelwirtschaft

Diese Eskalation der Konflikte Kurt Barnekows mit Vertretern nationalsozialistisch geleiteter Behörden und Organisationen korrespondierte mit seinem Engagement im Möbelgroßhandel, der in den 1930er Jahren in den Mittelpunkt heftiger Auseinandersetzungen in der Branche geriet. Während im Textil-, Leder- und Bekleidungshandel sowie in zahlreichen anderen Branchen Großhandel längst ein etablierter Geschäftszweig geworden war, dominierte in der deutschen Möbelwirtschaft zu dieser Zeit noch die direkte Beziehung zwischen Herstellern und Händlern. Vor allem die großen Möbelhändler bevorzugten ein solches Vertriebssystem, zumal sie auch in den Fachverbänden den Ton angaben und so ihre Interessen kartellähnlich vertreten konnten. Als Kunden zunehmend hohe Ansprüche an die Angebotspalette zu stellen begannen, profitierten zuallererst die führenden Möbelhändler, die mit der Gründung von großen Einrichtungshäusern in Städten dem Trend weiteren Vorschub leisteten. Kleineren und mittleren Möbelhändlern und besonders den vielen zum Einzelhandel legitimierten Tischlermeistern fehlten dagegen in der Regel die materiellen Möglichkeiten, um ihren Kunden ein ähnlich reichhaltiges Warenangebot machen zu können wie die Großen der Branche.

Vor diesem Hintergrund richteten zahlreiche Möbelfabriken – zunächst vor allem im ländlichen Raum – Auslieferungslager ein, die de facto eine Großhandelsfunktion besaßen, um kleinere und mittlere Möbelhändler zu bedienen. Diese brauchten nicht selbst für die Kosten zum Unterhalt solcher Lager aufzukommen, konnten ihren Kunden aber nun durch einen gemeinsamen Besuch dort ein vielfältigeres Angebot an Möbeln unterbreiten. Im Falle eines Geschäftsabschlusses wurden die jeweiligen Möbelhändler von den Lagerbetreibern prozentual am Gewinn beteiligt. Bald bildete sich eine bunte Zwischenhandelsszene heraus: Seit Anfang der 1930er Jahre widmeten sich immer mehr Fabrik-, Engros-,

Muster-, Auslieferungs-, Kommissions- und ähnliche Lager in unterschiedlicher Form und Intensität dem Großhandel. Außerdem entstanden in dieser Zeit spezielle Möbelgroßhandlungen, die auch in den Städten die ökonomische Vorherrschaft der großen Möbelhändler in Frage zu stellen begannen.

Zu diesen Herausforderern gesellte sich Kurt Barnekow. Am 13. November 1935 gründete er die Möbelgroßhandelsfirma Erwin Hass mit Sitz in der Bachstraße 9/11 in Barmbek-Uhlenhorst – dorthin war er drei Monate zuvor mit seiner Stammfirma umgezogen. Benannt war das neue Unternehmen nach seinem bisherigen Prokuristen. Formal wurde Erwin Hass auch Inhaber des neuen Betriebes, faktisch behielt aber Barnekow das Sagen, wie ein damaliger Mitarbeiter rückblickend bestätigte: „Inhaber des Unternehmens war Herr Erwin Hass, aber der massgebende Mann war Herr Kurt Barnekow, der seinerzeit stiller Teilhaber der Firma war. Da Herr Barnekow die massgebende Person war, wurde ich auch nicht von Herrn Hass, sondern von Herrn Barnekow engagiert."[9]

Mit dem Einstieg in den Möbelgroßhandel landete Barnekow seinen ersten Volltreffer als selbständiger Unternehmer. Bereits im ersten Jahr ihres Bestehens erzielte die Firma Erwin Hass eine Million RM Umsatz, im zweiten näherte sie sich der Drei-Millionen-Grenze. Barnekow eröffnete zunächst 1936 eine Filiale in Kiel, danach eine Verkaufsstelle in Leipzig und beschäftigte bald über 90 Mitarbeiter. Da er keine Einzelhandelslizenz für die Firma Hass besaß, firmierten die Geschäfte formal als reine Verkaufslager für Wiederverkäufer. Diese ließ er allerdings so gestalten, dass die Kunden „die Schönheit der Möbel selbst auf sich wirken lassen" und „aus vorbildlich zusammengestellten Musterzimmern Anregungen mitnehmen" konnten.[10] Im Hamburger Hauptgeschäft umfasste das so angelegte „Verkaufslager" vier Etagen und wirkte, abgesehen davon, dass außen Schaufenster fehlten, wie ein größeres Einrichtungshaus. Mit dem Kürzel „EHA" – für Erwin Hass – schuf Barnekow außerdem eine eigene Handelsmarke für die von ihm verkauften Möbel. Mit einem „EHA-Nachrichten" titulierten Werbeprospekt, der bei mit ihm kooperierenden Einzelhändlern und Handwerkern auslag, machte er regelmäßig auf besonders günstige Angebote aufmerksam. Barnekow schwebte damals offenkundig der Aufbau eines noch größeren, auch international agierenden Unternehmens vor, denn in aufwendig gestalteten Prospekten warb er nicht nur auf deutsch, sondern auch in eng-

Kurt Barnekow warb 1936 mit einem aufwendig gestalteten Prospekt für seine neu eröffnete Möbelgroßhandlung. Konkurrenten versuchten vergeblich, ihm die Verbreitung dieses an modernen Werbemethoden orientierten Prospektes gerichtlich untersagen zu lassen.

Draußen arbeitest Du.
Drinnen lebst Du.
Darum ist Wohnen Leben.

"EHA" Speisezimmer für jeden Geschmack, ob mit Aufsatz- oder engl. Büfett, nicht nur in schlichtem deutschen Stil, auch im Biedermeier-, klassischen Barock-, eleganten Chippendeale- und Renaissance-Stil, gestalten jedes Heim zu einer Stätte froher Gastlichkeit!

Tages Arbeit - Abends Gäste!
Saure Wochen - Frohe Feste!

Verkauf nur an Wiederverkäufer

Erwin Hass · Möbel-Großhandel

Norddeutschlands große Möbelschau für Wiederverkäufer

Hamburg 21 · Bachstr. 9-11
Fernsprecher: 22 63 14
Kiel · Knooperweg 51
Fernsprecher: 1139

Rein arisches Unternehmen
Geöffnet täglich von 9-19 Uhr, auch Sonnabends

HAMBURG UND KIEL — EHA MÖBEL HANDELSMARKE

Hamburg, Bachstr. 9-11

lisch, französisch und spanisch um Kunden für „Norddeutschlands große Möbelschau" EHA.[11]

Besonders auf Grund des zunehmenden ökonomischen Erfolges von Möbelgroßhändlern wie Barnekow verstärkten die in den Möbelfachverbänden organisierten großen Möbeleinzelhändler Mitte der 1930er Jahre ihre Bemühungen, die unliebsame Konkurrenz wirtschaftspolitisch zu bekämpfen. Die Federführung übernahm dabei die Fachgruppe Möbel der Wirtschaftsgruppe Einzelhandel, die als Nachfolgeorganisation des Deutschen Möbelfachverbandes e.V. im zentralisierten Wirtschaftssystem der Nationalsozialisten als offizielles Sprachrohr des Möbelhandels fungierte. Es gelang diesem Fachverband, einen Bündnispartner auf Seiten der Industrie zu gewinnen: die Fachuntergruppe Serienmöbelindustrie, eine Gliederung der Fachgruppe Möbelindustrie, die als Hauptfachverband der Möbelproduzenten wiederum der Wirtschaftsgruppe Holzverarbeitende Industrie zugeordnet war. Dies war ein erster Erfolg der großen Möbelhändler, um ein übergreifendes Interesse der Möbelwirtschaft, das heißt von Händlern und Herstellern, am überkommenen Vertriebssystem behaupten zu können.

Im November 1935, just als Barnekow seine Möbelgroßhandelsfirma gründete, brachten die Fachgruppe Möbel und die Fachuntergruppe Serienmöbelindustrie Richtlinien in Umlauf, gemäß denen alle Fabrikanten zum gemeinsamen Vorgehen gegen Möbelgroßhändler verpflichtet werden sollten, die die direkten Beziehungen zwischen Handel und Industrie in Frage stellten. Unter Einschaltung der staatlichen Behörden sollten den Richtlinien zufolge einschlägige Lager abgebaut und die Errichtung neuer verboten werden. Denn diese, so die Begründung, übten de facto eine illegitime Einzelhandelsfunktion aus, da viele Handwerker und kleine Einzelhändler den Möbelgroßhändlern nur als „Schlepper" für Privatkunden dienten. Der „legitime Einzelhandel" werde durch derartige Provisionsgeschäfte stark geschädigt und habe einen erheblichen Teil seines regulären Absatzes verloren. Deshalb seien solche Lager „grundsätzlich nicht erwünscht".[12]

Die Bremer Firma Friedrich A. Flamme, die zu dieser Zeit unter der Firmierung „Möbel-Fabrik-Auslieferungslager" zu den führenden Großhändlern in Deutschland gehörte, bekam Wind von dem Vorhaben und legte umgehend Protest beim Reichswirtschaftsministerium ein: Die von der Fachgruppe Möbel initiierten Richtlinien hätten eine nicht akzeptable Wettbewerbsverzerrung zur Folge und würden „vielen kleinen Möbelhändlern [...] die Existenzgrundlage" nehmen.[13] Die Firma Flamme forderte das Ministerium auf, besagten Richtlinien nicht zuzustimmen. Das Reichswirtschaftsministerium erkundigte sich zuerst bei den zuständigen Fachverbänden über den aktuellen Stand in diesem seit Jahren schwelenden Wirtschaftskampf und erfuhr, dass der Vorstoß der Fachgruppe Möbel ein geteiltes Echo in der Industrie gefunden hatte. Etwa 40 Möbelfabrikanten betrieben damals jeweils großhandelsähnliche Lager und unterstützten die Position der Firma Flamme auf uneingeschränkten Weiterbetrieb. Allerdings waren sie innerhalb der Industrie in der Minderheit. Dort zeigte sich eine Mehrheit zu Kompromissen mit der Fachgruppe Möbel bereit.

In der Zwischenzeit hatte die Firma Flamme gegen die Pläne der Möbeleinzelhändler etwa ein halbes Dutzend Möbelgroßhändler mobilisiert, die mit ähnlichen Protestnoten an das Reichswirtschaftsministerium herantraten. Der Vorwurf, illegitimen Einzelhandel zu betreiben, wurde darin allgemein bestritten und die Gründung einer eigenständigen Fachgruppe bei der zuständigen Wirtschaftsgruppe Groß-, Ein- und Ausfuhrhandel gefordert. Kurt Barnekow gehörte zu den ersten, die sich dem Protest der Firma Flamme anschlossen. Seine Firma Erwin Hass existierte erst 14 Tage, als er eine Eingabe an den Reichswirtschaftsminister schickte. Drei Wochen später bekräftigte er seine Position in einem weiteren, acht Seiten umfassenden Schreiben an das Ministerium:[14] Die Richtlinien der Fachgruppe Möbel und der Fachuntergruppe Serienmöbelindustrie, so Barnekow, „dienen lediglich den Interessen der größeren, warenhausähnlichen Möbelhäuser" und seien insgesamt nur eine Aktion einer kleinen Lobbyistengruppe, nicht aber der Mehrheit der Möbelhändler. Eine vergleichbare Bekämpfung des Großhandels gebe es in keiner anderen Branche, vielmehr sei Großhandelstätigkeit fast überall üblich und akzeptiert. Besonders das Handwerk sei nun auch betroffen, für das der Großhandel inzwischen ein unverzichtbarer Partner im ökonomischen Existenzkampf geworden sei, denn der Großhandel habe im Unterschied zu Handelsvertretern die Chance, preisdrückend auf die Industrie einzuwirken. Insofern nehme der Möbelgroßhandel hier eine wichtige gesamtwirtschaftliche Aufgabe wahr. Doch die Initiative der Fachgruppe Möbel lasse bereits jetzt bedrohliche Folgen für den Großhandel erkennen. So sei einem namhaften Möbelhersteller angedroht worden, „dass Fabriken, die solche Lager beschicken, keine Aufträge mehr von den Händlerfirmen erhalten." Derart von den großen Möbeleinzelhändlern unter Druck gesetzt, würden es viele Fabrikanten inzwischen ablehnen, Großhändler zu beliefern. Die Fachgruppe Möbel maße sich Kartellamtskompetenzen an. Dem solle das Reichswirtschaftsministerium einen Riegel vorschieben und dabei auch eine eigenständige Interessenvertretung der Möbelgroßhändler zulassen, so forderte Barnekow abschließend.

Das Reichswirtschaftsministerium bat wenig später alle Beteiligten um Zurückhaltung, woran sich aber vor allem die Fachgruppe Möbel nicht hielt. Vielmehr forderte sie in einem Rundschreiben „alle verantwortungsbewussten Berufskameraden" auf, gegen den Fortbestand der „als Fabrik- und Engroslager getarnten Grossunternehmen" zu votieren und in dieser Frage eine „endgültige Lösung" herbeiführen zu helfen.[15]

Sieg und Niederlage

In der Folge entschied sich das Reichswirtschaftsministerium zu einem Kompromiss, indem es eine eigenständige Interessenvertretung der Möbelgroßhändler durch Bildung einer untergeordneten Fachabteilung der Wirtschaftsgruppe Groß-, Ein- und Ausfuhrhandel zuließ, sogenannte Schleppertätigkeiten aber untersagte.

In der Praxis profitierten vor allem die Möbelgroßhändler von diesem angeordneten Burgfrieden, da sie, sofern sie sich formalrechtlich korrekt verhielten, ihre Geschäfte ungehindert fortführen konnten. Anfang 1937 nahmen die großen Möbeleinzelhändler mittels einer Anordnung der von ihnen dominierten Fachgruppe Möbel die ungeliebte Konkurrenz erneut unter Beschuss. Die Fachgruppe Möbel drohte allen Einzelhändlern und den zum Einzelhandel berechtigten Handwerkern, ihnen die Annahme der inzwischen zur Verbrauchsgütersteuerung ausgegebenen Bedarfsdeckungsscheine zu untersagen, sollten sie weiterhin mit dem Möbelgroßhandel kooperieren. Ein Runderlass des Reichsfinanzministers vom 22. Februar 1937 hatte zuvor festgelegt, dass eine solche Strafe im Falle einer rechtswidrigen „Schleppertätigkeit" zu erfolgen habe.[16]

Die Interessenvertretung der Möbelgroßhändler beschwerte sich beim Reichswirtschaftsminister, die Fachgruppe Möbel verfälsche den Runderlass des Reichsfinanzministers rechtswidrig und dehne ihn auf alle Geschäftsverbindungen mit dem Großhandel aus, wobei die Fachgruppe das Unwissen der kleinen Einzelhändler und Handwerker auszunutzen versuche. Tatsächlich hatte der Reichsfinanzminister in seinem

Runderlass „Handwerker[n], die neben der eigenen Herstellung auch Möbeleinzelhandel betreiben", ausdrücklich gestattet, in Großhandlungen einzukaufen, wenn der Verkauf an Privatkunden „in den eigenen Geschäftsräumen des Handwerkers (gegebenenfalls nach Katalog) geschieht".[17]

Als einen Kern dieses immer wieder aufflammenden Konfliktes im Möbelhandel eruierte das Reichswirtschaftsministerium die eindeutige Definition, wann eine Schleppertätigkeit vorliegt und wann nicht. Der Reichswirtschaftsminister ging deshalb in einem Erlass vom 25. Mai 1937 auf die Unklarheiten ein, „ob und in welchen Fällen [...] einzelne Handelsbetriebe als nicht genehmigte Verkaufsstellen zu schließen" sind. Darin unterschied der Reichswirtschaftsminister mehrere Aspekte, auf die bei der Identifizierung legaler und illegaler Großhandelstätigkeit zukünftig geachtet werden müsse, schränkte aber abschließend ein: „Alle diese Gesichtspunkte können jedoch nicht starr auf die vorhandenen Betriebe angewandt werden, sondern müssen bei Beurteilung des Einzelgeschäftes herangezogen und in ihrer Bedeutung im einzelnen gewürdigt werden."[18]

In mehreren deutschen Städten versuchten Regionalgliederungen der Fachgruppe Möbel nun verstärkt, gerichtlich gegen Möbelgroßhändler vorzugehen. Dabei nahmen die Möbeleinzelhändler vor allem Wortführer des Großhandels wie die Bremer Firma Flamme ins Visier und warfen ihnen, mit Verweis auf den Erlass des Reichswirtschaftsministers, illegale Einzelhandelstätigkeit vor. Gegen die Firma Erwin Hass, mit der Kurt Barnekow ökonomisch erfolgreich und wirtschaftspolitisch engagiert war, klagte der Kieler Ortsverband der Möbeleinzelhändler vor dem Landgericht Hamburg: die Firma Hass betreibe unrechtmäßigen Einzelhandel und unlautere Werbung. Am 1. September 1937 wies das Landgericht die Klage „ihrem ganzen Umfange nach" ab.[19] „Der Rechtsstreit", so das Gericht in seiner Urteilsbegründung, sei „im wesentlichen auf den Wirtschaftskampf zwischen dem neu entstandenen Möbelgroßhandel und dem in dem Kläger zusammengeschlossenen Teil der Möbeleinzelhändler zurückzuführen". Dabei stünden beide „als gleichberechtigte Wettbewerber in einem Konkurrenzkampf", wenngleich „durch die Geschäftshandhabung" der Firma Hass den klagenden Möbeleinzelhändlern „ein lästiger Wettbewerb entstanden sein" mag. Der vom Reichswirtschaftsminister geforderte Einzelfallnachweis über eine ungesetzliche Einzelhandelstätigkeit der Firma Hass sei nicht erbracht worden.

Im Übrigen folge sogar „aus der möglichen Betätigung der Beklagten als Einzelhändlerin allein noch kein gerichtlich geltend zu machender Unterlassungsanspruch gegen die Beklagte." Denn dies geschehe in einer Art, in der einschlägige Gesetze „umgangen" würden. „Im formellen Sinne" werde „allen Erfordernissen genügt". Da die Firma Hass somit eine Gesetzeslücke ausnutze, könnten sich die Möbeleinzelhändler auf die bestehenden Gesetze nicht berufen.

Das Landgericht Hamburg betrachtete sich als nicht zuständig, solche Defizite in der Gesetzgebung zu beheben. Es verwies vielmehr darauf, dass es „zweifelsfrei Sache der für das Wirtschaftsleben zuständigen Organe [sei], insbesondere des Reichswirtschaftsministeriums, gegen die Beklagte einzuschreiten, falls man zum Ergebnis kommt, dass sie unzulässig Einzelhandelsgeschäfte betreibe. Das Gericht kann mit einer Entscheidung im vorliegenden Rechtsstreit den Entscheidungen der allein zuständigen Organe keineswegs vorgreifen oder etwa ihnen entgegenhandeln."[20] Derart gerügt und des Wirtschaftskampfes in der Möbelbranche offenkundig überdrüssig, entschloss sich das Reichswirtschaftsministerium, Partei für die in der Fachgruppe Möbel organisierten Möbeleinzelhändler zu ergreifen. Zunächst löste das Ministerium die eigenständige Interessenvertretung der Großhändler auf und ordnete sie der Wirtschaftsgruppe Einzelhandel zu. Dies entsprach einer Forderung der Fachgruppe Möbel, die sich davon eine bessere Kontrolle der lästigen Konkurrenz versprach.

Im April 1938 registrierte das Reichswirtschaftsministerium, dass die „Eingliederung der angeblichen Möbelgroßhändler in die Wirtschaftsgruppe Einzelhandel weitgehend vollzogen" sei. „Die noch widerstrebenden Firmen" sollten nun durch die Reichsgruppe Handel erfasst und auf Kurs gebracht werden.[21] Zu ihnen gehörte die Firma Erwin Hass. Doch Kurt Barnekow durfte seinen Protest gegen die Reorganisation der Interessenvertretung nicht vortragen: „Die Vorzimmerdame in der Reichsgruppe Handel" in Berlin habe ihm damals „wörtlich erklärt, dass Firmeninhaber, welche Unterstützung fachlicher Art von der Reichsgruppe Handel erwarten, erst einmal unter Beweis stellen müssten, dass sie gute Parteigenossen seien. Ich bin auch hier niemals vorgelassen worden."[22]

Parallel dazu verschärften die beiden involvierten Reichsbehörden die Bedingungen für Großhandelstätigkeit drastisch. Am 11. Mai 1938 bestätigte das Reichswirtschaftsministerium mehrere Erlasse der Reichsgruppe Handel und stellte fest: „Möbelhändler, die neben Wiederkäufern mit Regelmäßigkeit letzte Verbraucher zu ihren Lagern zulassen, sind Möbeleinzelhändler. Möbelgroßhändler können letzte Verbraucher nicht mehr zu ihren Lagern zulassen. [...] Handwerksmeister können nur insoweit als Wiederverkäufer auftreten, als sie Möbel im Zubehörhandel verkaufen. Jeder über den Zubehörhandel hinausgehende Möbelhandel ist Einzelhandel".[23] Damit war die gesetzliche Grundlage des Wettbewerbs zwischen Einzel- und Großhandel entscheidend verändert. Zu spüren bekam dies Barnekow bereits im Juni 1938, als die Verkaufsstelle der Firma Erwin Hass in Leipzig per Gerichtsverfügung stillgelegt wurde.

Durch die Maßnahmen der Reichsbehörden waren die Möbelgroßhändler ihrer damals wichtigsten Einkommensquelle – den Verkauf via Tischlermeister – beraubt, und die großen Möbeleinzelhändler dominierten vorerst wieder das Geschehen. In der Folge meldeten viele Großhandelsfirmen Konkurs an oder verloren zumindest erheblich an ökonomischer Bedeutung. Im Zweiten Weltkrieg sollten sich die Bedingungen für Großhandelstätigkeit allerdings generell wieder verbessern, wie der Einzelhandel 1941 konstatierte: „Auf der anderen Seite sieht der Krieg auch den Großhandel stark im Fortschreiten. Die Stillegung von Erzeugungsstätten und die Belastung der Verkehrsmittel bringt es mit sich, daß die ‚Rationierung', d.h. die auf einen kleineren Bezirk abgestellte Versorgung, ihren Weg machen mußte; sie führte zur automatischen Einschaltung des Großhandels."[24] Doch Barnekow wurde zuvor mit dem Mittel der politischen Denunziation bekämpft und zur Liquidation der Firma Erwin Hass gezwungen.

Die KZ-Haft und ihre Folgen

Durch den fortdauernden Wettbewerbskampf mit den großen Möbeleinzelhändlern und die Maßnahmen der Reichsbehörden wurde der Möbelgroßhandel Ende 1937, Anfang 1938 ein immer schwierigeres Geschäftsfeld. Besonders die Mitglieder der Hamburger Regionalgliederung der Fachgruppe Möbel übten Druck auf die Firma Erwin Hass aus, indem sie „mit einem wohl sonst nur in der Politik bekannten Spitzelsystem", so Kurt Barnekows Wahrnehmung,[25] nach Belegen suchten, dass dessen Möbelgroßhandlung gegen bestehende Gesetze verstoße. Parallel forderte die Hamburger Fachgruppe Möbel ihre Berliner Zentralorganisation auf, zur Unterbindung des Möbelgroßhandels erneut bei den Reichsbehörden vorstellig zu werden. Dies geschah mit zunehmendem Erfolg: Stellungnahmen der Fachverbände der Möbeleinzelhändler dienten dem Reichswirtschaftsministerium als „Unterlagen" für zentrale Erlasse in diesem Wirtschaftskampf, und immer mehr sprach das Ministerium von „angeblichen Großhändlern", wie es der organisierte Einzelhandel auch tat.[26]

Die Gestapo kommt

Kurt Barnekow erhielt Kenntnis von dieser, vorwiegend von NSDAP-Mitgliedern betriebenen Lobbyarbeit, die ihn verbitterte. Später, dann schon mit detailliertem Wissen über den beteiligten „Personenkreis" ausgestattet, bezeichnete er Mitglieder der damaligen Hamburger Fachgruppe Möbel meist nur noch als „Nazi-Möbeleinzeleinhändler".[27] Erwin Hass, Namensgeber und formaler Inhaber von Barnekows Möbelgroßhandel, schien der sich nun auch politisch zuspitzenden Situation im Frühsommer 1938 immer weniger gewachsen zu sein. Deshalb konzentrierte sich Barnekow auf diesen Geschäftszweig und übernahm offizielle Verantwortung: Am 1. Juli wurde er Komplementär der Firma Erwin Hass, mit dem Ziel, sie baldmöglichst als alleiniger Inhaber zu führen.

Seine Gegner schien dies zusätzlich herauszufordern, denn nur wenig später wurde er nach Erinnerung eines Zeitzeugen „von einer Wirtschaftsgruppe" denunziert.[28] Am 11. Juli 1938, dem Tag, als Barnekow handelsrechtlich Inhaber der Firma Hass wurde, verhaftete ihn die Gestapo: „Herr Barnekow wurde in meiner Gegenwart unmenschlich behandelt und bedroht und war hilflos der Gestapo ausgeliefert", so schilderte ein damals anwesender Mitarbeiter rückblickend den Vorgang.[29] Nach intensivem Verhör wurde Barnekow zwei Tage später als so genannter „Schutzhäftling" ins KZ-ähnliche „Polizeigefängnis Fuhlsbüttel" eingeliefert.[30] Bei dieser Gelegenheit erfuhr er, dass er bereits seit Jahren von der Gestapo überwacht wurde. So hielt die Gestapo ihm in den Verhören vor, in der früheren Korrespondenz mit seinem holländischen Geschäftsfreund André Span abfällige Bemerkungen über Adolf Hitler und das nationalsozialistische Regime gemacht zu haben. Doch sie hatten offenkundig geschickte Formulierungen in diesem Briefwechsel gewählt. Barnekow charakterisierte ihn später als „Korrespondenz voll politischer Ironie".[31]

Stehvermögen

Die Inhaftierung muss für Kurt Barnekow ein tiefer Schock gewesen sein, da das unter dem Kürzel „Kola-Fu" bekannte Konzentrationslager (KZ) Fuhlsbüttel bereits 1933 ein Synonym

Das Konzentrationslager „Kola-Fu"

Terror und Verfolgung waren charakteristisch für das NS-Regime, das Deutschland nach der Machtübernahme 1933 mit einem dichten Netz von Konzentrationslagern (KZ) überzog. Diese waren Stätten brutalster Willkür und dienten zur Unterdrückung politischer Gegner sowie zur Einschüchterung der Bevölkerung. Zu den ersten damals errichteten KZ gehörte das als „Kola-Fu" bekannt gewordene KZ Fuhlsbüttel.

→ Nachdem in Hamburg Anfang März 1933 die Nationalsozialisten an die Macht gekommen waren, begann auch hier die Verfolgung der politischen Gegner. Die Hamburger Staatspolizei richtete in Gebäuden der Fuhlsbütteler Strafanstalten ein KZ ein, das zunächst der Landesjustizverwaltung unterstand.

→ Am 4. September 1933 ging die Leitung und Bewachung des KZ auf besonders brutale und skrupellose SS- und SA-Angehörige über. „Kola-Fu" wurde innerhalb kürzester Zeit zu einem Inbegriff für Grauen, Leiden und Sterben.

→ Im Dezember 1933 waren dort über 4.000 Menschen inhaftiert, darunter zahlreiche, auf unbestimmte Dauer eingewiesene Angehörige der Gewerkschaften, der SPD und KPD. Die Belegungszahlen von „Kola-Fu" schwankten in der Folgezeit sehr. Unter den Häftlingen waren bald auch Juden, Homosexuelle und Zeugen Jehovas, später kamen ausländische Widerstandskämpfer, Zwangsarbeiter, Anhänger der „Swing-Jugend" und der „Weißen Rose" sowie andere unliebsame Personen hinzu.

→ Ab 1936 durfte das KZ Fuhlsbüttel offiziell nur noch Polizeigefängnis genannt werden. Am Charakter dieser im zeitgenössischen Sprachgebrauch weiterhin als „Folterstätte" und „Tor zur Hölle" bezeichneten Einrichtung änderte das nichts, sie blieb ein Ort der Willkür und Gewalt. Insgesamt kamen in Fuhlsbüttel über 400 Menschen ums Leben. Für viele Gefangene war das KZ Durchgangsstation in Vernichtungslager.

für Schikanen, Misshandlungen und Mord geworden war. Wenige Wochen nach der Machtübernahme in Hamburg hatten die Nationalsozialisten begonnen, in einige Gebäudekomplexe der Fuhlsbütteler Strafanstalten politische Gegner – zumeist Kommunisten und Sozialdemokraten – zu sperren. Am 4. September 1933 war auf Weisung des NSDAP-Gauleiters und Reichsstatthalters Karl Kaufmann die Leitung und Bewachung besonders brutalen und skrupellosen SS- und SA-Angehörigen formell übertragen worden. „Kola-Fu" gehörte zu den ersten von den Nationalsozialisten in Deutschland errichteten KZ. Unter den Häftlingen dieser „staatlich konzessionierte[n] Folterkammer"[32] waren bald auch Juden, Homosexuelle, Zeugen Jehovas und später Anhänger der „Swing-Jugend" sowie der Widerstandsbewegung „Weiße Rose". Je nach Zählweise kamen im „Kola-Fu" von 1933 bis 1945 zwischen 250 und über 400 Menschen ums Leben; für viele Gefangene war das KZ die Durchgangsstation in Vernichtungslager.

Ab 1936 durfte das KZ Fuhlsbüttel offiziell nur noch Polizeigefängnis genannt werden, doch die bisherigen Bezeichnungen dieses „Tors zur Hölle" und „Gestapogefängnisses" blieben im zeitgenössischen Sprachgebrauch üblich.[33] Es diente weiterhin zur Verfolgung und Unterdrückung politischer Gegner der nationalsozialistischen Führung sowie der Einschüchterung der Bevölkerung. Die Gestapo nutzte bei ihrem Vorgehen meist das schlagkräftigste Instrument des Regimes: die Schutzhaft. Formaljuristisch auf der Reichstagsbrandverordnung vom 28. Februar 1933 basierend, diente es der Gestapo zur vorbeugenden Bekämpfung tatsächlicher und vermeintlicher politischer Gegner sowie anderer unliebsamer Personen. Ab 1935 hatten Schutzhäftlinge keinen Anspruch mehr auf rechtlichen Beistand, drei Jahre später sanktionierte das Reichsinnenministerium die gängige Praxis einer von der Justiz nicht kontrollierten Anwendung der Staatsgewalt.

Die Belegungszahlen von „Kola-Fu" schwankten beträchtlich. In der Zeit als Barnekow inhaftiert wurde, stieg die Zahl der Inhaftierten von zuvor mehreren Hundert innerhalb eines Monats auf über Tausend an. Von Fuhlsbüttel wurde Barnekow nach eigener Aussage „wiederholt in Sträflingskleidung und mit Handschellen zur Vernehmung ins Stadthaus gefahren", wo ihn Beamte der Hamburger Justiz in Anwesenheit von Gestapo-Mitgliedern einem Kreuzverhör unterzogen.[34] Man warf ihm vor, mit Juden kooperiert zu haben und staatsfeindlich eingestellt zu sein. „Meine Erklärungen, dass keinerlei strafbare Handlungen vorlägen", so erinnerte sich Barnekow 1945, „und dass man mich aus ‚Konkurrenzgründen' nur unschädlich machen wolle, wurden verlacht und verhöhnt. […] Mir wurde bei neuen Vernehmungen vorgehalten, dass man mich nicht früher aus dem Konzentrationslager entlassen würde, bevor ich nicht ein Geständnis abgelegt hatte."35

Außerdem wurde seiner Ehefrau Martha nahegelegt, sich von ihm scheiden zu lassen, weil er „als Volksschädling etliche Jahre Zuchthaus zu erwarten" habe.36 Doch seine Ehefrau tat dies nicht. Vielmehr suchte sie nach neuem rechtlichem Beistand für ihren Mann, da sein bisheriger Rechtsanwalt „wegen angeblicher Mittäterschaft" das Mandat hatte niederlegen müssen.37 Martha Barnekow fand zwei neue, engagierte Anwälte, die bereit waren, ihren Mann zu verteidigen. Einer der Juristen trug das goldene Parteiabzeichen der NSDAP. Ihm gelang es, Kurt Barnekow aus dem KZ heraus zu bekommen und ihn durch das Hanseatische Sondergericht in Untersuchungshaft nehmen zu lassen.

Dort erfuhr Barnekow, dass gegen ihn parallel zu den politischen Vorwürfen „ein Verfahren wegen Vergehens gegen die Preisstopp-Verordnung" eröffnet worden war.38 Die nationalsozialistische Führung hatte eine solche Verordnung erlassen, um Kunden von Mangelwaren, zu denen Möbel inzwischen gezählt wurden, vor übersteuerten Preisen zu schützen. Zu dieser Zeit gab es zahlreiche juristische Verfahren, in denen Möbelhändler eines derartigen Vergehens angeklagt waren.39 Barnekow empfand eine solche Anklage gegen sich allerdings als absurd, da er im Gegenteil stets versucht hatte, seine Firma durch günstige Angebote zu behaupten. Doch seine Richter verlangten, er solle seine „Unschuld unter Beweis stellen".40

Barnekow weigerte sich, wiederholt vorgelegte Schuldeingeständnisse zu unterschreiben. Er ließ sich statt dessen Akten seines Unternehmens ins Gefängnis bringen, um seine Unschuld zu beweisen. Wenig später waren jene Möbeleinzelhändler, die schon zuvor Barnekows Möbelgroßhandel bekämpft hatten, erfolgreich in ihren Bemühungen, die Firma Erwin Hass als unlautere Konkurrenz liquidieren zu lassen. Ein Treuhänder wurde eingesetzt, der die gelagerten Waren zu „Schleuderpreisen" versteigerte.41

Ende September 1938 erhielt Barnekow Hafturlaub, um den Konkurs vorzubereiten. Nach sechs Wochen wurde er unter dem offenkundigen Vorwand, er habe es nicht geschafft, seine Gläubiger zu schützen, erneut verhaftet, „und es begann eine lange Leidenszeit von immer neuen Kreuzverhören und Erniedrigungen", so erinnerte er sich sechs Jahre später.⁴²

Am Leben bleiben

Während seiner erneuten Untersuchungshaft erhielt Kurt Barnekow mehrmals Besuch von Gestapo-Beamten. Ein Beamter sei öfters sonntags gekommen, habe „Schnaps und Zigaretten" mitgebracht, ihn verhört und versucht, „in Widersprüche zu verwickeln".⁴³ Um ein Geständnis zu erpressen, wurde außer psychische auch physische Gewalt angewandt, welche nach Barnekows Aussage zuweilen Formen „übelster Folter" annahm.⁴⁴ Nachdem ihn auch der zuständige Oberstaatsanwalt vernommen hatte, ohne das gewünschte Schuldeingeständnis zu erhalten, kam Barnekow für einige Wochen in Einzelhaft. Er durfte in dieser Zeit weder Besucher empfangen noch Schreiben oder Zeitung lesen. Anschließend wurde eine Woche lang ein „Häftling" zu ihm die in Zelle gesteckt, der ihn in politische Diskussionen zu verwickeln versuchte. Mitgefangene warnten Barnekow während gemeinsamer Rundgänge im Hof, dies sei ein Spitzel. Deshalb sei er dem neuen Zellengenossen gegenüber meist reserviert geblieben oder habe sich ansonsten „politisch als großer Nazi-Anhänger" geriert.⁴⁵

Barnekow verhielt sich politisch zunehmend vorsichtig, um sein Leben nicht stärker zu gefährden, als es ohnehin schon der Fall zu sein schien. In der Sache blieb er aber standhaft. Am 7. März 1939 wurde das Konkursverfahren gegen seine Möbelgroßhandelsfirma offiziell eröffnet. Inzwischen war auch Namensgeber Erwin Hass von der Gestapo verhört, aber nicht verhaftet worden. Barnekow kam immer noch nicht frei. Die Haftentlassungsanträge seiner Anwälte wurden zunächst mit Hinweis auf Barnekows Auslandskontakte wegen Fluchtverdacht abgelehnt. Nach zehnmonatiger Haft gelang es den Verteidigern immerhin, den Oberstaatsanwalt zu dem Eingeständnis zu veranlassen, das Hanseatische Sondergericht könne mangels Indizien keine Anklage gegen Barnekow erheben. Es könne ihn aber auch nicht frei lassen, da dies nur auf Anordnung der Gestapo möglich sei.

Erst am 26. Mai 1939 wurde Barnekow aus der Haft entlassen, „ohne dass ein regelrechtes Verfahren eingeleitet worden war", wie sein damaliger Anwalt bestätigte.⁴⁶ Danach musste Barnekow sich zunächst täglich auf dem zuständigen Polizeirevier melden und durfte keine selbständige Tätigkeit ausüben. Tischlermeister Johannes Dörner, einer der früheren Kunden der Firma Erwin Hass, stellte Barnekow in seiner kleinen Möbelfirma ein. Wie vor-

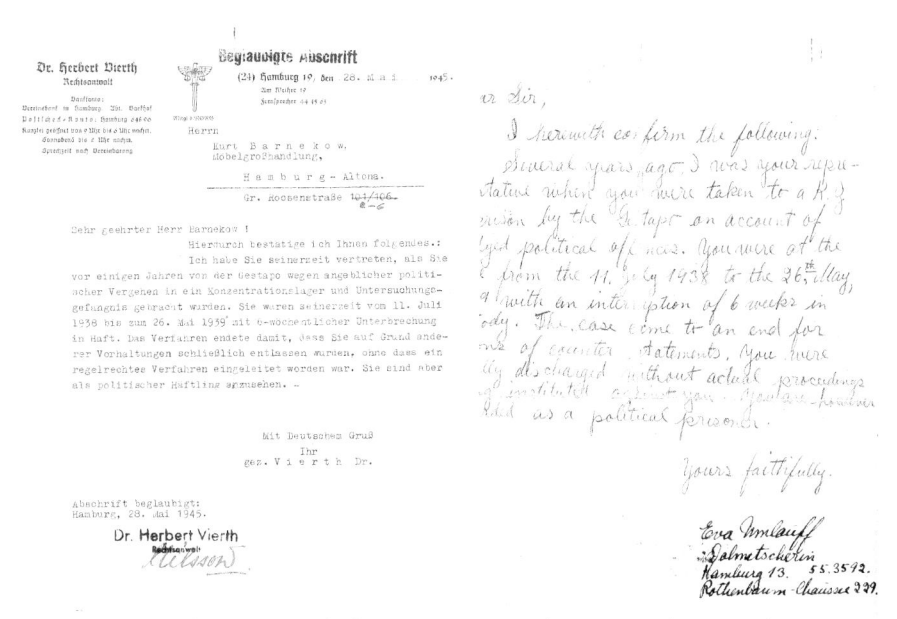

Kurz nach Kriegsende bestätigte Anwalt Dr. Vierth Barnekow Zeitpunkt, Dauer und Umstände seiner KZ-Haft. Die Dolmetscherin, die den Briten das Schreiben übersetzte, änderte den damals noch weit verbreiteten „Deutschen Gruß" des Anwalts in ein neutrales „Yours faithfully" ab, vermutlich um Irritationen über dieses nationale Gebaren bei den Besatzern zu vermeiden.

sichtig Barnekow inzwischen in politischen Fragen agierte, zeigte sich kurz nach Ausbruch des Zweiten Weltkrieges: Er wirkte mäßigend auf seinen Chef ein, als dieser im Beisein eines Dritten gegen die Nationalsozialisten und den begonnenen Krieg wetterte, obwohl Dörner ihm „aus der Seele" gesprochen habe.[47] Dörner wurde tags darauf von der Gestapo verhört, allerdings nicht inhaftiert. Barnekow wurde nicht in die Affäre verwickelt, was sein vorrangiges Ziel gewesen sei.

Am 13. November 1939 bekam Barnekow ein Schreiben vom Hanseatischen Sondergericht, worin ihm nur kurz mitgeteilt wurde, dass das gegen ihn eingeleitete Ermittlungsverfahren eingestellt worden sei. Er durfte wieder als Möbelkaufmann tätig sein. Die Firma Erwin Hass war zu diesem Zeitpunkt zwar nicht mehr zu retten, doch Barnekow ließ sich dadurch nicht aufhalten: „Ich machte sofort von meiner Wohnung aus eine eigene Möbelgroßhandlung unter der Firma Kurt Barnekow wieder auf."[48]

Kampf an allen Fronten

Ökonomisch musste Kurt Barnekow im Dezember 1939 neu beginnen. Der Möbelgroßhandelsbetrieb Erwin Hass befand sich in der Liquidation – der Konkurs sollte im Juni 1941 formell abgeschlossen sein –, und die unter seinem Namen eingetragene Handelsvertretung bestand inzwischen auch nur noch auf dem Papier. Zudem lasteten auf dem Neuaufbau des Unternehmens als „Möbelgroß- und Exporthandelsfirma Kurt Barnekow" mehrere Hunderttausend RM Schulden, die sich in der Folge des Konkurses der Firma Hass angesammelt hatten. Barnekow bot deshalb früheren Geschäftspartnern an, zukünftig freiwillig ein Prozent auf den Einkaufspreis für alle gelieferten Waren aufzuschlagen, bis die jeweiligen Verbindlichkeiten beglichen seien. Viele Gläubiger erklärten sich einverstanden und führten auf dieser Basis ihre Geschäfte mit Barnekow fort.

Es gelang Barnekow, wenn auch in deutlich bescheidenerem Umfang als vor der Haft, den Möbelgroßhandel wieder aufzunehmen. 1941 erwarb er ein Haus in der Altonaer Große Roosenstraße (heute: Paul-Roosen-Straße), das Sitz der Firma wurde. Dort schuf Barnekow sich ein Jahr später ein weiteres wirtschaftliches Standbein, indem er mit der Produk-

Ab 3. Dezember 1941
im eigenen Grundstück

Hamburg-Altona 1
Gr. Roosenstraße 2/6
Fernsprecher: 43 64 51 / 52

KURT BARNEKOW
Möbelgroßhandlung . Export
Herstellung von Kunstgewerbe- und
Gebrauchs-Artikeln

tion von Kleinmöbeln – Tischen, Stühlen und Hockern – begann. Unter den Bedingungen des Krieges war dies jedoch nur in geringem Umfang möglich. So ergriff er kurz darauf eine sich bietende Gelegenheit, aus dem Sudetenland Glas-, Kristall- und Holzwaren zu beziehen, um seine Handelstätigkeit entsprechend zu erweitern. Für die Aufnahme eines solchen Großhandels richtete er dort ein eigenes Lager ein.

Soldat wider Willen

Barnekow fing früh an, wieder Arbeitskräfte einzustellen. Schwierigkeiten bereitete ihm dabei der kriegsbedingte generelle Arbeitskräftemangel, der sich in der Folge des im Juni 1941 begonnenen Russlandfeldzuges nochmals erheblich gesteigert hatte. Die Chancen, als nicht kriegswichtig eingestufter Betrieb zu überleben, sanken. Seit Kriegsbeginn zogen die Behörden von derartigen Unternehmen Arbeitskräfte ab und führten diese Rüstungsbetrieben oder der Wehrmacht zu. Immer mehr von nicht an der Kriegsproduktion beteiligten Firmen wurden geschlossen. Deshalb versuchten viele Unternehmen, eine Anerkennung als kriegswichtiger Betrieb zu erhalten. Barnekow belieferte Rüstungsinspektionen und andere einschlägige Einrichtungen, um sich abzusichern. Zudem vertrieb er eine selbst entworfene „Schutzvorrichtung für Fensterscheiben", welche „bei Bombeneinschlägen" die Bruchsicherheit erhöhen sollte.[49] Trotz solcher Maßnahmen drohten die Behörden seinem Betrieb mehrmals die Schließung an, und wiederholt wurde seine Firma systematisch nach wehrtauglichen Männern durchforstet, sodass Barnekow bald überwiegend mit Frauen und Kriegsversehrten arbeiten musste. Der Höchststand an Beschäftigten während des Zweiten Weltkrieges sei ohnehin nur elf Mitarbeiter gewesen, berichtete er später.

Die KZ-Haft hatte Barnekows Abneigung gegen das nationalsozialistische Regime verstärkt. Deshalb achtete er nun noch genauer als zuvor darauf, keine NSDAP-Mitglieder zu beschäftigen. Das sei ihm mit einer Ausnahme auch gelungen. Doch eine Garantie für vertrauenswürdiges Personal war dies nicht. Bereits sein erster neuer Angestellter habe ihn erneut bei den Behörden denunziert, was, so Barnekow, der Auftakt für mehrere, unangenehme Betriebsprüfungen gewesen sei. Solche Prüfungen waren damals an der Tagesordnung, da die Firmen immer strenger an die Erfordernisse der Kriegswirtschaft angepasst werden sollten. Die Lieferung von Möbeln etwa musste ab 1942 der Wirtschaftsstelle für Möbel, einer zur Koordinierung von Produktion und

Handel neu gebildeten Arbeitsgemeinschaft der Organisationen der Möbelwirtschaft, „schriftlich oder telegraphisch unter Angabe von Möbelart, Stückzahl und vorgesehenem Empfänger spätestens eine Woche" vor der Transaktion zur Genehmigung gemeldet werden.[50] Zuwiderhandlungen wurden mit hohen Ordnungsstrafen belegt.

Kurt Barnekow machte im Rückblick für die während des Krieges erfolgten Reglementierungen seines Möbelhandels stets frühere Widersacher aus dem Hamburger Fachverband der Möbeleinzelhändler verantwortlich. Allerdings folgten die Hamburger Behörden und Organisationen bei ihren „Schikanen" und „lächerlichen Prüfungen"[51] vielfach zentralen Anordnungen. So galt beispielsweise das im Sommer 1942 erlassene Verbot, mit Kastenmöbeln zu handeln, reichsweit und nicht nur für Hamburg. Im Großhandel war danach nur noch der Vertrieb von Tischen und Stühlen erlaubt.

Mitten in die intensiven Bemühungen Barnekows, sein Unternehmen ökonomisch über die schwierige Kriegszeit hinweg zu retten, kam der Einberufungsbefehl zur Wehrmacht. Im Dezember 1941 musste Kurt Barnekow zu einer Nachuntersuchung antreten, bei der ihn der behandelnde Arzt wegen eines Herzleidens für zunächst vier Monate dienstuntauglich schrieb. Doch bereits einen Monat später wurde Barnekow – ohne weitere Untersuchung – wieder als kriegsverwendungsfähig eingestuft und erhielt einen Stellungsbefehl für den 8. Februar 1942. Wie er später erfuhr, hatte hier die Gestapo erfolgreich interveniert. „Ich habe alles versucht", so versicherte Barnekow 1945, „um nicht für den Nazismus in den Krieg ziehen zu müssen, aber meinem Rechtsanwalt Herrn Dr. [Herbert] Vierth, der sich beim W.[ehr-]B.[ereichs-]K.[ommando] wegen weiterer Zurückstellung für mich verwandte, wurde von dem zuständigen Offizier erklärt, dass ich auf ‚höheren Befehl' eingezogen würde".[52] Barnekows Verweigerungsversuche führten zur Trennung von seinem langjährigen Wirtschaftsprüfer Max Frenzel, der ihm während der KZ-Haft noch treu zur Seite gestanden hatte: Als Veteran des Ersten Weltkrieges und glühender Patriot habe Frenzel kein Verständnis für Barnekows Haltung gehabt und ihm „den Stuhl vor die Tür gesetzt".[53]

Einsatz in der „Hölle"

Im Februar 1942 trat Kurt Barnekow seinen Dienst in der Wehrmacht an. Danach versuchte er zwar weiterhin, in Heimaturlauben und durch brieflichen und telefonischen Kontakt, alle zentralen ökonomischen Entscheidungen zu treffen. Einer Zeitzeugin zufolge wirkte er durch sein großes Engagement auch während der Zeit als Soldat im Unternehmen „stets präsent".[54] Doch seine Möglichkeiten in der Betriebsleitung waren natürlich stark eingeschränkt. In der Firma hielt fortan Ehefrau Martha, die er als Prokuristin eingesetzt hatte, die Stellung. Daneben entwickelte sich der neue Wirtschaftsprüfer Adolf Jensen, den Barnekow von Anfang an über seine politisch heikle Vorgeschichte ins Licht gesetzt hatte, rasch zu einer wichtigen Stütze. Vor allem ihm sei es zu verdanken gewesen, so Barnekow später, dass der Betrieb in der Folgezeit nicht geschlossen wurde. Jensen sollte bis zu seinem Tod im April 1978 Barnekows Wirtschaftsprüfer und vertrauensvoller Ansprechpartner bleiben.

Barnekow kam zunächst in die Estorff-Kaserne in Hamburg-Jenfeld. Kaum dort, versuchte die Gestapo, den ihr als politisch unzuverlässig geltenden Barnekow an die Front versetzen zu lassen. Doch sein erster Vorgesetzter habe die Versuche mit dem Hinweis „Wer Nazi ist oder Gegner des Faschismus bestimme ich und nicht die Gestapo" unterbunden.[55] Vielmehr nahm ihn der Vorgesetzte einige Monate später mit zu einem Einsatz ins südfranzösische Pau, wo Barnekow dank seiner guten Sprachkenntnisse als Dolmetscher eingesetzt wurde. Er übernahm dort zeitweilig die Einkäufe für die deutsche Truppe und führte anfangs ein vergleichsweise geruhsames Soldatenleben. Denn er gehörte zu den Wehrmachtsteilen, die wegen einer befürchteten Invasion der Alliierten vorbeugend in das zuvor unbesetzte Südfrankreich einmarschiert und zunächst nicht in Kämpfe verwickelt waren.

Die Ruhe währte allerdings nicht lange. Bereits mit dem Kriegseintritt der USA im Dezember 1941 hatte sich das Blatt zu wenden begonnen, und an immer mehr Frontabschnitten trat die Wehrmacht den Rückzug an. Als Anfang Februar 1943 die 6. deutsche Armee nach äußerst verlustreichen Kämpfen in Stalingrad – 150.000 deutsche Soldaten waren dort umgekommen, 91.000 gerieten in sowjetische Kriegsgefangenschaft – kapitulierte, ahnten viele Deutsche, dass der Krieg verloren werde. Daran konnten auch die Durchhalteparolen der nationalsozialistischen Führung nichts mehr ändern. An sämtlichen Kriegsschauplätzen ging das Gesetz des Handelns auf die Alliierten über.

In ihren Abwehrkämpfen versuchte die Wehrmacht nun, die europäische Südflanke besser zu schützen, und verlegte zusätzliche Einheiten nach Süditalien. Zu ihnen gehörten die Überlebenden der wegen ihres Kampfeswillen legendären so ge-

Obergefreiter Kurt Barnekow (2. v. l.) mit drei Kameraden der „Kampfgruppe Hufschmidt" nach einem Einsatz nahe des süditalienischen Dorfes St. Pietro im November 1943.

Barnekow als Soldat an der „Heimatfront" in Hamburg, 1943/44.

Vor dem ersten Kampfeinsatz: Barnekow im Zeltlager und mit „Schreibstube" bei Foggia/Italien im Juli 1943.

1943/44 wurde das südlich von Rom in den Abruzzen gelegene Liri-Tal Schauplatz der erbittertsten Kämpfe zwischen der deutschen Wehrmacht und den Alliierten in Italien. Mehrere Zehntausend Soldaten beider Seiten kamen bei den Gefechten an diesem strategisch wichtigen Frontabschnitt ums Leben, darunter auch viele von Barnekows Kameraden. Das Benediktiner-Kloster Monte Cassino, Herberge wertvoller Kunstschätze der abendländischen Kultur, wurde völlig zerstört. Das Kloster sollte nach Kriegsende zum Mahnmal für den Frieden werden.

Vom Feldlazarett in Subiaco konnte Barnekow Ende November 1943 auf das unzerstörte Kloster der mittelitalienischen Stadt blicken.

nannten „Falke-Division"; die Mehrheit ihrer Soldaten war zusammen mit der 6. Armee in Stalingrad getötet worden oder in Kriegsgefangenschaft geraten. Auf Befehl des Oberkommandos der Wehrmacht (OKW) wurde die 6. Armee inklusive der Falke-Division im Frühjahr 1943 neu aufgestellt. Den Stamm dieser Truppe bildete – nebst Resten der früheren Einheit – eine im südfranzösischen Pau stationierte Infanterie-Division. Auch Barnekow wurde der neu gebildeten Falke-Division, die offiziell als „29. Panzer-Grenadier-Division" antrat, zugeordnet und mit ihr nach Foggia/Apulien in Marsch gesetzt.

Kaum war die Falke-Division dort angekommen, landeten am 10. Juli 1943 alliierte Truppen auf Sizilien. Vier Tage später setzte eine Vorausabteilung der Falke-Division auf die Mittelmeerinsel über, um den Abwehrkampf dort stationierter Wehrmachtseinheiten zu unterstützen und den Einsatz ihrer eigenen Division vorzubereiten. Zu dieser Vorausabteilung, deren Einsatz in den blutigen Gefechten bis zum Rückzug der Deutschen von Sizilien am 17. August später von Vorgesetzten gelobt wurde, gehörte Barnekow. Er sollte in den nachfolgenden Monaten mit dem Regiment I./15 der Falke-Division noch an mehreren Brennpunkten des damaligen Kriegsgeschehens in Süditalien eingesetzt sein. Die Division wurde dabei ihrem Ruf als besonders tapfer kämpfende Truppe erneut gerecht. Allerdings war Barnekow nach Aussage seines damaligen Vorgesetzten kein Draufgänger, sondern agierte besonnen und suchte in Gefechten „meist rasch Deckung".[56]

Am 3. September 1943 drangen die Alliierten über die Strasse von Messina auf das italienische Festland vor. Wenig später wurde der Frontwechsel Italiens bekannt gegeben, was die deutschen Truppen zusätzlich in Bedrängnis brachte, zumal sich auch die italienische Zivilbevölkerung zunehmend ablehnend gegenüber den nunmehrigen deutschen Besatzern verhielt. Die Überlegenheit der Alliierten wurde immer deutlicher, trotzdem hätten die deutschen Truppen in Süditalien hohen „Kampfgeist" und „Pflichtgefühl" gezeigt, wie ein Erinnerungsbuch der Falke-Division festhielt.[57] Von November 1943 bis Mai 1944 kam es zu zahlreichen Gefechten entlang eines strategisch bedeutsamen Frontabschnittes beim Benediktinerkloster Monte Cassino. Allein die dabei ab Anfang 1944 erbittert geführte Schlacht um das Kloster kostete etwa 20.000 deutschen und 12.000 alliierten Soldaten das Leben. Im Vorfeld dieser Schlacht machte Barnekow nach eigener Aussage ähnlich traumatische Kriegserfahrungen, wie er sie bereits während des Sizilien-Einsatzes erlebt hatte. Er sei dort mehrmals durch die „Hölle" gegangen, erzählte er oft.[58] Sein Regiment war an den wiederholten Gefechten um das Dorf San Pietro beteiligt, das in der Folge der harten Kämpfe im November und Dezember 1943 völlig zerstört wurde. Barnekow hatte Glück, denn im Gegensatz zu vielen Kameraden, die dort und beim späteren „Untergang" des Regiments ihr Leben ließen,[59] wurde er hier früh „nur" verwundet und kam ins Lazarett nach Subiaco in Mittelitalien. Ende November 1943 durfte er zur weiteren Genesung für einige Wochen zurück nach Hamburg.

Heimatfront in Trümmern

Im Februar 1942, als Kurt Barnekow seinen Dienst in der Wehrmacht angetreten hatte, war die britische Royal Air Force unter dem Kommando ihres frisch ernannten Chefs Arthur Harris offiziell zum Flächenbombardement auf deutsche Städte übergegangen. Damit war ein neues Kapitel des seit 1940 andauernden Luftkrieges aufgeschlagen worden, der die Zivilbevölkerung schon früh massiv in das Kriegsgeschehen einbezogen hatte. Allein zwischen August 1940 und Mai 1941 waren 61.000 Engländer bei deutschen Luftangriffen ums Leben gekommen. In Deutschland sollten bis Kriegsende je nach Schätzung zwischen 400.000 und 570.000 Zivilisten getötet und weitaus mehr verletzt werden. Anfang 1943 traten die USA in diesen Bombenkrieg ein, und die Zahl der deutschen Opfer stieg in jenem Jahr dramatisch an. Am 28. Juli 1943, als Barnekow mit seiner Einheit auf Sizilien kämpfte, begann die „Operation Gomorrha", in deren Verlauf durch alliierte Bomber weite Teile seiner Heimatstadt Hamburg in Schutt und Asche gelegt wurden. Die in drei aufeinander folgenden Nächten abgeworfenen Brandbomben lösten, begünstigt durch die ungewöhnlich warme Witterung, eine bis dahin für unvorstellbar gehaltene Katastrophe aus. Diese ging unter dem Begriff „Feuersturm" in die Geschichte ein. Mehrere Zehntausend Menschen starben, ganze Stadtviertel wurden zerstört und die Hälfte des Wohnungsbestandes vernichtet.

Als Kurt Barnekow nach seiner Verwundung in den Gefechten um das süditalienische Dorf San Pietro zur Genesung Fronturlaub erhielt und Anfang Dezember 1943 nach Hamburg zurückkehrte, äußerte er sich gegenüber der Braut eines Kameraden schockiert über das Ausmaß der Katastrophe: „Hamburg sieht erschreckend aus, so hat man sich das gar nicht vorstellen können." Doch er sei „froh, dass meine Frau und Tochter wenigstens gesund aus der Katastrophe herausgekommen

Operation „Gomorrha" – Hamburg im Bombenkrieg

Im Frühjahr 1940 begann der deutsch-englische Luftkrieg, der die Zivilbevölkerung auf beiden Seiten der Front massiv mit in das Kriegsgeschehen einbezog. Anfang 1943 traten die USA in diesen Bombenkrieg ein. In Deutschland kamen in der Folge von Luftangriffen je nach Schätzung zwischen 400.000 und 570.000 Zivilsten ums Leben. Hamburg war im Sommer 1943 Ziel einer der verheerendsten Angriffe durch die Alliierten.

→ Vom 25. Juli bis 3. August 1943 erlebte Hamburg die heftigsten Bombenangriffe während des Zweiten Weltkrieges. Bei vier Nacht- und zwei Tagesangriffen dieser „Operation Gomorrha" legten Geschwader der englischen und amerikanischen Luftwaffe weite Teile der Stadt in Schutt und Asche.

→ Infolge der besonderen atmosphärischen Bedingungen lösten die dabei eingesetzten Brandbomben eine bis zu diesem Zeitpunkt für unvorstellbar gehaltene Katastrophe aus. Während des Nachtangriffs vom 27. auf den 28. Juli entfachten die Luftangriffe erstmals einen Feuersturm von orkanartiger Stärke, der Bäume entwurzelte, Dächer abdeckte und Menschen in das Zentrum der Flammen riss. In den in dieser Nacht bombardierten Stadtteilen, alles dicht bebaute und besiedelte Arbeiterwohnquartiere, gab es für viele keine Chance, dem Inferno zu entkommen.

→ Bis zum 3. August folgten weitere Angriffe, die zum Teil großflächige Zerstörungen zur Folge hatten. Insgesamt wurden in diesen Tagen mehrere Zehntausend Menschen in Hamburg getötet und weitaus mehr verletzt. Ganze Stadtviertel waren dem Erdboden gleich gemacht und mehr als die Hälfte des Wohnungsbestandes vernichtet worden.

sind. Das ist die Hauptsache, alles andere kann man nach dem Krieg wieder regeln und beschaffen."[60]

Barnekow versuchte, so rasch wie möglich einen Überblick über die ökonomische Situation seines Betriebes zu erlangen, musste sich aber in mehrfacher Hinsicht erst neu orientieren: „Ich habe nun eine grosse Menge Arbeit vorgefunden, alle Schadensmeldungen müssen erledigt werden, was mit sehr viel Laufereien und Schwierigkeiten verbunden ist. Es hat sich alles seit meiner letzten Anwesenheit in Hamburg sehr verändert. Unsere schöne Wohnung haben wir ja auch verloren, und meine Frau hat nun provisorisch ein Zimmer im Geschäft eingerichtet. Es ist ja auch nichts zu bekommen, auch dann kaum, wenn Bezugsscheine vorhanden sind. Ich konnte mir es vorher gar nicht so vorstellen, wie schwierig alles geworden ist. Zum grossen Unglück sind nun auch alle Möbel beschlagnahmt worden. Ich bin nun 2 Tage von einer Behörde zur anderen gelaufen, nur um diejenige Stelle zu finden, welche dafür zuständig ist." Hinzu käme, dass „alle paar Stunden" Alarm sei, „sodass man in der Stadt auch nicht viel schaffen kann"[61] – nach „Gomorrha" flogen die Alliierten noch 68 weitere Angriffe auf die Hansestadt.

Die Schadensbilanz, die Barnekow schließlich erstellte, war, wie bei vielen anderen Betrieben zu dieser Zeit, hoch. In der Möbelbranche meldeten sich zahlreiche Unternehmen bei ihren Verbänden, die ihre „gesamte Fabrikation" hatten einstellen müssen und deren Bestände „durch Brand" größtenteils vernichtet worden waren.[62] Auch Barnekow berichtete am 3. Dezember 1943 einem Kameraden, dass viele seiner Möbel verbrannt und allein die Bearbeitung der Schadensmeldungen „sehr zeitraubend" seien. Doch er verzagte nicht, sondern schloss sich den Bemühungen der Hamburger Wirtschaft an, die Situation durch eigenes Engagement in den Griff zu bekommen: „Es werden alle Anstrengungen gemacht, das Wirtschaftsleben wieder in Gang zu bringen. Auch in meinem Betrieb läuft alles wieder auf Hochtouren. Ich habe sehr viel Arbeit vorgefunden und werde noch manche Nacht durcharbeiten müssen, um alles zu bewältigen."[63]

Es gelang Barnekow, die beschlagnahmten Möbel zumindest teilweise wieder zurück zu erhalten. Dafür musste er nachweisen, dass diese „sofort benutzt" werden sollten und keine sogenannten „Hamsterkäufe" seien.[64] Solche Bedarfsbescheinigungen waren bereits seit Ende der 1930er Jahre üblich, die gesetzlichen Regelungen und dazugehörige Kontrollen waren nach Kriegsbeginn allerdings verschärft worden. Ende 1943 war es nahezu unmöglich geworden, ein Möbelstück ohne Bedarfsbescheinigung legal zu erwerben. Mit entsprechendem Nachdruck forderte Barnekow deshalb seine Kunden, darunter auch immer mehr Wehrmachtskameraden, auf, ihm die notwendigen Reverse rasch zukommen zu lassen. Um die Möbel bis zur Auslieferung vor etwaigen weiteren Schäden zu sichern, richtete er zudem in Bad Segeberg ein Ausweichlager ein.

Während sich Barnekow der Reorganisation des Betriebes widmete, ging sein Fronturlaub zur Neige. Kurz vor Weihnachten 1943 schrieb er einem Kameraden, wie er eine Verlängerung des Urlaubes erreicht hatte: „Ich arbeite fleissig an meinen Erfindungen, z.Zt. Tag und Nacht an dem Apparat zur Phosphor-Brandbombenbekämpfung und hoffe, dass ich meine Versuche im Interesse der Landesverteidigung recht bald mit vollem Erfolg abschliessen kann, damit diesen Terrorbombern einmal das Handwerk gelegt werden kann. Wir haben hier fast täglich Alarm, am 13. Dezember hatten wir wieder einen Grossangriff auf Hamburg und Harburg. Auf Befürwortung des Luftgaukommandos habe ich einen Nachurlaub von 10 Tagen erhalten, damit ich die Versuche fördern kann."[65] Doch auch diese Zeit verstrich, und erneut wurde Barnekow zur Rückkehr an die Front aufgefordert. In dieser Situation hatte er „leider" in seinem Betrieb „einen ganz blöden Unfall [...], der sehr schlimm hätte ausgehen können. Mir ist eine große Tischplatte auf den Fuß gefallen."[66]

„Schildbürgerstreiche"

Als Kurt Barnekow während seines Fronturlaubes Ende 1943, Anfang 1944 versuchte, Kameraden die versprochenen Möbel aus Hamburg zu liefern, hinderten ihn zunächst auch die schwierigen und zunehmend reglementierten Transportbedingungen an der Ausführung. Bereits Anfang 1943 hatten die zuständigen staatlichen Behörden über eine Vermeidung „unwirtschaftlicher Transporte" nachgedacht.[67] Zu diesem Zweck sollte der Möbelvertrieb unter anderem regionalisiert werden. Doch dieses Vorhaben stieß in den Fachverbänden bald auf Widerspruch: „Die Forderung, dass Möbeltransporte über eine gewisse Nahverkehrszone hinaus überhaupt zu unterbleiben hätten, lässt sich allerdings nicht verwirklichen. Dies folgt einmal daraus, dass die Möbelindustrie sich auf bestimmte Gegenden des Reiches konzentriert und innerhalb dieser Bezirke wieder weitgehend spezialisiert ist; dass andererseits der Bedarf in den fliegergeschädigten Gebieten besonders groß ist und aus der eigenen Produktion dieser Bezirke keinesfalls gedeckt werden kann. Es lässt sich daher z.B. nicht vermeiden, dass Küchen aus Westfalen in andere Gegenden des Reiches verschickt werden, während die sächsische und erzgebirgische Stuhlindustrie zur Versorgung der westlichen und nordwestlichen Schadensgebiete mit herangezogen werden muss."[68]

In der Folge galt zwar kein generelles Transportverbot für Möbel über den Nahbereich hinaus, doch es wurde schwieriger, eine – oft von mehreren Stellen einzuholende – Genehmigung zu erhalten, besonders wenn es sich um Lieferungen an Privatpersonen handelte. Barnekow hatte unter anderem seinem damals direkten Vorgesetzten in der Falke-Division, Oberleutnant Kurt Noell, zugesagt, dessen Braut mit Möbeln bei der Einrichtung einer gemeinsamen neuen Wohnung zu helfen. Nachdem Barnekow die zunächst beschlagnahmten Möbel zurückerhalten hatte, versuchte er den Transport zu organisieren. Am 23. Dezember 1943 musste er Noell jedoch mitteilen, dass der Versand erst erfolgen könne, „wenn die Bahnsperre aufgehoben worden ist", die von Weihnachten bis zur Jahreswende über Hamburg generell verhängt worden war.[69] Auch den nachfolgenden Versuchen war zunächst kein Erfolg beschieden. „Damit Sie und Ihre Gattin nicht annehmen, dass wir Sie vergessen haben", schrieb Barnekow am 19. Februar 1944 dem frisch vermählten Ehepaar Noell, „möchte ich Ihnen heute kurz berichten, dass es bislang trotz aller Bemühungen nicht möglich war, den Waggon gestellt zu bekommen. [...] Selbst einen Waggon für einen Rüstungsbetrieb in Gotenhafen, von der Rüstungsinspektion XX genehmigt und abgestempelt, kann ich nicht gestellt bekommen. Wir haben uns jetzt mit verschiedenen Spediteuren in Verbindung gesetzt und wollen versuchen, die Möbel als Beiladung in einem Sammelwaggon nach Kassel [zu] verladen." Er fügte hinzu: „So eine grosse Schwierigkeit haben wir bislang noch nicht gehabt."[70]

Fünf Tage später klappte es dann doch noch, wie Barnekow dem Adressaten freudig berichtete: „Ich konnte heute durch einen ‚Schildbürgerstreich' nun endlich den Waggon nach dort zum Versand bringen und sandte Ihnen soeben ein entsprechendes Telegramm. Es war ganz unmöglich, auf irgendeine Weise einen Waggon zu bekommen, daher war eine kleine List notwendig. Ich hatte heute einen Waggon für die Rüstungsinspektion XX nach Danzig zu verladen und habe nach Rücksprache mit Lademeister 2 Waggons bestellt. Ein Waggon wurde mir heute auf Grund des Auftrages der

KURT BARNEKOW
MÖBEL-GROSSHANDEL · EXPORT · HERSTELLUNG VON KUNSTGEWERBE- u. GEBRAUCHS-ARTIKELN

Ab.: Kurt Barnekow, Hamburg-Altona 1, Gr. Roosenstr. 2-6

Herrn
Oberleutnant Kurt Noell,

Homberg Bez. Kassel
Bahnhofstrasse

Bank-Konto: Westholsteinische Bank Altona,
Depositen-Kasse Beim grünen Jäger
Hamburger Sparcasse von 1827 in Altona
Konto-Nr. 68/50298
Postscheck-Konto: Hamburg Nr. 144 29
Geschäftszeit: 9-17 Uhr, Sonnabends 9-14 Uhr
Stückgutsendungen: Hamburg-Altona, bahnlagernd
Waggonsendungen: Hamburg-Sternschanze, Kopframpe
Ortsgespräche: 43 64 61 Ferngespräche: 43 64 52
Hamburg-Altona 1, Gr. Roosenstraße 2-6
Ihre Schreib. v.   Mein Zeich.
Betr.:   Ihr Zeich.   Tag 19.2.44.

Sehr geehrter Herr Oberleutnant Noell !

Damit Sie und Ihre verehrte Gattin nicht annehmen, dass wir Sie vergessen haben, möchte ich Ihnen heute kurz berichten, dass es bislang trotz aller Bemühungen nicht möglich war, den Waggon gestellt zu bekommen. Ich habe alle Wege und Mittel versucht, aber es muss doch eines Tages klappen. Selbst einen Waggon für einen Rüstungsbetrieb in Gotenhafen, von der Rüstungsinspektion XX genehmigt und abgestempelt, kann ich nicht gestellt bekommen. Wir haben jetzt uns mit verschiedenen Spediteuren in Verbindung gesetzt und wollen versuchen, die Möbel als Beiladung in einem Sammelwaggon nach Kassel zu verladen. Sonst haben wir noch zwei andere Eisen im Feuer. Hier in Altona ist der Waggon nach Homberg täglich vorgemerkt, aber auch in Segeberg und irgendwo wird und muss es klappen.
So eine grosse Schwierigkeit haben wir bislang noch nicht gehabt.
Es wird meinerseits aber alles getan, was nur menschenmöglich ist, um die Möbel zum Versand zu bringen und wir wären glücklich, Ihnen recht bald eine erfreulichere Mitteilung machen zu können. Wir wünschen Ihnen und Ihrer w. Frau Gemahlin alles Gute und sind mit den besten Grüssen,
Ihre

Rü.[stungs-]In.[spektion] gestellt. Ich habe ‚versehentlich' in diesen Waggon Ihre Möbel einladen lassen und es ist, bis jetzt, glatt gegangen. Den Waggon für die Rü.In. werde ich nun morgen neu beantragen." Er bat das Ehepaar Noell jedoch eindringlich, „über die Art der Waggonstellung gegenüber dem Bahnspediteur nichts zu erwähnen. Der Waggon ging an den Spediteur Willi Braun, [...] da ich denselben nicht an eine Privatadresse senden durfte, sonst wäre es sofort aufgefallen."[71] Dieses Engagement Barnekows führt dazu, dass Noell sich noch 51 Jahre später dankbar erinnerte: „Auch daß Sie meiner jungen Frau und mir mit einigen Möbeln bei der Gründung unseres Hausstandes so nett geholfen haben, ist unvergessen."[72]

Mit Glück und Tricks

Während Kurt Barnekow Anfang 1944 in einem Hamburger Lazarett seinen verletzten Fuß behandeln ließ, wurde er nach eigener Aussage „nach irgendwelchen ‚Daten' und Besprechungen als besonders geeigneter Mitarbeiter für den GEHEIMDIENST – SPIONAGEABWEHR – ausgewählt".[73] Ihm wurde niemals mitgeteilt, warum jemand wie er, ein Nicht-NSDAP-Mitglied und früherer KZ-Häftling, für eine solche Mission ausersehen worden war. Es gebe aus dieser Zeit „noch so vieles, was auch heute noch für mich unaufgeklärt und mysteriös" sei, konstatierte er fast vier Jahrzehnte später.[74] Eine Wehrkommission veranlasste im Frühjahr 1944 Barnekows Versetzung nach Kamenz in Sachsen, um ihn dort „hinter Stacheldraht" im so genannten Lehrregiment Kurfürst zusammen „mit 65 Kameraden aus allen 4 Wehrmachtsteilen" in Sabotage und Spionage ausbilden zu lassen.[75]

Barnekow erzählte später, während dieses achtwöchigen Überlebenstrainings habe er eine seiner schlimmsten Hungererfahrungen gemacht. Dort erfuhr er außerdem, dass die Ausbildung dazu diente, ihn und seine Kameraden zur Spionage hinter den russischen Linien einzusetzen. Als er dies hörte, setzte er alle Hebel in Bewegung, um dem zu entgehen. Mit Hilfe eines Schulfreundes und Mitgliedes der Schutzstaffel (SS), einer dem Führer treu ergebenen Eliteformation der Nationalsozialisten, gelang es ihm, sich zeitweilig in der Höhle des Löwen zu verstecken: als Helfer im Versorgungsbereich der Leibstandarte SS Adolf Hitler. Er sei „somit von der Wehrmacht ungewollt in die SS gekommen", schrieb Barnekow später dem langjährigen schleswig-holsteinischen Ministerpräsidenten und Bundesverteidigungsminister Kai-Uwe von Hassel.[76] Von seinen Kameraden aus der Ausbildungszeit in Kamenz, die nach seiner Kenntnis mehrheitlich zum Einsatz hinter die russische Front gebracht wurden, habe er nie mehr etwas gehört.

Immer wieder schaffte es Barnekow mit Hilfe von Freunden und durch den Aufbau guter Beziehungen zu einflussreichen Offizieren, einen weiteren Fronteinsatz zu vermeiden. Hilfreich waren außerdem seine kaufmännischen Kenntnisse, um ab Herbst 1944 als Rechnungsprüfer bei einer Wehrmachtseinheit beschäftigt zu werden. Im Januar 1945 drohte ihm durch eine Intervention der Gestapo erneut die Abkommandierung zur Ostfront. „Durch persönliche Bekanntschaft zu einem Offizier beim Generalkommando Hamburg und einem Unteroffizier" beim Oberkommando des Heeres (OKH) habe er erreicht, statt dessen zur Spionageabwehr nach Dänemark versetzt zu werden.[77] Am 6. März trat er seinen neuen Dienst an und wurde umgehend nach Kopenhagen beordert. Für ihn wurde dies insofern ein Glücksfall, da Dänemark im Gegensatz zu vielen anderen besetzten Ländern ein unblutiges Ende der nationalsozialistischen Herrschaft erlebte. Die dortigen deutschen Streitkräfte kapitulierten am 4. Mai 1945 – vier Tage vor der Gesamtkapitulation Deutschlands.

Gefährliche Einsätze erlebte Kurt Barnekow dort nicht mehr. Allerdings wurde er nach der Kapitulation auf dem Rückweg in die Heimat gemeinsam mit anderen Mitgliedern der Spionageabwehr durch alliierte Truppen im Lager Fröslev nahe der deutschen Grenze festgesetzt. Rund 200.000 der insgesamt 250.000 in Dänemark stationierten Wehrmachtssoldaten wurden damals innerhalb weniger Wochen einfach nach Deutschland abgeschoben. Lediglich die Führung der deutschen Besatzungsmacht wurde fast komplett festgenommen. Ihr sollte später der Prozess gemacht werden. Barnekow wollte erst gar nicht abwarten, bis er erfahren würde, ob ihn und seinen Kameraden von der Spionageabwehr ebenfalls eine Aburteilung durch die Alliierten zugedacht werden sollte. Ihm gelang es vielmehr „durch einen ‚Trick' (da ich 2 Soldbücher hatte), nach 48 Stunden und stundenlangen Verhören aus dem Lager zusammen mit einigen Zahlmeistern entlassen zu werden."[78]

Ausschlaggebend für seine Freilassung war ein gefälschtes Dokument, das ihn als Mitarbeiter der Kraftfahrzeugersatzabteilung Hamburg-Alsterdorf auswies. Zu Fuß schlug er sich anschließend bis nach Hamburg durch, wobei es „am schwierigsten" gewesen sei, den von den Briten errichteten „Absperring von Hamburg zu durchbrechen."[79]

Patriotismus

Am 17. Oktober 1945, als Kurt Barnekow sich schon längst wieder seinem Unternehmen in Hamburg widmete, wurde seine Soldatenzeit schließlich formell für beendet erklärt: Die britischen Besatzer, die für die Auflösung der deutschen Streitkräfte in ihrer Zone verantwortlich zeichneten, bestätigten ihm, dass er krankheitsbedingt (Malaria, Kreislaufbeschwerden) dienstunfähig und mit sofortiger Wirkung offiziell aus dem Heer entlassen sei. Doch seine Wehrmachtszeit beschäftigte ihn auf vielfältige Art und Weise weiter bis zu seinem Tod. Dabei kam zum Tragen, dass ihn positive Erfahrungen

> *„Barnekow erzählte, die Briten hätten ihn nach Kriegsende mehrere Male verhört. Er sollte ihnen Namen von Kameraden aus seiner Zeit bei der Spionageabwehr in Dänemark nennen. Er habe immer gesagt, er kenne nur die Vornamen. Als ihn zwei britische Besatzungsoffiziere auf üble Art einschüchtern wollten, sei er sehr wütend geworden: Barnekow habe sie angeschrien, das wären doch Nazi-Methoden, den Schreibtisch gepackt und diesen samt den Offizieren kurzerhand an die Wand gedrückt. Danach sei er einfach gegangen."*

mit Angehörigen der SS und der Spionageabwehr stark geprägt hatten. Unter anderem habe er miterlebt, wie sich hochrangige SS-Mitglieder kritisch gegenüber der nationalsozialistischen Führung äußerten. Vorgesetzte in der Wehrmacht, die Barnekow geholfen hatten, und auch so manchen seiner Kopenhagener Geheimdienstkameraden nannte er im Rückblick einen „edlen Mann".[80] Vor diesem Hintergrund blieb er rigide in seiner Verurteilung der nationalsozialistischen Führung um Adolf Hitler, urteilte ansonsten aber differenziert.

In den ersten Monaten nach Kriegsende befragten Vertreter der britischen Besatzungsmacht Barnekow mehrmals und intensiv nach seiner Tätigkeit für die Spionageabwehr. Sie legten ihm nahe, mit ihnen zu kooperieren und seine Kenntnisse über Personen und Strukturen aus jenen Kopenhagener Diensttagen preiszugeben. Dies habe er stets mit dem Hinweis, er sei kein Denunziant, abgelehnt. Es habe ihn, so schrieb er später einem Kameraden, besonders empört, dass ihn bei einer solchen Vernehmung ausgerechnet zwei „deutsche Juden in englischer Uniform [...] zum Verräter machen" wollten, indem sie ihre Machtbefugnisse als Offiziere der britischen Armee andeuteten und ihn so unter Druck zu setzen versuchten.[81]

Daraufhin habe er sie lautstark gefragt, ob er „hier wieder bei der deutschen Gestapo" sei, und auf einen nachfolgenden Termin mit einem britischen Major verwiesen, zu welchem er sich nun begeben müsse. „Dann ging ich ohne Aufforderung und hörte von diesen Leuten niemals wieder etwas."[82]

Generell haderte Barnekow zunehmend mit der Praxis der Entnazifizierungspolitik der Alliierten sowie mit deren Umgang mit den des Kriegsverbrechen Beschuldigten und anderen Kriegsgefangenen, welche er jeweils in vielen Fällen als ungerecht wahrnahm. Dabei bezog er seine Kritik nicht etwa auf die von Anfang an bestehenden Unterschiede in Politik und Praxis der Entnazifizierung zwischen den Besatzungsmächten. Im Blickpunkt seines Interesses standen auch nicht die Veränderungen politischer Leitlinien einzelner Siegermächte, wie beispielsweise die bald viel diskutierte Umorientierung der amerikanischen Entnazifizierungspraxis von einer anfangs harten Linie hin zu einer „Mitläuferfabrik".[83] Barnekow stützte seine Kritik an der Entnazifizierung Deutschlands und der Behandlung von deutschen Kriegsgefangenen vorrangig auf persönliche Erfahrungen. So sei ein zuvor im Reichsluftfahrtministerium tätiger Schulfreund von den sowjetischen Besatzern für

FALKE-MITTEILUNGSBLATT 1983

KAMERADSCHAFTSVERBAND
ehem. Angehöriger

29. Inf. Division

FALK

29. Pz. Gren. D

seiner Stamm- und Tradit

Wiedersehen nach 40 Jahren
Die „Letzten auf Sizilien" fanden sich wieder

Anfang September 1943 erhielt ich, der Obergefreite Barnekow im Pz. Gren. Rgt. 15, an einer Straßenkreuzung bei Messina den Befehl, den Divisionskommandeur, General Fries, zu erwarten und ihn zur Fährstelle einzuweisen, von der die Insel Sizilien seit Tagen evakuiert wurde. Zehn Stunden harrte ich dort aus, um mich herum hatten Phosphorgranaten die Wälder angezündet, und mir wurde allmählich mulmig zumute. Der „Einbahnverkehr" Richtung Fährstelle hatte seit Stunden fast aufgehört.

Da kurvte ein Beiwagenkrad heran, darin ein Fähnrich, der fragte: „Na, Kamerad, worauf wartest Du denn noch?" Ich meldete, daß ich der Einweiser für den General sei. „Den Befehl kannst Du vergessen", sagte der Fähnrich und forderte mich auf, mich auf den Sozius zu schwingen. Der General sei, so berichtete er, mit einem Fieseler Storch schon in den Abendstunden über die Meerenge von Messina nach Italien hinübergeflogen. Wir rasten die drei Kilometer zum Strand, sprangen mit dem B-Krad in ein Sturmboot und brausten im Zickzack-Kurs davon. Gerade noch zur rechten Zeit, denn die Panzer, die knapp hinter uns den Strand erreichten, schickten uns einige eiserne Grüße nach, und eine englische Karavelle stimmte in das Abschiedskonzert ein. Zu unserem Glück aber wurde das wendige Sturmboot nicht getroffen, und wir kamen unversehrt in Villa San Giovanni bei Reggio-Calabria an, wo wir unsere Einheiten suchten und uns zurückmeldeten.

40 Jahre später: Ich wanderte mit meiner Frau auf der Insel Sylt von Keitum nach Munkmarsch und kehrte im neuen Restaurant „Zur Mühle" ein. Das Lokal war voll besetzt, so daß wir uns freuten, daß ein älterer Herr, der holsteinische Mundart sprach, uns aufforderte: „Wenn wir Ihnen angenehm sind, dürfen Sie hier an unserem Tisch Platz nehmen." Wir nahmen dankbar an und waren bald im Gespräch: Die Insel, der Urlaub, das herrliche Wetter, Land und Leute und — wie bei unseren Jahrgängen so oft — der Krieg.

Der Gesprächspartner stellte sich als Herr Hüttmann aus Nahe im Kreis Segeberg vor und erzählte, daß er vor 40 Jahren der letzte Soldat gewesen sei, der die Insel Sizilien verlassen habe. Ich protestierte und nahm dies für mich selbst in Anspruch. Bei dem sich anbahnenden Streitgespräch kam zu unserer grenzenlosen Verblüffung heraus, daß ich den Fähnrich wiedergefunden hatte, der mich damals in letzter Minute auf der Straßenkreuzung „aufgelesen" hatte. Der Fall wurde natürlich mit einem guten Schluck begossen.

Demnächst werden die Barnekows die Hüttmanns in Nahe besuchen, und dabei gibt es ganz gewiß wieder eine Menge zu erzählen.

Kurt Barnekow
6612 Ascona/Tessin (Schwe
Rivebelle 23

Im Mitteilungsblatt seiner früheren Division berichtete Kurt Barnekow 1983 und 1984 über eigene Kriegserlebnisse und deren spätes „Nachspiel".

zehn Jahre inhaftiert worden, während dessen Vorgesetzter in der amerikanischen Zone ungeschoren davon gekommen sei. „Wenn zwei das gleiche tun ...", beschwerte sich Barnekow später in einem Brief an den Kameradschaftsverband „Falke".[84]

Dieser Kameradschaftsverband war von Angehörigen der Division gegründet worden und verbreitete ab 1947 durch weihnachtliche Rundbriefe zunächst hauptsächlich Informationen über Schicksale von früheren Kameraden. Ab 1973 gab der Verband jährlich das Falke-Mitteilungsblatt heraus, das auch dem Austausch von Erinnerungen und der Kontaktpflege unter den ehemaligen Divisionsmitgliedern diente. Kurt Barnekow unterstützte das Mitteilungsblatt durch Spenden an die Redaktion und schrieb zwei Beiträge, in denen er Erlebnisse seines Sizilieneinsatzes schilderte. Allerdings nahm er trotz wiederholter Aufforderung nie an einem Treffen der Falke-Veteranen teil, weil er bestimmten Kameraden nicht mehr begegnen wollte, unter anderem einem Hauptmann, der sich während des damaligen Italieneinsatzes „als 300%iger Nazi" entpuppt habe. Das könne er „nicht vergessen".[85]

Barnekow wählte eine individuelle Auseinandersetzung mit der Vergangenheit. 1972 und ein zweites Mal ein Jahr später reiste er nach Süditalien. Dort besuchte er Schauplätze von Gefechten, an denen er während des Krieges teilgenommen hatte, und den Soldatenfriedhof von Monte Cassino. Auf Sizilien stellte er fest, dass die Tür an dem „Weinkeller, in den wir in Randazzo bei einem Luftangriff der US-Bomber gelaufen waren, [...] noch so an einer Angel hing, wie wir im Juli 1943 den Keller verlassen hatten." Er sei froh, so schrieb er einem damals beteiligten Kameraden, dass sie das Bombardement „glücklich überstanden" hatten.[86]

Wenn Barnekow später in zahlreichen Schreiben an in- und ausländische Politiker Ungerechtigkeiten im Umgang mit der Vergangenheit anprangerte, tat er das meist in Form einer Einzelaktion. So protestierte er in den 1970er Jahren in Schreiben an den italienischen Staatspräsidenten und das niederländische Königshaus mit drastischen Worten gegen die „langandauernde Inhaftierung von Kriegskameraden in Italien und den Niederlanden".[87] Erfolg hatte er damit nicht. Auch sein offener Brief anlässlich der Feiern zum 40. Jahrestag der alliierten Landung in der Normandie am 6. Juni 1984 erhielt keine erkennbare Resonanz. Er hatte darin „eine neue tiefe Kluft durch die Völker des ‚angeblichen' westlichen Bündnisses" befürchtet, sollte seine „Kriegsgeneration von unseren ehemaligen Gegnern zu diesem Gedenktag – im Frieden – ausgeschlossen" bleiben.[88]

Im Falke-Mitteilungsblatt las Barnekow 1984 einen Spendenaufruf für zwei im niederländischen Breda inhaftierte „Kameraden", Ferdinand aus der Fünten und Franz Fischer.[89] Den Herausgebern des Mitteilungsblattes schrieb er daraufhin: „Ich kenne die Inhaftierten nicht!"[90] und zögerte zunächst mit einem Engagement. Fischer und besonders der ehemalige SS-Hauptsturmführer aus der Fünten waren während des Zweiten Weltkrieges für die Deportation von mehr als 100.000 Juden aus den Niederlanden verantwortlich gewesen. 1950 waren beide dort zum Tode verurteilt worden; das Urteil wurde später in eine lebenslange Gefängnis-

1972 besuchte Kurt Barnekow gemeinsam mit seiner
Lebensgefährtin Karin Brennecke erstmals wieder
in Süditalien Schauplätze von Gefechten während des
Zweiten Weltkrieges, an denen er teilgenommen hatte.
In Randazzo/Sizilien beeindruckte es ihn sehr, dass noch
Einschusslöcher von damals zu sehen waren
und insgesamt Vieles unverändert schien. Seine
handschriftliche Eintragung in das nach der Reise
angelegte Fotoalbum belegt, wie genau er sich an das
Geschehen von 1943 erinnerte.

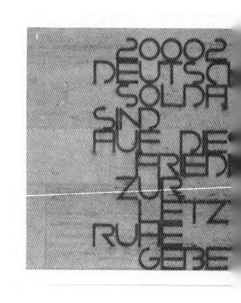

Auf der Rückfahrt von Sizilien besuchten Kurt Barnekow und Karin Brennecke 1972 auch den Soldatenfriedhof und die Gedenkstätte bei Monte Cassino. Prospekt und Bilder von der Gedenkstätte dokumentierte Brennecke später ebenfalls im Album über diese Reise. Barnekow drückte in seinem Kommentar tiefe Dankbarkeit aus, dass er 1943 lebend aus dieser „Hölle Casino" herauskommen durfte.

strafe umgewandelt. Mitte der 1980er Jahre verstärkten Kameradschaftsverbände und vor allem hochrangige CDU-Politiker ihre Bemühungen, eine Begnadigung dieser „Zwei von Breda" zu erwirken. Als dies publik wurde, bekundeten Organisationen, die die Interessen von Verfolgten des nationalsozialistischen Regimes vertraten, ihr „Entsetzen".[91]

Weihnachten 1985 schrieb Kurt Barnekow an Bundespräsident Richard von Weizsäcker, schilderte ihm seinen eigenen, wechselhaften Lebensweg während des „Dritten Reiches" und bat ihn, sich „aus menschlichen Gründen" um die Freilassung der „Zwei von Breda" zu bemühen.[92] Der Bundespräsident antwortete ihm nach wenigen Wochen, „die Schilderungen Ihres eigenen Schicksals" hätten ihn „genauso berührt, wie das Engagement, mit dem Sie sich für Franz Fischer und Ferdinand aus der Fünten einsetzen." Er teilte Barnekow ferner mit, dass er ebenfalls aus humanitären Gründen bereits seit einiger Zeit in dieser Sache aktiv sei und versprach ihm, weiterhin „durch vertrauliche und unauffällige Kontakte" auf eine Freilassung der beiden Inhaftierten hinzuwirken.[93] Obgleich die öffentliche Meinung in dieser Angelegenheit sehr geteilt blieb, begnadigte das niederländische Parlament schließlich 1989 Fischer und aus der Fünten.

*KUBAH präsentierte sich in der Werbung gerne als modernes und richtungsweisendes Unternehmen.
Diese Collage entstand in den 1950er Jahren.*

Die KUBAH-Kogge in voller Fahrt
Ein Traum wird Wirklichkeit

Als Kurt Barnekow Mitte Mai 1945 von seinem Wehrmachtseinsatz in Dänemark nach Hamburg zurückkehrte, war er nach eigener Aussage „glücklich", sich umgehend auf die Wiederbelebung seines nur noch in kleinem Umfange existierenden Unternehmens „stürzen" zu können.[1] Durch diese intensive Hinwendung zu „ehrlicher Arbeit" wollte er nicht zuletzt „schneller seine furchtbaren Kriegserlebnisse vergessen machen".[2] Doch die Bedingungen waren – wieder einmal – schwierig: Hamburg glich in der Folge der verheerenden Bombenangriffe vom Juli 1943 noch immer in weiten Teilen einer Trümmerlandschaft, und seit der kampflosen Übergabe der Stadt am 3. Mai regierten die Briten, ohne deren Erlaubnis bald weder der Besitz eines Fahrrades noch ein Wohnungswechsel legal war.

Kurze Wege finden

Barnekow wusste sich zu helfen. Noch während des Krieges war es ihm gelungen, in eigener Initiative Ersatz für die zerstörte Wohnung am Mundsburgerdamm zu schaffen. Auf einem erworbenen Waldgrundstück in Hamburg-Rissen hatte er mit Hilfe von Wehrmachtskameraden ein provisorisches Holzhaus gebaut, in dem seine Frau und Tochter sowie nach Kriegsende zeitweilig weitere Verwandte Unterschlupf fanden. Nur wenig später begann er an der Rissener Röschdaalskoppel, ebenfalls mit Hilfe von Soldaten, ein Massivhaus zu errichten, das er Ende der 1940er Jahre zu seinem repräsentativen Wohnsitz ausbauen lassen sollte. Im Mai 1945 ging er kurzentschlossen in den Stadtpark und an andere einschlägige Orte, wo sich viele heimgekehrte Soldaten und Flüchtlinge aufhielten und offenkundig nur auf ein Arbeitsangebot warteten. Dort wählte er geeignete Mitarbeiter aus, was allerdings nicht ganz einfach gewesen sei: „Fast jeder, den ich ansprach, war plötzlich ein Möbelfachmann oder Tischlermeister", so ironisierte er die Situation im Rückblick.[3]

Hinzu kam, dass Barnekow dank seiner aufgeschlossenen Art und guten Sprachkenntnisse rasch Kontakt zu hochrangigen Repräsentanten der britischen Besatzungsmacht erhielt. Er lernte unter anderem Kurt Crone kennen, der als Dolmetscher für die Briten arbeitete und ihn direkt mit seinen neuen Chefs bis hin zu General Brian Robertson in Verbindung brachte. Robertson war damals stellvertretender Militärgouverneur der britischen Besatzungszone. 1947 sollte er zum Militärgouverneur befördert werden. Dank solcher Kontakte erhielt Barnekow bereits Ende Mai 1945 von den Briten die Genehmigung, die Fabrikation von Möbeln und den Handel in seinem Altonaer Betrieb wieder aufzunehmen. „Beziehungen zu den Herrschenden", so hielt er später treffend fest, seien in dieser Zeit wichtiger als monetäres „Kapital" gewesen.[4]

Um den in den ersten Nachkriegsjahren generell großen Mangel an Rohstoffen auszugleichen, organisierte Barnekow Materialien, die sich in irgendeiner Form zum Möbelbau verwenden ließen. So wurden aus Munitionskisten Kommoden, Betten und Schränke hergestellt. Ebenso dienten Gasmaskenkästen aus Sperrholz zum Bau von Hausrat. Ein Geheimnis blieb es, woraus er die zinnausgeschlagenen Waschwannen basteln ließ. Selbstproduzierte Etagen-Nähkästen wurden ein erster Verkaufsschlager. Etwa 50.000 davon konnte Barnekow damals absetzen. Das Material für seine unternehmerischen Vorhaben beschaffte Barnekow sich zunehmend durch so genannte Kompensationsgeschäfte, das heißt, er lieferte Firmen Waren im Austausch gegen Rohstoffe und Waren. Dies war eine, da am Bewirtschaftungssystem der Alliierten vorbeigehende, illegale Form des Wirtschaftens im frühen Nachkriegsdeutschland. Doch ohne diesen „grauen Markt" hätte vor allem die bescheidene Nachkriegsindustrie in Deutschland nicht funktioniert, deshalb duldeten ihn die Besatzungsmächte weitgehend.[5]

Dank Barnekows insgesamt guten Beziehungen zu den Besatzungsbehörden geriet er mit seinen ökonomischen Vorhaben selten in Konflikt mit den neuen Machthabern. Geschah es doch einmal, gab es rasche Einigung, zumal oft nur Missverständnisse vorlagen. So wurde er eines Tages von den Briten vorgeladen, weil diese seine Firmenpost kontrolliert und dabei festgestellt hatten, dass er darin „Rechenmaschinen" anbot, und zwar gleich 10.000 Stück. Dafür besaß er keine Produktionsgenehmigung. „Nach stundenlanger Vernehmung vor höchsten Kontrolloffizieren löste sich endlich das Rätsel, denn es waren ‚KINDER-Rechenmaschinen', die in meinem Betrieb von entlassenen deutschen Soldaten und Frauen in Altona hergestellt wurden, und das waren Spielwaren, wofür ich eine Produktionsgenehmigung bekommen hatte. Auf Druck des verhandlungsführenden britischen Obersten mußte in Zukunft die deutsche Sprache geändert werden", so berichtete Barnekow später schmunzelnd, „und

Das Warenangebot im Altonaer Einzelhandelsgeschäft 1946/47.

*Verkaufsstand auf der Exportmesse in Hannover 1948,
wo Kurt Barnekow wichtige Aufträge einwarb.*

diese bekannten Rechenmaschinen hießen fortan: ‚RECHEN-RAHMEN FÜR KINDER!'"⁶

Kurt Barnekows Unternehmen wuchs rasch. Bereits im Juli 1945 beschäftigte er 90 Mitarbeiter, ein Jahr später standen über 100 auf seiner Gehaltsliste. Damit avancierte er im Nachkriegshamburg früh zu einem führenden Möbelhändler. Einen wichtigen ökonomischen Erfolg bescherten Barnekow die ersten Export-Messen in Hannover, auf denen er 1947 und 1948 jeweils mit einem Verkaufsstand präsent war. Vertreter der britischen Armee tätigten dort umfangreiche Bestellungen bei seiner Firma. Hinzu kamen bald Aufträge aus dem Hauptquartier der britischen Besatzer in Herford: Je 5.000 Wäschetruhen, Haushaltsleitern, Tabletts, Bettgestelle und Kommoden gingen als Teil deutscher Reparationen nach Großbritannien. 1947 machte Barnekow monatlich 400.000 RM Umsatz.

Zum Erfolgsrezept Barnekows gehörte es nicht zuletzt, so berichteten Zeitzeugen, dass er seine Mitarbeiter immer wieder neu motivieren konnte, denn Anlässe zum Zweifel entstanden in diesen schwierigen Nachkriegsjahren oft. Vor allem der ständige Materialmangel, die defizitäre Infrastruktur und behördliche Reglementierungen schienen mehrmals den erfolgreich begonnenen Wiederaufbau des Unternehmens zu gefährden. Hinzu kamen große Probleme in der allgemeinen Lebensmittelversorgung. So steckte vielen von Barnekows Beschäftigten noch der berüchtigte Hungerwinter 1946/47 in den Knochen, als er die zarten Verbesserungen der Lebensumstände in der Neujahrsansprache am 2. Januar 1948 nutzte, um Optimismus zu verbreiten. Es gab, wie so oft in dieser Zeit, mal wieder keinen elektrischen Strom, und die Mitarbeiter versammelten sich mit ihren Laternen im Keller. Dieser „gespenstisch" anmutenden Atmosphäre trotzend verkündete Barnekow: „Das Jahr 1948 wird uns den Aufschwung bringen, wenn wir alle hoffnungsvoll für den Wiederaufbau in die Zukunft schauen und alle gemeinsam an einem Strang ziehen!"⁷

Im Blick auf die Außendarstellung seines Unternehmens versuchte Kurt Barnekow früh, eine übergreifende Qualität seiner Produktions- und Handelstätigkeit zu signalisieren. Dafür griff er 1947 erneut die Idee eines werbewirksamen Markenzeichens auf, wie er es bereits in den 1930er Jahren mit EHA erfolgreich für die Firma Erwin Hass kreiert hatte. Zunächst versuchte er KUBA für *Ku*rt *Ba*rnekow als Firmenlabel registrieren zu lassen, was ihm die Behörden mit Hinweis auf die gleichlautende Nation jedoch verweigerten. Mit dem hinzugesetzten H für Hamburg fand Barnekow nicht nur rasch eine einfache Lösung des Problems, sondern er dokumentierte so gleichzeitig seine Verbundenheit mit Traditionen hanseatischer Kaufmannschaft, wie er sie etwa bei den Chefs seiner Lehrfirma Brock & Schnars kennen und schätzen gelernt hatte. Indem er wenig später das Kürzel KUBAH auf das Frontsegel einer Hanse-Kogge setzte und dies als Logo seines Unternehmens wählte, unterstrich er diese Orientierung.

Unter dem Symbol der KUBAH-Kogge setzte Barnekow seinen Erfolgsweg fort. Kurz nach der Währungsreform vom 20. Juni 1948 gründete er die Tochterfirma KUBAH Möbel- und Einrichtungshaus K. Barnekow Kommanditgesellschaft. Die veränderten politischen Rahmenbedingungen – im Gegensatz zum nationalsozialistischen Regime versuchten die amerikanischen und britischen Besatzer durch zahlreiche Vorgaben, den Wettbewerb in der deutschen Wirtschaft zu fördern – hatten es ihm erleichtert, eine Lizenz zu erhalten, und so war Barnekow nun offiziell auch im Möbeleinzelhandel tätig. Das Hauptgeschäft in Altona gehörte bald zu den führenden Einrichtungshäusern in Norddeutschland. Das Angebot umfasste Möbel aller Art, von einfachen und preiswerten Gebrauchsmöbeln bis hin zu Luxusartikeln. 1950 er-

*1948 wurde das Kürzel KUBAH für **Ku**rt **Ba**rnekow **H**amburg offizielles Markenzeichen des aufstrebenden Unternehmens.*

91

richtete er in Kiel-Wik eine zunächst provisorische Filiale, die am 3. Dezember 1952 durch die Eröffnung eines Einrichtungshauses im Zentrum von Kiel abgelöst wurde. Schon am 16. Juli des gleichen Jahres hatte zudem in Hamburg-Winterhude eine kleine KUBAH-Filiale mit dem Verkauf begonnen, „gewissermaßen unsere Visitenkarte, die dem Kunden sagen soll, was er in unserem Hauptgeschäft in Altona finden kann."[8]

Ein ehrgeiziges Projekt

Wie viele Unternehmerpersönlichkeiten, die in jenen Jahren erfolgreich waren, profitierte Kurt Barnekow von seinen langjährigen Erfahrungen in der Branche und vielfältigen Geschäftskontakten. Zudem erfasste er die relativ zügige Regeneration des Einzelhandels in Hamburg nach 1945 recht genau. Bei Kriegsende waren von den vormals über 27.000 Einzelhandelsunternehmen (Stand 1939) nur etwas mehr als 10.000 übrig geblieben, bis 1950 sollte sich ihre Zahl aber auf etwa 18.000 erhöht haben und fünf Jahre später fast wieder das Vorkriegsniveau erreicht sein. Im Möbelhandel hatten bis 1947 bereits wieder über 250 Unternehmer – von vormals 370 (Stand 1938) – die Ärmel hochgekrempelt und versuchten ähnlich Barnekow einen Wiederaufbau oder Neuanfang. Für ihn war klar: die Konkurrenz schlief nicht.

Um sich ein zweites ökonomisches Standbein zu schaffen, versuchte Barnekow, seine kleine, handwerklich betriebene Möbelproduktion durch eine fabrikmäßige Fertigung erheblich auszuweiten. Er zielte hier auf eine Marktlücke, denn große Möbelfabriken gab es in Hamburg nicht. Lediglich einige kleine und mittlere Fabrikationsbetriebe für Tische und Küchenmöbel hatten bis dato überregionale Bedeutung erlangt. Zu den führenden Industrieunternehmen des Holzsektors zählte die international renommierte Pianofabrik Steinway & Sons. Ein weiteres Motiv Barnekows für den Einstieg in die Fabrikproduktion war, dass er seit seiner Tätigkeit bei der Ruscheweyh AG mit einer eigenen großen Serienmöbelfabrik geliebäugelt hatte. Diesen Lebenstraum wollte er sich nun erfüllen.

Zunächst suchte Kurt Barnekow innerhalb der Stadtgrenzen nach Möglichkeiten, eine solche Möbelfabrik zu realisieren. Er sei mit seinen Plänen an der mangelnden Kooperationsbereitschaft der „im Wiederaufbau begriffenen Hamburger Behörden" gescheitert, so kritisierte er später. Denn diese hätten bereits „dem Betrieb in Altona Woche für Woche Schwierigkeiten zu machen" versucht, indem sie wiederholt die „Feuergefährlichkeit des Betriebes" monierten. Die Hansestadt Hamburg sei auch nicht in der Lage gewesen, ihn in seinem „Aufbauwillen durch Nachweis eines geeigneten Grundstückes" für die avisierte Fabrik zu helfen.[9] Auf Hamburger Stadtgebiet errichtete Barnekow dann nur noch in Bahrenfeld einige kleine Werkstätten und ein Warenlager.

Durch einen glücklichen Zufall fand Barnekow 1947 vor den Toren Hamburgs einen alternativen Standort: Auf einem sonntäglichen Spaziergang mit seinem Schäferhund durch den Klövensteenforst traf er auf den Gutsbesitzer Walter Hardt, mit dem er ins Gespräch kam und der ihm spontan ein Grundstück in Wedel offerierte, weil er dringend Geld und Sachmittel benötigte. „Beide Herren wanderten zur jetzigen Rissenerstrasse, und dort war ein Gelände, bestehend aus Sand mit Bombentrichtern, einem E-Hochspannungsmast, zur Aue hin Bahngleise, sonst nichts, wie eine Steppe," so erinnerte sich Barnekow an seinen ersten Eindruck.[10] Hardt war einverstanden, dass Barnekow teilweise mit Materialien – Fenster und Türen für das Verwaltungshaus des Gutes sowie einen Ackerwagen samt den damals raren Gummireifen – bezahlte, welche dieser durch mehrere Kompensationsgeschäfte erwarb. Am 18. September 1947 ging das über 20.000 m^2 große Grundstück in den Besitz von Barnekow über.

Parallel zu diesen Vertragsverhandlungen sondierte Kurt Barnekow, was bei der Realisierung seines ehrgeizigen Projektes alles zu bedenken war. Viele Hindernisse galt es zu überwinden, die er nach dem Erwerb des Geländes umgehend in Angriff nahm. Es mangelte nicht nur an Material für den Bau selbst, sondern auch die Schaffung einer minimalen Infrastruktur, etwa in Form eines Wasser- und eines Stromanschlusses, war damals eine große Herausforderung. Barnekow zeigte sich noch nach Jahrzehnten froh darüber, dass er mit seinem Anliegen „in Wedel auf unkomplizierte und aufbauwillige Menschen bei den Behörden, sowohl im Bauamt als auch im Rathaus", gestoßen sei: „Es ging alles problemlos und ohne viel Bürokratie".[11] Die Baugenehmigung erhielt er einen Tag nach Eingang seines Antrages. Vor allem an den damaligen Stadtdirektor und späteren Bürgermeister von Wedel (1950-1965), Heinrich Gau, erinnerte sich Barnekow stets mit großer Dankbarkeit. Gau unterstützte viele seiner Anliegen in der Gemeindeverwaltung, und es begann 1947 zwischen beiden ein regelmäßiger, intensiver Austausch über wichtige wirtschaftspolitische Fragen und die Entwicklung von Barnekows Unternehmen. Sie hätten einander sehr geschätzt, obgleich sie manches Mal „hart miteinander gerungen"

Am 23. August 1948 war Richtfest für die KUBAH Möbel-Fabrik gewesen, ...

... die durch den raschen Zubau weiterer Hallen sowie von Gefolgschafts- und Betriebsleiterhaus bald das über 20.000 m² große Areal in Wedel ausfüllte. Die obige Aufnahme des Werksgeländes von 1969 zeigt den größten Ausbau, dann schon mit weiteren Industrieansiedlungen in der Nachbarschaft.

Eine eigene Lokomobile, die u.a. mit Produktionsresten betrieben wurde, stellte die Energieversorgung der Fabrik sicher.

KUBAH verfügte auch über einen eigenen Gleisanschluss.

hätten, so resümierte Barnekow.[12] Im Blick auf den Stromanschluss nutzte Barnekow seine Kontakte zu den Besatzern. Ein britischer Offizier beschaffte ihm rasch und „ohne besondere Bezugscheine" die notwendigen leistungsstarken Kabel und Trafos, wofür andere Unternehmer viele Anträge schreiben und wegen des Mangels in jenen Jahren lange Wartezeiten auf sich nehmen mussten.[13] Weitere Materialien besorgte sich Barnekow durch Kompensationsgeschäfte, etwa indem er Zement mit Behelfsmöbeln aus seiner Altonaer Produktion bezahlte.

Im April 1948 war es dann soweit: Barnekow legte den Grundstein für den Fabrikbau, der im Juni des Folgejahres beendet wurde. Von 1950 bis 1954 sollte die Fabrik um zwei weitere Hallen erweitert werden. Für den Bau und bei der Suche nach Arbeitskräften griff Barnekow, wie viele andere Unternehmer seiner Zeit, auf ein Potenzial zurück, das in der Folge des Krieges entstanden war und viele Gemeinden vor erhebliche Integrationsprobleme stellte: die enorme Zahl an Flüchtlingen und Vertriebenen. Schleswig-Holstein erlebte hier, gemessen am Verhältnis zwischen Einheimischen und neu Zugezogenen, die größte Herausforderung unter den Westzonenländern. Etwa 1,2 Millionen Flüchtlinge und Vertriebene suchten in Schleswig-Holstein eine neue Heimat, was bei rund 1,5 Millionen Einheimischen einen Anstieg der Bevölkerung um zirka 70 Prozent zur Folge hatte – der durchschnittliche Bevölkerungszuwachs in der britischen und amerikanischen Zone betrug damals 22 Prozent. Von den 2559 Industriebetrieben, die 1948 in Schleswig-Holstein existierten, waren 1040 Neugründungen seit 1945, von denen wiederum 605 – etwa 60 Prozent – als „reine Flüchtlingsbetriebe" eingestuft wurden.[14] Viele von ihnen wurden durch die öffentliche Hand speziell gefördert, da sie nach Einschätzung der Behörden einen wichtigen Beitrag zur Integration der neuen Mitbürger leisteten.

Auch in Wedel stellte die Eingliederung der Flüchtlinge und Vertriebenen ein Kernproblem der Nachkriegsentwicklung dar. 1939 hatte die Stadt 8381 Einwohner gehabt. Bis Kriegsende erhöhte sich ihre Zahl durch Zuzug von Menschen aus Hamburg, Helgoland und den Ostgebieten des Deutschen Reiches bereits auf etwa 13.000. Durch den fortdauernden Zuzug von Flüchtlingen und Vertriebenen erfuhr Wedel bis 1953 eine weitere Steigerung auf insgesamt fast 17.000 Bewohner. Allein die Verdopplung der Einwohnerzahl seit 1939 wäre für die Kommune eine große Herausforderung gewesen, doch es kam hinzu, dass der Gebäudebestand in Wedel durch die Bombardierung am 3. März 1943 zu 70 Prozent zerstört worden war. Zahlreiche Einheimische und vor allem viele Flüchtlinge mussten sich deshalb auf Jahre hinaus mit einer Unterkunft in provisorischen Barakkenlagern begnügen, da die Stadt trotz großer Anstrengungen im Wohnungsbau die Missstände nur schrittweise beheben konnte.

Kurt Barnekow, der 1948 noch über keine größeren Kapitalrücklagen verfügte und deshalb besonders knapp kalkulieren musste, stellte für den Bau seiner Fabrik in Wedel eigene Arbeitsbrigaden zusammen. Als er auf dem erworbenen Grundstück mit den ersten Baumaßnahmen begann, erkundigten sich zahlreiche Flüchtlinge aus dem gegenüberliegenden Barackenlager am Beksberg bei Barnekow, „ob hier ein Arbeitsplatz geschaffen werden sollte."[15] Als dieser bejahte, „waren diese Menschen wieder voller Zuversicht" und beteiligten sich gegen eine geringe Entlohnung an den Bautätigkeiten für „ihre Fabrik".[16] Die Belegschaft bestand dann auch zu über 80 Prozent aus Flüchtlingen. Die Stadt Wedel stufte die KUBAH Möbel-Fabrik Kurt Barnekow K.-G. als „förderungswürdig" ein und unterstützte Barnekow fortdauernd, da sein Betrieb großen Nutzen für die angeschlagene Industrie der Stadt versprach.[17] Ähnlich wie bei der Strumpffabrik „bel ami", die der Unternehmer Richard Wieschebrink 1949 in Wedel gründete und in der überwiegend Sudetendeutsche beschäftigt waren, half die Stadt KUBAH vor allem bei der Wohnraumbeschaffung für neue Mitarbeiter. Viele von ihnen kamen zunächst ebenfalls in der gegenüberliegenden Barackensiedlung unter. Später wurde KUBAH bei der Vergabe von Wohnungen an „Spitzenkräfte" von Wedeler Betrieben zeitweilig besonders stark berücksichtigt.[18]

Bei vielen anderen Problemen sah sich die öffentliche Hand dagegen außerstande zu helfen. Wenn Barnekow bei der Stadt Wedel oder beim Land Schleswig-Holstein etwa um die Vermittlung zinsgünstiger Kredite und zuweilen um Stundungen von Steuerzahlungen bat, erhielt er überwiegend abschlägigen Bescheid. Wiederholt kam die Antwort für seine unternehmerischen Bedürfnisse auch schlicht zu spät. Dies war angesichts häufiger Liquiditätsprobleme, die KUBAH in den ersten Jahren hatte, bitter für Barnekow. In einem Schreiben an Bürgermeister Heinrich Gau vom 14. Juni 1950 beklagte er sich über die seines Erachtens ungleiche Behandlung von Betrieben durch die öffentliche Hand, zumal die bisherige Bilanz der staatlichen Unterstützung kritisch zu betrachten sei: „Gesehen haben wir oft genug in der Praxis, dass man Flüchtlingsbetriebe grossgezüchtet und mit Millionen-Krediten versehen hat, die restlos verloren gegangen sind." Barnekow wollte sich fortan nur noch auf die „eigene Kraft" verlassen, um „den Betrieb in der jetzigen Grösse aufrechtzuerhalten".[19] Gegenüber der schleswig-holsteinischen Landesregierung in Kiel bekundete Barnekow am gleichen Tag seine Enttäuschung über deren restriktives Verhalten und resümierte: „Dann ist es doch zweckmässiger, weiterhin mit Banken und sonstigen Privat-Geldgebern zu verhandeln, bei denen wir spätestens innerhalb einer Frist von 2-3 Tagen, meistens innerhalb 10 Minuten eine Entscheidung erhalten."[20]

Kurt Barnekow griff zur Überwindung finanzieller Engpässe regelmäßig auf seine vielfältigen und guten Kontakte zu Privatbanken zurück, die er sich im Laufe seiner selbständigen Unternehmertätigkeit geschaffen hatte. Nach Aussage von Zeitzeugen überzeugte Barnekow durch seine offene Darlegung der betrieblichen Situation und durch seine Lösungsvorschläge. Sein persönliches Auftreten habe zur Kreditwürdigkeit von KUBAH stets entscheidend beigetragen. Vertreter der Banken lobten im Rückblick die enge und verlässliche Zusammenarbeit mit Barnekow, die sich gerade während einiger „Schlechtwetterperioden" bewährt habe.[21] Nach eigener Aussage hatte er beispielsweise keine Schwierigkeiten gehabt, „am Tage der Währungsreform" vom 20. Juni 1948 von einer Hamburger Bank auf drei Akzepte hin je 30.000 Deutsche Mark (DM) Kredit zu erhalten, obgleich er zu diesem Zeitpunkt ehrlicherweise nicht habe garantieren können, „jemals diese 3 Monatspapiere einlösen" zu können. Er habe erläutert, dass er das Geld dringend für den Weiterbau seiner ökonomisch viel versprechenden Fabrik benötige, das sei ausreichend gewesen.[22]

Vor allem die Vereinsbank, die 1974 mit der Westbank AG zur Vereins- und Westbank AG mit Sitz in Hamburg fusionieren sollte (heute zur HypoVereinsbank gehörend), wurde ihm ein treuer Partner. Gute Geschäftskontakte bestanden hier spätestens seit 1942. Vermutlich hatte die Kooperation schon zu Beginn von Barnekows Selbständigkeit 1933 angefangen, denn im Erdgeschoss seines ersten Bürositzes, dem Mohlenhof, logierte eine Filiale der Vereinsbank. Diese Bank avancierte zu Zeiten der Wedeler Fabrikation zur Nummer eins unter Barnekows finanzwirtschaftlichen Ansprechpartnern und begleitete ihn mit großem Vertrauen als Hausbank bis zu seinem Tod 1998. Als Barnekow in den 1950er Jahren einmal für einen Stammholz-

Import kurzfristig 600.000 DM Kredit benötigte, dessen Rückzahlung er dem Vorstand der Vereinsbank innerhalb von sechs Monaten garantierte, war deren Filiale in Wedel „eine Viertelstunde später unterrichtet, den Betrag zur Verfügung zu stellen".[23]

Markenprodukte vom Fließband

Kurt Barnekow gelang es 1948/49, für den Aufbau seines Unternehmens ihm aus früherer Tätigkeit bekannte Fachleute zu gewinnen. Dies war besonders wichtig, denn im Gegensatz zu den traditionellen Zentren der Möbelindustrie – in Westdeutschland lagen diese in Nordrhein-Westfalen, Bayern und Baden-Württemberg – waren in Norddeutschland kaum geeignete Arbeitskräfte zu finden: „Nicht einmal das Holzstapeln können hier ungelernte Leute. Da muss sich erst ein Betriebsleiter dabeistellen und in wochenlanger mühseliger Aufklärung immer wieder sagen, wie es richtig gemacht wird, damit das Holz richtig gestapelt wird. Dieses können aber ungelernte Arbeiter in Westfalen, die zwischen Möbelfabriken und Werkstätten wohnen, schon aus ihrer Jugendzeit", schilderte er der Wedeler Stadtverwaltung seine Schwierigkeiten.[24]

Kurz nach Beginn der Bautätigkeit informierte er die Landesregierung Schleswig-Holstein, er habe „den technischen Planer und früheren technischen Betriebsdirektor der Ruscheweyh A.G., Langenöls, Herrn Albert Fischer, den jetzigen Betriebsleiter der größten und modernsten deutschen Möbelfabrik in Württemberg und Erfinder des ‚Formholzes' [...] für die technische Planung und Ausgestaltung meines Betriebes begeistern und gewinnen können."[25] Hinzu kamen bald weitere frühere Weggefährten, die ihm halfen, eine Serienmöbelfabrik auf aktuellem technischen Standard zu errichten. Mit Produktionsbeginn im Frühjahr 1949 gehörte die KUBAH Möbel-Fabrik „zu den modernsten Betrieben der holzverarbeitenden Industrie", wie ein 1950 von der Stadtverwaltung Wedel herausgegebenes „Heimatbuch" treffend festhielt.[26] Außerdem betrieb KUBAH eine Polsterei, unterhielt zur Stromversorgung eine eigene Transformatorenstation, verfügte über einen eigenen Gleisanschluss und baute rasch einen ansehnlichen Fuhrpark auf.

Besonders die von Beginn an konsequente Ausrichtung auf eine industrielle Fertigung ragte in der damals immer noch stark handwerklich geprägten Branche heraus. So war der gesamte Betrieb „nach dem System eines Fließbandes aufgezogen."[27] Ein wichtiger Vorteil der gewählten Produktionsweise bestand in der großen Materialersparnis, da im Vergleich zu konventionellen Methoden nahezu alles Material verwendet werden konnte und so kaum Abfall anfiel. 1952 schaffte Barnekow die erste Furnierpresse an, mit der Tischlerplatten fortan selbst angefertigt wurden – ein weiterer Schritt zur Unabhängigkeit und Kostenersparnis.

In den folgenden Jahren wurde für KUBAH eine fortlaufende Modernisierung des Betriebes kennzeichnend, da Barnekow in dieser Hinsicht stets die Nase vorne haben wollte. Schließlich musste er die Konkurrenz in den anderen traditionellen Zentren der westdeutschen Möbelindustrie im Auge behalten, die von Beginn an wichtige Standortvorteile besaß. So war beispielsweise das Lohnniveau der Branche in Nordrhein-Westfalen zeitweilig um fast ein Drittel geringer als das für ihn maßgebliche in Hamburg. Hinzu kamen die vergleichsweise höheren Transportkosten bei Lieferungen in die wichtigen Absatzgebiete in den bevölkerungsreichen Bundesländern im Westen und Süden der Republik. Solche Standortnachteile versuchte Barnekow durch eine preisgünstige Massenproduktion und den Zuschnitt des Fabrikationsprogramms auf einen wachsenden Kundenkreis – den Mittelstand – auszugleichen. KUBAH stellte in großen Auflagen auf zeitgemäße Wohnbedürfnisse ausgerichtete Möbel her, die sich in der Öffentlichkeit einen Ruf als vergleichsweise hochwertige, im oberen Preissegment liegende Serienmöbelprodukte erwarben. Das Fertigungsprogramm konzentrierte sich auf Wohnzimmer- und Kleiderschränke sowie auf einer Kombination daraus, die so genannten Wohnkleiderschränke. Vor allem Wohnzimmerschränke wie das mehrere Zehntausend Mal verkaufte Modell „Jubilar" prägten dabei durch sorgfältige Verarbeitung und Haltbarkeit früh das Image von der „guten Qualität der KUBAH-Erzeugnisse".[28]

Kurt Barnekow war mit seiner unternehmerischen Zielsetzung anfangs ein hohes Risiko eingegangen, denn Ende der 1940er, Anfang der 1950er Jahre war der rasch wachsende Wohlstand der westdeutschen Gesellschaft – das viel beschriebene Wirtschaftswunder – und die Herausbildung einer so genannten Mittelstandsgesellschaft allenfalls zu erhoffen bzw. zu erahnen gewesen. Aber es sollte sich bald herausstellen, dass Barnekow diese kommenden Entwicklungen vorausschauend richtig erfasst hatte. 1953/54 erzielte er mit der Möbelfabrik bereits einen jährlichen Umsatz von etwa sechs Millionen DM, sie gehörte mit rund 200 Beschäftigten zu den vier größten Betrieben in Wedel und erlangte überregionale Bedeutung.

„ *Der Betrieb ist nach dem System eines Fließbandes aufgezogen. So kommt das Schnittholz zuerst in den Zuschneideraum, um dort auf die entsprechenden Längen geschnitten zu werden, alsdann kommen diese Bretter in zwei moderne Holztrockenkammern. Nach Abschluss des Trocknungsprozesses kommt das vollkommen trockene Holz in den eigentlichen Fabrikationsgang. Nach genauen Konstruktionszeichnungen, auf denen jedes einzelne Teil des zukünftigen Möbelstückes in Originalgröße detailliert ist, werden nunmehr die Hölzer auf fahrbaren Transportwagen im Fließbandsystem zu den einzelnen Maschinen geleitet. In einer anderen Abteilung werden die Furniere deutscher und ausländischer Hölzer auf einer Furniersägemaschine zugeschnitten, an der automatischen Furnierfugenverleimmaschine zusammengesetzt, laufen mit den sauber gehobelten Brettern, Blindholz genannt, durch eine 180 cm breite Leimauftragmaschine und werden in einer 360 Zentner schweren hydraulischen Presse zu qualitativ hochwertigem Sperrholz verarbeitet.*

In einer anderen Abteilung werden auf einer Rahmenpresse die Hölzer zusammengesetzt. In der Montageabteilung erfolgt der eigentliche Zusammenbau der Möbel. Hier treffen nach einem fließbandartigen System alle maschinell auf den zehntel Millimeter genau gearbeiteten Einzelteile zusammen. Alsdann gelangen die zusammengebauten Möbel in die Beizerei bzw. Lackiererei und die Poliererei, um dort den letzten Schliff zu bekommen. "

(Heimatbuch Wedel 1950)

101

Von den USA lernen

Wichtige Anregungen für die Fortentwicklung des Unternehmens bekam Kurt Barnekow durch wieder belebte und neue internationale Kontakte, vor allem derjenigen in die USA. Als bedeutendste Siegermacht des Zweiten Weltkrieges und zugleich wichtigste Wirtschaftsmacht entwickelten die USA nach 1945 generell eine herausragende Leitbildfunktion für deutsche Unternehmer. Diese orientierten sich zum Beispiel im Management, in den Produktionsmethoden und im Marketing zunehmend an amerikanischen Vorbildern, wobei die Anpassung von Betrieb zu Betrieb unterschiedlich intensiv und schnell erfolgte. Die Bereitschaft des jeweiligen deutschen Unternehmers, sich auf die anders geartete amerikanische Kultur des Wirtschaftens einzulassen, wurde entscheidend dafür, in welchem Bereich und in welcher Ausprägung eine Firma amerikanischen Vorgaben folgte. Rasch orientierten sich deutsche Unternehmen am technologischen Standard der USA, wohingegen in der Unternehmensorganisation und im Marketing erst mit zeitlicher Verzögerung eine allgemeine Anpassung an das amerikanische Vorbild stattfand. Eine völlige Angleichung deutscher Unternehmen an amerikanische Geschäfts- und Betriebsführungs-

Im Juni 1953 besuchte Kurt Barnekow mit einer Delegation der deutschen Möbelindustrie erstmals die USA, um dortige Produktions- und Absatztechniken zu studieren.

methoden gab es in der Regel nicht.

Barnekow bewies in diesem Zusammenhang eine vergleichsweise frühe und große Aufgeschlossenheit, von den USA zu lernen. Verbände verschiedener Branchen aus Deutschland förderten solche Offenheit in den 1950er Jahren durch die Organisation von fachspezifischen Studienreisen in die USA. 1953 nahm Barnekow an einer der ersten Studienreisen teil, die der Deutsche Möbelfachverband anbot. Sechs Wochen reiste Barnekow in einer neunköpfigen Delegation via New York durch Nordamerika, um in North Carolina, Virginia und Chicago modernste Möbelfabriken zu besichtigen. Nach eigener Aussage kam er mit „einem Koffer und Kopf voll neuer Ideen zurück, die auch alsbald in die Praxis umgesetzt wurden". 1958 berichtete er stolz, dass „die dann erfolgte Betriebsrationalisierung bei nur 11% Mehrbeschäftigten eine Umsatzsteigerung von 100% innerhalb von 12 Monaten" erbracht habe.[29] In anderen unternehmerischen Bereichen wie der Werbung und der Einführung von Ratenzahlung hatte sich Barnekow zu diesem Zeitpunkt in Deutschland schon längst als ein Pionier mit Orientierung an erfolgreichen amerikanischen Methoden profiliert.

Auch beim Einsatz neuer Materialien gehörte Kurt Barnekow zu den Vorreitern in der Möbelindustrie. Durch übermäßigen Abbau in den ersten Nachkriegsjahren war Holz zeitweilig ein knapper Rohstoff geworden, was verstärkte Bemühungen nach sich gezogen hatte, einen Ersatz für die Tischlerplatte zu entwickeln. Ein viel versprechendes Produkt dieser Bemühungen war die Spanplatte, die in den USA ab 1950 in der Möbelindustrie mit Erfolg Verwendung fand. In deutschen Fachverbänden dagegen überwog zunächst die Skepsis, obgleich zumindest der holzsparende Effekt der Spanplatte unbestritten war. Die Kritik konzentrierte sich auf „Qualitätsprobleme", die in der heimischen Möbelindustrie nach den ersten Versuchen der Verarbeitung aufgetreten seien.[30] Barnekow, der damals mit Albert Fischer einen maßgeblichen Entwickler der Spanplatte zu seinen betrieblichen Ratgebern zählte, suchte dagegen früh nach Möglichkeiten, das neue Material beim Möbelbau einzusetzen. 1954 änderten die deutschen Möbelfachverbände ihre Sicht und feierten die Spanplatte als „einen imponierenden neuen Werkstoff", der die Möbelindustrie „bereichert" habe. Sie konstatierten, dass die Spanplatten-Industrie „in erstaunlich kurzer Zeit, nach dem Kriege, die bereits hoch entwickelte Sperrholz-Industrie in technischer Hinsicht eingeholt und

Das Wirtschaftswunder

Die 1949 gegründete Bundesrepublik Deutschland erlebte in den 1950er Jahren einen überraschenden ökonomischen Aufschwung: das „Wirtschaftswunder". Begünstigt durch die politische Bindung an den Westen und die Verflechtung mit der Weltwirtschaft stiegen die Produktions- und Exportdaten rasant, die Arbeitslosigkeit sank von 12,2 Prozent Anfang 1950 auf unter ein Prozent Ende 1961. Dank erheblicher Einkommenszuwächse für breite Bevölkerungsschichten avancierte Westdeutschland in dieser Zeit zur Wohlstandsgesellschaft, in der sich Wünsche und Lebensgewohnheiten der Konsumenten stark veränderten.

→ Als am 20. Juni 1948 die Deutsche Mark (DM) neues Zahlungsmittel für die drei westlichen Besatzungszonen wurde, ahnte noch niemand den ökonomischen Aufschwung der späteren Bundesrepublik Deutschland. Nach zunächst besserer Versorgung der Bevölkerung mit Lebensmitteln, Kleidung und Gebrauchsgegenständen stiegen die Lebenshaltungskosten bald stark an. Anfang 1950 waren zwei Millionen Westdeutsche arbeitslos.

→ Amerikanische Wiederaufbauhilfe im Rahmen des so genannten Marshall-Planes und vor allem die rasche Integration der westdeutschen Wirtschaft in die von den USA dominierte Weltwirtschaft gehörten in der Folgezeit zu den zentralen Elementen des Wiederaufbaus. Zum Erfolgsrezept gehörte auch, dass die bundesdeutsche Wirtschaft in hohem Maße amerikanische Technologien und Absatztechniken übernahm und sich auf stärkeren Wettbewerb orientierte. Der im Juni 1950 begonnene Korea-Krieg zeitigte in Westdeutschland einen regelrechten Boom, da das Land als einziger bedeutender Industriestaat des Westens über freie Kapazitäten und niedrige Produktionskosten verfügte.

→ Zwischen 1950 und 1960 verdreifachte sich das bundesdeutsche Bruttosozialprodukt. Das durchschnittliche Wirtschaftswachstum lag im gleichen Zeitraum bei 8,6 Prozent im Jahr. Obwohl der Zustrom von Arbeitskräften aus dem Osten anhielt, ging die Arbeitslosenquote ab Mitte der 1950er Jahre kontinuierlich zurück.

→ Der wachsende Wohlstand der westdeutschen Gesellschaft drückte sich in mehreren Konsumwellen aus: der „Fresswelle" folgte die „Motorisierungswelle", danach die „Wohnungs- und Urlaubswelle".

teilweise überflügelt" habe und räumten ein, dass immer mehr Fachleute mit Blick auf die Spanplatte „geradezu von einer Revolution im Möbelbau" sprächen.³¹

Wirtschaftswunder Marke KUBAH

Zu solchen Beispielen unternehmerischer Weitsicht gesellte sich bei Kurt Barnekow immer wieder eine hohe Risikofreude. Diese trug, das notwendige Glück inklusive, erheblich zum wirtschaftlichen Erfolg bei, wie die von ihm und Mitarbeitern oft erzählte Geschichte über einen Großauftrag 1955 sinnbildlich ausdrückt: Eine amerikanische Militärbehörde in Bayern bestellte bei KUBAH 2.000 Kleiderschränke unter der Bedingung, diese innerhalb von vier Wochen geliefert zu bekommen. Barnekow übernahm den Auftrag, obwohl die damaligen Kapazitäten seiner Fabrik dafür noch nicht auszureichen schienen. Er hatte sich jahrelang um einen Auftrag der Amerikaner bemüht, war aber ein ums andere Mal von der west- und süddeutschen Konkurrenz, die nicht zuletzt ihre geringeren Transportkosten preisdrückend eingesetzt hatte, aus dem Rennen geworfen worden. Nun wollte er sich die Chance, mit den Amerikanern doch noch ins Geschäft zu kommen, nicht mehr entgehen lassen. „Tag und Nacht wurde gearbeitet. Auch wenn die Mehrheit der Betriebsangehörigen anfangs der Meinung waren, daß wir gar nicht genug Platz dafür hatten, um diese Riesenmenge durchzuziehen, gab Barnekow die Anweisung, dann eben im Freien die Spritzstände aufzustellen und unter freiem Himmel die Fertigung zu vollenden. Das geschah im Oktober, und vom ersten bis zum letzten Tag fiel kein Tropfen Regen. Nachdem der letzte Schrank in den letzten Waggon, über das eigene Anschlußgleis mit eigenem Verladebahnhof verladen war, öffnete der Himmel seine Tore und es goß Tage in Strömen."³²

Wichtig für den Ausbau nationaler und internationaler Geschäftskontakte war die regelmäßige Präsenz von KUBAH auf der ab 1949 in Köln stattfindenden Fachmesse für Möbel, die nach 1950 im Zwei-Jahres-Rhythmus durchgeführt wurde. Unter der Firmierung „Internationale Möbelmesse" fand die Kölner Präsentation in den Folgejahren zunehmenden Zuspruch und avancierte bereits in den 1950er Jahren zu einer der weltweit bedeutendsten Fachmessen. Heute gilt sie mit etwa 1.400 Ausstellern aus über 50 Ländern als größte und wichtigste internationale Möbelfachschau. Obgleich das Auslandsgeschäft von KUBAH in den 1950er Jahren gemessen am Gesamtumsatz noch begrenzt blieb, bescherten ihr die regelmäßige Teil-

Auf der Kölner Möbelmesse erregten Anfang der 1960er Jahre Taschenkalender, durch die mit Witz und Charme für KUBAH geworben wurde, die Aufmerksamkeit der Kunden.

nahme an der Möbelmesse in Köln und bald auch an wichtigen Präsentationen im europäischen Ausland einen erheblichen Imagegewinn. Dies war eine gute Grundlage für spätere Exporterfolge. KUBAH war durch solches Auftreten nach Meinung von sachkundigen Beobachtern über viele Jahre hinweg ein „sehr erfreuliches" Flaggschiff der norddeutschen Möbelindustrie.[33]

Die Möbelmesse in Köln bot von Beginn an auch herausragende Möglichkeiten, Eigenwerbung mit Zielrichtung auf den heimischen Markt zu betreiben. Mit einer gelungenen Präsentation konnten die Aussteller bereits vor Ort wichtige Aufträge für das darauffolgende Geschäftsjahr einwerben und insgesamt ihre aktuelle Stellung gegenüber der Konkurrenz ausloten. Barnekow maß der Messe deshalb stets hohe Bedeutung zu und engagierte sich hier in besonderem Maße persönlich. KUBAH warb in Köln wiederholt auf originelle Art und Weise für ihre Produkte, etwa indem Mitarbeiter Kataloge im praktischen Taschenformat verteilten. Dies erhöhte die Chance, dass der KUBAH-Prospekt angesichts einer steigenden Flut an Werbematerialien auf der Messe nicht wie viele andere Kataloge im nächsten Papierkorb landete.

Darüber hinaus boten Möbelmessen

eine gute Gelegenheit, sich über die neuesten Trends in der Branche zu informieren. Darauf hatte Barnekow von Anfang an besonders geachtet und versucht, die Produktion nicht nur auf aktuelle Bedürfnisse hin auszurichten, sondern kommende Entwicklungen möglichst vorwegzunehmen. Er sei immer auf der Suche nach neuen Produkten gewesen, berichteten Zeitzeugen, wobei er auch den Mut bewiesen habe, intern zunächst als „Geschmacksverirrung" titulierte Möbel anzubieten, „die dann überraschende Erfolge wurden".[34]

Ende der 1940er Jahre war wegen der großen Wohnungsnot und des verbreiteten Mangels an Hausrat noch die Erzeugung billiger, platzsparender, zweckmäßiger und auf die notwendigsten Möbeltypen beschränkte Wohnungseinrichtungen das Gebot der Stunde gewesen. Danach wurde es zunächst unklar, in welche Richtung sich der Kundengeschmack entwickeln würde. Einhergehend mit dem rasch wachsenden Wohlstand in der westdeutschen Gesellschaft wurde beim Möbelkauf spätestens ab 1952 mehr Gewicht auf ästhetische Vorzüge gelegt als in den Jahren zuvor. Es begann eine Zeit der Extreme in geschmacklichen Fragen, wobei viele der nun radikal modernen Möbelformen zwar große öffentliche Aufmerksamkeit erregten, aber nur einen relativ kleinen Kundenkreis ansprachen. Allerdings stieg die generelle Aufgeschlossenheit der Deutschen für neue Formen, wie sie auch im westlichen Ausland in Mode kamen. Das vermutlich bekannteste und weit verbreitete Produkt jener Jahre war der Nierentisch. Barnekow nahm diesen Trend auf, indem er in seine Möbelkollektionen früh moderne Formen aufnahm, jedoch in gefälligerem, weniger strengem Design, um ein möglichst breites Publikum anzusprechen. Viele der KUBAH-Möbel wirken im Rückblick wie eine Mischung aus Tradition und modernem Stil der 1950er Jahre.

Damit traf Kurt Barnekow offenkundig einen Nerv der Zeit. Dem ab 1952 bereits unübersehbaren Aufschwung von KUBAH folgte ab Mitte der 1950er Jahre eine weitere große Steigerung des ökonomischen Erfolges. Der Jahresumsatz erhöhte sich von sechs Millionen DM 1954 auf etwa 20 Millionen DM 1958. Im gleichen Zeitraum verdoppelte sich die Zahl der Beschäftigten in der Möbelfabrik von 125 auf 250. Inklusive der Mitarbeiter im Handel erreichte KUBAH Ende des Jahrzehnts mit 392 Betriebsangehörigen den Höchststand der Unternehmensgeschichte. Damit einher ging eine Erweiterung der KUBAH-Gruppe. Außer den Einrichtungshäusern in Altona, Winterhude und Kiel sowie einem Möbel-Großlager in Itzehoe gehörte ab 1958

Kombinationsschrank 3505

Universal-Schrank „Jubilar" ca. 190 cm

Der kombinierte Wohn-Kleiderschrank „3505" (1948/49), das große Erfolgsmodell „Jubilar" (1958/59), der Kassettenschrank „Konsul N" (1964/65) und der „Schräge Otto" (1960/61) zeigen, wie KUBAH auf sich verändernde Kundenwünsche einging (von l. o. nach r. u.).

die Firma KUBAHTEX, ein Handel mit preiswerten Haargarn-, Velour- und Wollplüschteppichen sowie Bettumrandungen, zu Barnekows Unternehmen.

Die Tageszeitung „Die Welt" würdigte KUBAH 1958 als eine der „bedeutendsten" Möbelfirmen „in der Bundesrepublik".[35] Zu seinem 25jährigen Jubiläum als selbständiger Unternehmer in der Möbelbranche hatte Kurt Barnekow somit nicht nur seine Firma unter dem Label KUBAH zu überregionaler Bedeutung verholfen, sondern war als Mittelständler auch einer jener viel zitierten „Väter" des deutschen „Wirtschaftswunders" geworden, deren Einfluss auf die westdeutsche Nachkriegsentwicklung inzwischen verstärkt in den Blickpunkt wissenschaftlichen Interesses gerückt ist.[36]

Innovativ und erfolgreich

Nach 1945 bekundete Kurt Barnekow wiederholt sein Unverständnis über die Personalpolitik des nach Kriegsende neu gegründeten Hamburger Möbelfachverbandes. Es widerspreche seinem Verständnis von Gerechtigkeit, wenn führende Möbelhändler und Funktionäre, die ihn zuvor mit unfairen Methoden bekämpft hätten oder als ausführendes Organ mit verantwortlich für seine lebensbedrohliche KZ-Inhaftierung gewesen seien, in einem demokratischen Gemeinwesen erneut eine herausragende Rolle einnehmen dürften, lautete der Kern seiner Kritik. So monierte er in einem Schreiben vom 16. November 1950 an den Präses der Handelskammer Hamburg, Albert Schäfer, dass jemand wie Ernst August Abraham Geschäftsführer des Hamburger Möbelfachverbandes werden konnte, obwohl Abraham nachweislich seit 1937 Funktionär des Vorgängerverbandes gewesen sei und den Vorsitz weiterer Bezirksfachgruppen der damaligen Wirtschaftsgruppe Einzelhandel inne gehabt habe.[37] Es sei Abraham gewesen, der ihm 1939 zeitweilig den Handel mit Möbeln untersagt habe. „Dass ich unter solchen Umständen niemals daran denke, einem Möbelfachverband beizutreten, in welchem ein Dr. Abraham auch heute immer noch als Geschäftsführer tätig ist, dürfte wohl verständlich sein", resümierte Barnekow gegenüber Schäfer.[38]

Keine Stunde Null

Die notwendigen Beweise, um nicht nur politisch Mitverantwortliche wie Abraham anzuprangern, sondern auch die maßgeblichen Drahtzieher seiner Inhaftierung von 1938 juristisch anzuklagen, besaß Barnekow allerdings nicht. In den ersten Jahren nach Kriegsende hatte er noch durch mehrere Recherchen versucht, solche Belege zu erhalten. Dies gelang ihm nicht, da zentrale Aktenbestände vernichtet worden waren. So blieb er, im Blick auf die eindeutige Identifizierung seiner damaligen Widersacher und das Ausmaß ihrer Beteiligung, zum Teil selbst auf begründete Spekulation angewiesen. Eine restlose Aufklärung war nicht mehr möglich. Erst viele Jahre später sollte er mündlich weitere wesentliche Details erfahren, die ihm einige Vermutungen zur Gewissheit werden ließen. Auf eine Anzeige gegen die Gestapo-Beamten, die ihn damals inhaftiert hatten und deren Identität er bereits zweifelfrei ermittelt hatte, verzichtete Barnekow. Diese seien jeweils „nur ein kleines Rad in diesem Verfahren" gewesen, erklärte er 1950 der Hamburger Kriminalpolizei sein Verhalten.[39]

Ebenfalls aus Mangel an Beweisen wurde ein nach Kriegsende gestellter Antrag Kurt Barnekows auf Entschädigung für seine im „Dritten Reich" ruinierte Möbelgroßhandelsfirma Erwin Hass abgelehnt. Für Barnekow war dies ein weiteres Indiz fortdauernder Ungerechtigkeit. Als er Ende der 1940er Jahre im Rahmen einer anderen juristischen Auseinandersetzung erneut denunziert wurde, diesmal bei den britischen Besatzern, war es aus seiner Sicht naheliegend, auch hier wieder frühere Kontrahenten am Werk zu sehen. Der mit dem Fall betraute Hamburger Rechtsanwalt Curt Wessig nahm auf der Basis eigener Rechercheergebnisse 1950 gleichfalls an, „dass irgendein Deutscher, sicher einer ihrer Konkurrenten, irgendwelche guten Beziehungen zu einem englischen Kontrolloffizier hatte und diese dazu ausgenutzt hat, um Ihnen eins auszuwischen. Wir kennen ja dieses Verfahren, das von den Nazis auch mit Erfolg geübt wurde." Wessig bedauerte gegenüber Barnekow, dass „bei dieser Sachlage" eine Klärung der Angelegenheit aber „nicht möglich" sein werde.[40]

Vor dem Hintergrund solcher Vorgänge entwickelte Barnekow ein großes Misstrauen gegenüber allen, die nach 1945 mit solchen Personen und Organisationen kooperierten, die er als mitverantwortlich für seine KZ-Inhaftierung und wirtschaftspolitischen Schwierigkeiten im Nationalsozialismus betrachtete.

Hinzu kam, dass die in dieser Zeit eher konventionelle Politik vieler Fachverbände des Hamburger Einzelhandels und anderer Institutionen der wirtschaftlichen Selbstverwaltung geeignet war, die Kritik eines stark auf Innovation und Wettbewerb ausgerichteten Unternehmers wie Kurt Barnekow herauszufordern. Aus Sorge vor „einer übermäßigen und ruinösen Konkurrenz" unterstützten damals, nicht nur in Hamburg, viele Repräsentanten und Organisationen der westdeutschen Wirtschaft oft wettbewerbshemmende Maßnahmen und Entscheidungen.[41] So stützten sich beispielsweise die Voten gegen das in den 1950er Jahren erlassene Kartellverbot auf eine solche Argumentation. Die von Besatzungsmächten eingeleitete Umorientierung hin zu einer Wettbewerb fördernden Politik fand erst im Laufe der Jahre breitere Akzeptanz in der bundesdeutschen Wirtschaft.

Welche Schwierigkeiten Barnekow mit KUBAH anfangs hatte, in solch einer Atmosphäre überhaupt als Konkurrent akzeptiert zu werden, veranschaulichte der Disput mit dem Kieler Möbeleinzelhändler Fritz Lüttgens im Frühjahr 1950. Lüttgens, Inhaber der gleichnamigen Firma für Wohnungseinrichtungen in Kiel, zeigte die dort kurz zuvor neu eröffnete KUBAH-Filiale im April bei der Industrie- und Handelskammer (IHK) Kiel wegen angeblichen Verstoßes gegen das Gesetz gegen unlauteren Wettbewerb (UWG) an, weil Barnekows Firma in einer Annonce in den „Kieler Nachrichten" unter der Überschrift „KUBAH Wohnkultur" statt mit der vollständigen Firmenbezeichnung geworben hatte. Die Rechtsabteilung der IHK schloss sich der Kritik Lüttgens insofern an, als sie die KUBAH-Werbung als „fraglos unstatthaft" bezeichnete.[42]

Barnekows Rechtsanwalt Herbert Fritze nahm am 24. Mai 1950 gegenüber der IHK Kiel dazu Stellung: „Ich muss Ihnen offen gestehen, dass mir Ihre ständige Kritik an der Propaganda meiner Mandantin nicht mehr recht verständlich ist. Es ist nun wirklich nicht einzusehen, warum in einer Anzeige meiner Mandantin die gesamte Firmenbezeichnung erscheinen soll, oder haben Sie bereits beobachtet, dass eine Firma wie beispielsweise die Firma Opel jedes Mal in ihrer Propaganda ‚Adam Opel A.G.' schreibt, oder das Alsterhaus in Hamburg ‚Alsterhaus Waren- und Kaufhaus G.m.b.H.'. Es ist für jeden klar ersichtlich, dass das Schlagwort ‚Kubah Wohn-Kultur' keine Firmenbezeichnung ist, ebenso wenig wie ‚Persil-Wäsche' oder dergl.[eichen]".[43] Die IHK antwortete Fritze postwendend, sie sei „keineswegs überzeugt", dass die Bezeichnung „KUBAH-Wohnkultur" firmenrechtlich unbedenklich sei, sie habe „jedoch nicht die Absicht, die Angelegenheit kammerseitig weiterzuverfolgen."[44]

Offene Worte

Immer mehr geriet die Werbung von KUBAH ins Zentrum von Auseinandersetzungen, die nicht zuletzt Folge grundsätzlich kontroverser Einstellungen zum Wettbewerb waren. Mit Werbung, die bewusst die Grenzen des rechtlich Erlaubten ausschöpfte, trug Kurt Barnekow bald zur Eskalation der Konflikte mit seinen Hamburger Widersachern bei. Im Spätsommer 1950 schaltete KUBAH im Rahmen einer breiten Kampagne über günstige Möbelangebote eine Anzeige in Hamburger Tageszeitungen, in denen sie in offenkundiger Anspielung auf drohende Preiserhöhungen in der Folge des im Juni des Jahres begonnenen Korea-Krieges Kunden animieren wollte, bis Ende September bei KUBAH zu garantiert stabilen Preisen einzukaufen. Der Hamburger Möbelfachverband sah in dieser Werbung einen Verstoß gegen das UWG, da KUBAH damit „Angstkäufe" provoziere, und mobilisierte gegen Barnekow.[45] Der Gesamtverband des Hamburger Einzelhandels nahm sich der Angelegenheit an und verklagte

KUBAH am 20. September 1950 vor dem Ehrengericht der Handelskammer Hamburg.

Anschließend bezog der Verbandsvorsitzende Herbert Westerich am 1. Oktober 1950 unter dem Titel „An alle die es angeht!" in einem Beitrag für das hauseigene Mitteilungsblatt „Hamburger Einzelhandel" vehement Stellung gegen „unwürdige Reklame": Unternehmer, die in Werbeanzeigen „bewußt die Grenzen des kaufmännischen Anstandes" überschritten, hätten „nicht mehr den Anspruch auf Beratung oder Einigungsverhandlungen", befand Westerich. Dies sei der Fall, „wenn Zeitungsinserate die Ungewißheit der politischen Lage dazu benutzten", der Kundschaft zu suggerieren, dass demnächst die Preise stiegen, der Kaufmann „aber noch in der Lage sei, bis zum ... zu seinen bekannt billigen Preisen zu liefern." So etwas provoziere „Angstkäufe" und trage „durch seine Flüsterpropaganda dazu bei, Unruhe in die Bevölkerung zu tragen und den Wirtschaftsfrieden zu gefährden." Westerichs Resümee: „Ein solcher Geschäftemacher setzt sich selbst außerhalb des Kreises der ehrbaren Kaufleute."[46]

Obgleich Herbert Westerich in seinem Artikel keine Namen genannt hatte, bezog Barnekow diese Vorwürfe zu Recht auf sich, zumal dort Versatzstücke aus der KUBAH-Werbung zitiert worden waren. Die Anschuldigungen trafen ihn tief, da er sich selbst stets als hart, aber fair kämpfenden Kaufmann verstanden hatte. In Form eines Offenen Briefes an Westerich gab Barnekow zehn Tage später „eine gebührende Antwort": Er bestritt darin die Vorwürfe rigoros und bezeichnete den „Ehrenkodex" des Gesamtverbandes des Hamburger Einzelhandels als unvereinbar „mit dem Bonner Grundgesetz und einer freien demokratischen Wirtschaft. [...] Auch sehen

> *Sehr viele Mitteilungen unserer Lieferanten beweisen, daß die Preise ganz erheblich gestiegen sind. Warum sollen wir diese Tatsachen der Öffentlichkeit verschweigen und warum wird es als ehrenrührig betrachtet, wenn die Öffentlichkeit heute die Wahrheit erfährt? Wir haben es uns zur Pflicht gemacht, in der Werbung die Wahrheit an die Spitze zu stellen und dem Konsumenten durch unsere Werbung das Gefühl der Geborgenheit und der echten Berichterstattung zu geben. Jeder unserer Mitarbeiter hatte die Anweisung, den Kunden mitzuteilen, dass in unseren Häusern die Preise bis zum 30. September 1950 nicht erhöht werden."*

Offener Brief

an Herrn Herbert Westerich
Vorsitzender des Gesamtverbandes des Hamburger Einzelhandels e. V.

In der Zeitschrift Nr. 19, Anfang Oktober, **„Hamburger Einzelhandel"** haben Sie als Vorsitzender des Gesamtverbandes des Hamburger Einzelhandels e. V. in einem Artikel

„An alle die es angeht"

Satzteile aus unserer Werbung der letzten Wochen zusammenhanglos herausgenommen und als Zitat und Anprangerung für Ihre subjektiven Darlegungen benutzt.

Ihr Verband hat uns keine Gelegenheit geben wollen, uns mit unserer Erwiderung an den gleichen Empfängerkreis Ihrer Zeitschrift „Hamburger Einzelhandel" zu wenden. In Wahrnehmung unserer berechtigten Interessen müssen wir jetzt diesen Weg wählen, um Ihnen eine gebührende Antwort zu erteilen:

Sie empfehlen die Beratung in allen Wettbewerbsfragen durch die Organisation Ihres Verbandes. Was Sie Ihren Mitgliedern in Ihren Verbänden raten und empfehlen, interessiert uns aber wiederum absolut nicht, denn Sie scheinen nicht beachtet zu haben, daß wir ja nicht Mitglied irgend einer Organisation des Einzelhandelsverbandes sind und auch gar kein Interesse daran haben, Ihren Verbänden anzugehören, zumindest auf keinen Fall so lange, wie Sie der Vorsitzende des Gesamtverbandes und Dr. Abraham der Geschäftsführer des Möbelfachverbandes sind. Wir sind Mitglied der Serienmöbelindustrie im Landesverband Hamburg der holzverarbeitenden Industrie.

Aber vielleicht ist Ihnen auch nicht bekannt, daß eine gewisse Anzahl Ihrer eigenen Mitglieder sicher nicht mit Ihren Ideologien und Ihrer Handlungsweise konform gehen wird und gewiß, daß sich alle diese freien und doch sicher auch ehrbaren Einzelhandels-Kaufleute, die sich durch Ihre Verbandsmaßnahmen nicht beeinträchtigen lassen, in Kürze zu einem neuen Verband der „Freien Einzelhändler Groß-Hamburgs" zusammenschließen können.

Sie üben Kritik an unserer Werbung! Wer aber Kritik üben will, muß erst einmal unter Beweis stellen, daß er in der Werbung das gleiche Niveau erreicht hat wie der von ihm Kritisierte. Uns jedenfalls sind von Kapazitäten und ersten Markenartikelfirmen die Fähigkeiten und Kenntnisse auf dem Gebiet der Reklame schon vor Jahren anerkannt worden.

Daß unsere von Ihnen zitierte Werbung nicht gegen das UWG verstößt, wissen sie genau so gut wie wir! Daß Sie aber trotzdem einen wenig fairen Feldzug gegen uns eröffnet haben, beweist uns, daß Ihre Handlungsweise wahrscheinlich nur eine Konkurrenzmaßnahme sein kann.

Die öffentliche Meinung

hat über den Wert unserer Anzeigen-Werbung durch Einschaltung eines bekannten Meinungsforschungsinstitutes nach den besten Anzeigen des Monats wie folgt entschieden:

1. Bei den Männern an 1. Stelle KUBAH-Möbel,
2. bei den Frauen an 12. Stelle KUBAH-Möbel.

Schon daraus ersehen Sie,
daß Sie mit Ihrer Auffassung den Interessen
der Oeffentlichkeit und Verbraucherschaft zuwider handeln.

wir, dass leider in Ihrem Verband die Zeit vor 1945 noch nicht ganz abgeklungen zu sein scheint. Sie, Herr Westerich, stellen sich zusammen mit dem für die Berufssparte ‚Möbel' zuständigen Geschäftsführer Dr. Abraham vor Ihren Verband des Hamburger Einzelhandels und glauben, durch Ihre Ausführungen Ihre Mitglieder beeinflussen zu können." Barnekow bezeichnete dies „als kaufmännisch nicht fair. Die vergangenen Jahre haben uns bewiesen, dass in der freien demokratischen Wirtschaft der vorwärtsstrebende, tüchtige und leistungsfähige Kaufmann nicht von Überhängen der Zeit vor 1945 gehemmt werden kann und darf."[47]

In der Folgezeit weitete sich der Konflikt noch aus. Am 9. Oktober 1950 monierte der Vorsitzende des Ehrengerichtes der Handelskammer Hamburg in einem Schreiben an Barnekow, die Werbekampagne von KUBAH sei Ausdruck eines „marktwirtschaftlich abträglichen Verhaltens".[48] Anfang November sprach der Vorstand des Gesamtverbandes des Hamburger Einzelhandels in einem beispiellosen Vorgang Westerich öffentlich „sein Vertrauen" aus und lehnte es ab, sich zu Barnekows Offenen Brief zu äußern. Vielmehr monierte der Vorstand, Barnekow habe sich dem Ehrengericht der Handelskammer „bisher nicht gestellt".[49]

Der Angegriffene reagierte mit einem zweiten Offenen Brief und drohte über seine Anwälte juristische Schritte gegen die Beteiligten an. Westerich nahm die Gegenangriffe von Barnekow zum Anlass, um durch ein gegen sich selbst eingeleitetes Ehrengerichtsverfahren vor der Handelskammer die eigene Reputation wieder herzustellen.

Kurt Barnekow schrieb daraufhin einen 18-seitigen Brief an den Präses der Handelskammer Hamburg, Albert Schäfer, in dem er die eigenen Motive für seine heftige Reaktion erläuterte und die Ungesetzlichkeit seiner Werbung erneut bestritt. Barnekow erzählte darin ausführlich über seine Erfahrungen mit dem Hamburger Möbelfachverband im „Dritten Reich" und über die wiederholten Versuche früherer Widersacher, ihn auch nach 1945 wettbewerbspolitisch zu bekämpfen. Über „den Terror" des Einzelhandelsverbandes gegenüber nicht auf Linie liegenden Kaufleuten beschwere sich im Übrigen so manch' andere Hamburger Firma. Barnekow argumentierte ferner, dass keineswegs KUBAH die seit einigen Monaten zu beobachtende Verunsicherung in der Bevölkerung ausgelöst habe, sondern diese von Presseberichten über steigende Weltmarktpreise im Zusammenhang mit dem Korea-Krieg herrühre. Vor diesem Hintergrund fördere KUBAH keine „Kaufpsychose", sondern trage durch das Versprechen stabiler Preise vielmehr zur Beruhigung bei. Alle Angaben in den Inseraten entsprächen der Wahrheit, zumal die Preissteigerungen in der Branche inzwischen tatsächlich eingetreten seien, während KUBAH auf Erhöhungen verzichtet und somit Wort gehalten habe. Auch alle anderen Vorwürfe habe er zwischenzeitlich entkräften können. Das von Westerich in eigener Sache anberaumte Ehrengerichtsverfahren interpretierte Barnekow als Trick: „Ein Ehrengerichtsverfahren vor der Handelskammer gegen Herrn Westerich, welches er selbst beantragt hat, wird so lange ein einseitiges Verfahren sein, solange nicht mein gegen Herrn Westerich vorliegendes Material sowie alle die Anschuldigungen Hamburger Firmen, die gegen Herrn Westerich vorgebracht werden, bei diesem Verfahren herangezogen werden."[50]

Wie dieser Disput zwischen Barnekow und Westerich endete, lässt sich mit dem verfügbaren Material leider nicht klären. Fest steht, dass in der Folge nicht nur das Verhältnis zwischen Barnekow und dem Gesamtverband des Hamburger Einzelhandels von gegenseitigem Misstrauen geprägt blieb, sondern für Barnekow auch die Handelskammer der Hansestadt jegliche Neutralität verloren hatte. Als er bei der Hamburger Finanzbehörde zwei Jahre später einen – letztlich vergeblichen – Antrag auf Investitionshilfe stellte, lehnte er den an der Entscheidung beteiligten Investitionshilfeausschuss der Hamburger Handelskammer „wegen Befangenheit" bereits im Vorfeld ab, ohne dessen Zusammensetzung zu kennen.[51] Vor dem Hintergrund solcher Schwierigkeiten mit einflussreichen regionalen Wirtschaftsverbänden und -organisationen kämpfte Barnekow für ökonomische Innovationen.

Vertrauen in die Kunden

Bis zur Währungsreform 1948 dominierte in Deutschland die Barzahlung das Warengeschäft zwischen Einzelhändler und Kunden. Danach setzte eine Trendwende ein. Nun wurden, in unterschiedlichen Formen, privaten Haushalten zunehmend Konsumentenkredite gewährt, da diese kaum mehr über Kapitalreserven verfügten, die Wirtschaft aber durch Kaufkraftsteigerung in Gang gebracht werden sollte. In dieser Zeit entstanden zahlreiche Teilzahlungsinstitute, die sich speziell mit der Gewährung von Ratenkrediten befassten. „Denn in dem Geschäft", so veranschaulichte damals das Nachrichtenmagazin „Der Spiegel" den Reiz, „ist etwas zu verdienen. Durchschnittlich werden bei Ratenverkäufen Monats-Zinssätze von 5/6 oder 1 Prozent genommen. Kaum einer der Kreditnehmer rechnet sich aus, daß schon die 5/6 Prozent bei zehn Monatsrückzahlungen durch den immer kleiner werdenden Restbetrag zu einem Zinsfuß bis zu 18 Prozent anwachsen."[52] Bei entsprechender Kalkulation und stabilen Rahmenbedingungen finanziere sich das Teilzahlungsgeschäft, so die Hochrechnung, nach relativ kurzer Zeit sogar selbst aus den zurückbehaltenen Gewinnen.

Für die beteiligten Unternehmer waren solche Modellrechnungen zunächst jedoch meist bloße Zukunftsmusik. In der wirtschaftlich schwierigen Zeit Ende der 1940er, Anfang der 1950er Jahre übernahmen sie vielmehr oft selbst die zusätzlichen Kosten, die bei einer Teilzahlung durch die zeitliche Differenz zwischen Warenausgang und Geldeingang stets anfallen, um den Werbeeffekt des Ratenkaufs zu erhöhen. Vielen gelang es erst nach einer ökonomisch riskanten Durststrecke, die entstehenden Kosten durch Zinsaufschläge auf die Raten oder durch entsprechende Preiskalkulationen an die Kunden weiter zu geben und schließlich nennenswerte Gewinne zu erwirtschaften. Zudem hafteten Händler oft ganz oder teilweise mit bei solchen Geschäften.

Kurt Barnekow, der bereits 1929 in seiner Abschlussarbeit zur kaufmännischen Ausbildung am Büsch-Institut Vor- und Nachteile von Teilzahlungsgeschäften abgewogen hatte, gehörte zu den ersten Unternehmern, die sich auf dieses risikoreiche Unterfangen einließen. Er begann direkt nach der Währungsreform, seine Erzeugnisse per Ratenzahlung zu verkaufen, da der Kapitalmangel gerade bei größeren Anschaffungen, wozu Möbel zählten, zur Kaufzurückhaltung geführt hatte. Dabei riskierte Barnekow auch persönlich sehr viel. Er habe damals, so schrieb er später einem Geschäftsfreund, „alles verpfändet, was meine Frau und ich besassen, nur um Refinanzierungen zu erhalten."[53] Zeitzeugen berichteten, dass Hamburger Konkurrenten mit Hinweis auf die risikoreiche Kalkulation bereits im Sommer 1948 Gerüchte in Umlauf setzten, KUBAH stehe kurz vor der Pleite.

Obwohl nach Barnekows Aussage auf Grund dieser Gerüchte „viele bedeutende Lieferanten" zeitweilig „eine abwartende Haltung" einnahmen und er in den darauffolgenden Jahren mit KUBAH tatsächlich wiederholt in große Liquiditätsprobleme geriet, hielt er grundsätzlich am Ratenkauf fest.[54] Er modifizierte lediglich die Handhabung des Geschäfts mehrmals, etwa indem er den Zeitraum der Rückzahlung ausdehnte oder zeitweilig kürzere Kredite zinsfrei vergab.

Außerdem begann er angesichts eines rasch wachsenden Kundenstammes früh, das Teilzahlungsgeschäft in der kaufmännischen Abteilung von KUBAH bankmäßig zu organisieren. Dem zuständigen Finanzamt erläuterte Barnekow im Dezember 1949 die Grundzüge seines Teilzahlungssystems, von dem inzwischen rund 18.000 Kunden Gebrauch machten: „Wir sind nunmehr in Selbsthilfe den Weg gegangen, dem Publikum die Möglichkeit zu geben, Möbel auf Teilzahlung bis zu 18 Monatsraten bei uns einzukaufen. Dieses Geschäft hat sich sehr gut angelassen." Ein Teil der Produktion der Wedeler Fabrik werde „ebenfalls durch dieses Teilzahlungssystem unseres Einrichtungshauses in Hamburg gegen Teilzahlung bis zu 18 Monatsraten abgesetzt. Die Kunden geben uns Wechsel mit einer Laufzeit von 3 Monaten. Nach Fälligkeit werden diese Wechsel unter Abzug der in den vergangenen 3 Monaten gezahlten Raten um den Restbetrag um weitere 3 Monate prolongiert, solange bis die Wechsel voll bezahlt sind. Bislang ist es uns gelungen, einen grossen Teil dieser Abzahlungswechsel bei Hamburger Banken diskontiert zu bekommen."⁵⁵

Barnekow schilderte in dem Schreiben auch seine zunehmenden Finanzierungsprobleme: „Leider aber haben verschiedene dieser Banken intern ganz erhebliche Kreditrestriktionen zwangsweise durchführen müssen, da sie, wie uns bekannt geworden ist, erhebliche Verluste aus ihren übrigen Kundenkreisen mit Millionen-Beträgen gehabt haben. Die Banken sind also selbst infolge mangels Liquidität nicht in der Lage, uns die notwendigen Summen an Kundenpapieren zu diskontieren. Mittlerweile haben wir einen Kundenwechselbestand von nahezu einer Million D-Mark im Geldschrank liegen für gelieferte Möbel und Wohnungseinrichtungen. Das Geschäft ist sowohl umsatzmässig als auch finanziell gesund, nur fehlt die Möglichkeit, die Abzahlungswechsel von den Banken in grösserem Masse diskontiert zu bekommen."⁵⁶ In parallelen Schreiben fragte er den

> „ *Mein Unternehmen KUBAH war Bahnbrecher des Kreditverkaufs in der Möbelbranche. Schon im Sommer 1948, als kein Möbel-Einzelhändler überhaupt daran denken konnte, Kreditverkäufe vorzunehmen, begann ich mit dem Teilzahlungsgeschäft auf 12 Monatsraten und konnte dieses eigene Kreditsystem im Laufe des Jahres 1949 auf einen 18-Monatskredit ausbauen.* "

Wedeler Stadtdirektor Heinrich Gau, ob nicht die Kommune ihm Wechsel diskontieren könne, und die AOK Pinneberg, ob sie solche Wechsel anstelle von Beitragszahlungen akzeptiere.

Beide Antworten fielen negativ aus, wobei Gau sich in diesem und weiteren Schreiben an Barnekow um alternative Lösungen bemüht zeigte, die Krankenkasse dagegen nur mit knappen Worten eine Sonderbehandlung von KUBAH ablehnte. Barnekow warf daraufhin der AOK Pinneberg eine zu restriktive Haltung vor und malte ihr drohende Konsequenzen aus: „Von unserer insgesamt 160köpfigen Belegschaft im Hamburger und Wedeler Betrieb haben wir bis jetzt ca. 35 Leute entlassen und werden nun auch auf Grund Ihrer kurzsichtigen Einstellung weitere rund 50-70 Leute entlassen. Vielleicht ist damit dem Land Schleswig-Holstein sowie auch der Hansestadt Hamburg mehr gedient, die Arbeitslosen zu unterstützen als den Betrieben eine Zahlungsfrist bis zu 3 Monaten zu gewähren."[57] Als auch Gau später Barnekow die Erfolglosigkeit seiner Bemühungen eingestand, drohte dieser kurzzeitig damit, den „gesamten Betrieb in Wedel stillzulegen".[58]

Dazu kam es nicht. Im Gegenteil: Kurt Barnekow erhielt von Privatbanken doch noch die notwendigen Liquiditätshilfen und führte sein Unternehmen spätestens ab 1952 auf großen Erfolgskurs. Rückblickend schätzte er, damals mit „ca. 30 Privatbanken" Refinanzierungen getätigt zu haben, für die er jeweils persönlich gehaftet habe.[59] Nach Überwindung der anfänglichen Durststrecke wurden Teilzahlungsgeschäfte zu einem unübersehbaren Erfolgsrezept von KUBAH. Barnekows Vertrauen in die Kunden zahlte sich bereits nach wenigen Jahren aus. Er resümierte später, dass die Verlustquote beim Teilzahlungskauf für KUBAH insgesamt nur 0,024 Prozent betragen habe. Bis 1953 summierten sich die Teilzahlungsgeschäfte seiner Firma – mit steigender Tendenz – auf über 20 Millionen DM. Zu dieser Zeit besaß der Ratenkauf nach Barnekows Angaben insgesamt etwa 80 Prozent Anteil am Gesamteinzelhandelsumsatz des Unternehmens.

Teilzahlungsgeschäfte erlebten damals generell einen ungeahnten Aufschwung. Bereits 1951 waren in der Bundesrepublik Deutschland bei einem Barverkaufsgeschäft von 33 Milliarden DM fast 5 Milliarden auf Kredit abgesetzt worden. Im Folgejahr stieg der Umsatz im Teilzahlungsgeschäft auf 7,5 Milliarden DM, wobei auch der Anteil am Gesamtumsatz zunahm. In einzelnen Branchen wurde mehr über die Ratenzahlung abgesetzt als über den Barverkauf. Bei

Möbeln etwa lag der durchschnittliche Anteil des Teilzahlungsverkaufs in jenen Jahren zwischen 55 und 60 Prozent, im Rundfunkhandel erreichte er zeitweilig sogar 80 Prozent. Allerdings mehrten sich parallel die negativen Begleiterscheinungen dieses massenhaften Kreditkaufs. „Der Spiegel" berichtete 1953 darüber: „Der Personalchef einer Eschweiler Zeche gab bekannt, daß allein in seinem Werk während zwölf Wochen 1.400 Lohnpfändungen vorgenommen wurden. Duisburgs Stadtverwaltung fand heraus, daß 75 Prozent ihrer Beamten mit durchschnittlich zwei Monatsgehältern verschuldet sind."[60] Die zunehmende Verschuldung privater Haushalte avancierte zum Hauptargument der Gegner des Ratenkaufs, nicht zuletzt für die Vielen, die Schuldenmachen damals noch prinzipiell für äußerst anrüchig hielten.

Vor diesem Hintergrund blieb das Teilzahlungsgeschäft zunächst heftig umstritten. Das Bekleidungsunternehmen C&A Brenninkmeyer setzte sich 1952 mit einer bundesweiten Anzeigenkampagne, in der mit einer als „Ratenschreck" titulierten Figur grundsätzlich gegen Teilzahlungsverkäufe votiert wurde, an die Spitze der Kritiker. Das ging sogar denen zu weit, die dem Ratenkauf ebenfalls einige Skepsis entgegenbrachten. Der

Als die Firma C&A Brenninkmeyer Anfang der 1950er Jahre mit einer als „Ratenschreck" titulierten Figur den Ratenkauf diskreditieren wollte, startete Kurt Barnekow eine direkte Gegenkampagne. Das Nachrichtenmagazin „Der Spiegel" berichtete in seiner Ausgabe vom 11. Februar 1953 über den Konflikt.

Hamburger Einzelhandelsverband, der gerne Werbung für die ähnlich dem Bausparen funktionierende „Möbelsparhilfe" als Alternative zum reinen Ratenkauf betrieb, befand, dass C&A damit die „Grenzen der Sachlichkeit" überschritten habe.[61] Als volkswirtschaftlich unbestritten galt nämlich der Wert des Teilzahlungskaufes bei langlebigen Gütern wie Autos, Möbel und Elektrogeräte. Allgemeine Sorge bereitete, dass Ratenkauf bei immer mehr Waren praktiziert wurde, „bei denen das Scheckheft zum Verführer werden kann": So wurden zeitweilig auch Schuhe und Taschentücher „zu Niedrigstraten" angeboten.[62]

Bald mehrten sich die öffentlichen Kritiker der C&A-Kampagne. Kurt Barnekow erkannte, dass es im Kampf um das Vertrauen der Kunden mit Worten allein nicht getan war, und bot mit Witz und Schärfe Paroli. Dabei erfuhr er bundesweite Aufmerksamkeit: „Die Hamburger Firma Kubah-Möbel jedoch, die ebenfalls weitgehend auf Kredit liefert, ging dem feindlichen Ratenschreck von Brenninkmeyer direkt an die Gurgel. In einer Gegenaktion von Bildinseraten ließ sie von ihrem Reklamezwerg den Ratenangstteufel mit einem Spieß kaltblütig erstechen", berichtete „Der Spiegel".[63]

In den 1950er Jahren fanden Teilzahlungsgeschäfte in der bundesdeutschen Gesellschaft schließlich weitgehende Akzeptanz. Das zuvor stigmatisierte Schuldenmachen wurde Mode. Auch bei den Banken löste dieser gesellschaftliche Wandel grundlegende Veränderungen im Geschäftsgebaren aus. Der Konsumentenkredit wurde Selbstverständlichkeit. Befördert durch die bargeldlose Lohn- und Gehaltszahlung ab 1957 nahm die Integration der privaten Haushalte in die Kreditwirtschaft der Banken spürbar zu. Zahlreiche neue Girokonten wurden eröffnet und problemlos zu erhaltende Kleinkredite angeboten. Durch die Einführung des Dispositionskredits für private Haushalte 1968 begann dann der Siegeszug der Girokonten heutigen Zuschnitts, die als Schlüssel des Privatkunden zum universellen Bankgeschäft inzwischen massenhafte Verbreitung gefunden haben.

„Amerikanisch" werben

Unter der Herrschaft der Nationalsozialisten waren die in den 1920er Jahren von einzelnen Unternehmen gestarteten Versuche, in Deutschland Werbung nach dem Vorbild der USA zu betreiben, unterbunden worden. Werbung genoss einen zweifelhaften Ruf, denn es galt die Devise, ein gutes Produkt verkaufe sich auf Grund seiner Qualität sozusagen von selbst. Unter amerikanischem Einfluss proklamierten nach 1945 führende deutsche Unternehmer ein neues Wirtschaftsdenken, zu dem es gehöre, Fragen des Marketing erhöhte Aufmerksamkeit zu widmen. Dabei rückte erneut auch Werbung in den Mittelpunkt des Interesses, wobei sie als Teilbereich des Marketing einen grundlegenden Bedeutungswandel erfuhr. Werbung wurde dem umfassenden Ansatz des Marketings untergeordnet, die Beziehungen zwischen Markt und Firma so zu gestalten, dass eine stabiles und optimiertes Austauschssystem zwischen Anbieter und Kunden entsteht. Nach dieser Auffassung reichte es nicht mehr aus, nur noch das Produkt und seine Vorzüge ins Auge zu fassen. Vielmehr sei die Zielgruppe und das gesellschaftliche Umfeld, in dem der Verkauf stattfinden sollte, stärker mit zu reflektieren.

Zunächst waren es nur wenige Unternehmer, die Werbung gemäß solcher Zielvorstellungen betrieben. Mit übergroßer Mehrheit orientierten sie sich in diesem Bereich weiterhin an „gutbürgerlicher Bildung, künstlerischer Intuition und einem gehobenen Stil in Sprache, Bild und Ton".[64] Dies war auch in der Möbelwirtschaft so. Als Kurt Barnekow bereits Ende der 1940er Jahre gemäß „amerikanischer" Vorstellungen für KUBAH warb, erntete er viel Unverständnis und Kritik in der Branche. Die Tipps für „richtige" Werbung, die

Ob durch einen Werbefilm mit dem prominenten Schauspieler Rudolf Platte (etwa 1957) oder durch Sonderaktionen, die den Auftritt des damaligen Bürgermeisters von Berlin, Willy Brandt, in einer Sendung der NDR-„Schaubude" in Kiel (1958) begleiteten – Kurt Barnekow nutzte konsequent Chancen zur Eigenwerbung.

der Hamburger Möbelfachverband seinen Mitgliedern gab, entsprach konventionellen Methoden.[65] Unter Federführung von Geschäftsführer Abraham beklagte der Verband wiederholt, KUBAH verstoße mit ihrer Werbung gegen das UWG. Barnekow bestritt dies und bekam oft recht, wenn die Konflikte juristisch ausgetragen wurden. Für ihn scheint solcher Widerspruch, zumal von der Seite langjähriger Widersacher, eher Anreiz gewesen zu sein, noch stärker für seine Überzeugungen einzutreten.

In einem Schreiben an den Präses der Handelskammer Hamburg, Albert Schäfer, begründete Kurt Barnekow 1950 seine abweichende Auffassung. Die vorherrschende Konzentration in der Werbung auf Sprache und Stil lehnte er als kontraproduktiv ab, da potenzielle Kunden diese – mit Recht – vorrangig als Mittel zum Verkauf der Ware interpretierten. Das erzeuge Widerstände. Weitaus wirkungsvoller sei es, wenn Werbung auch in der Form ehrlich erscheine. So komme es hier vor allem darauf an, „auf irgendeine Weise einen besseren Dienst anzubieten."[66]

Gemäß solcher Leitlinien betrieb KUBAH eine Werbung, die, so die treffende Selbstwahrnehmung, „deutlich zu unterscheiden von dem der Mitbewerber, mit der Tendenz, mal sehr aggressiv, mal mehr progressiv oder mehr informativ" erschien.[67] Zeitzeugen berichteten, dass, vorausgesetzt die Ertragslage ließ es zu, auf Anweisung von Barnekow der Werbeetat stets vergleichsweise hoch veranschlagt wurde. Über die Jahre hinweg war die Werbung für das Unternehmen auch unbestrittene Domäne des Chefs. Aufbauend auf seinen langjährigen Erfahrungen und im regelmäßigen Austausch mit renommierten Grafikern prägte Barnekow maßgeblich den Stil einer KUBAH-Werbung mit, die unter dem Motto „KUBAH – besser als gut!" auf die Gesamtpräsentation als Unternehmen mit hohen Qualitätsansprüchen und großem Kundenbewusstsein zielte. Dazu gehörte auch, dass er gelegentlich Werbepartner davor warnte, sich nicht „durch allzu schöne Schaufenster […] nur den Namen des zu Teueren bei der Käuferschaft" einzuhandeln.[68]

Bei der Präsentation des Unternehmens nutzte Kurt Barnekow von Beginn an gerne sich bietende gesellschaftliche Gelegenheiten, um KUBAH ein zukunftsträchtiges Image zu geben. Als im Laufe des Jahres 1950 Bürger und Verwaltung in Wedel eine erste Bilanz der Aufbaubemühungen zogen und den Entschluss fassten, die bisherigen Erfolge im Rahmen einer Festwoche zu feiern, nutzten dies einige teilnehmende Gruppen als Ventil für angestauten Ärger. KUBAH hingegen glänzte hier nach dem Urteil eines Stadthistorikers mit einer „zukunftsorientiert-selbstbewussten Vorstellung": „Wir haben vorgesehen, unsere 3 neuen KUBAH-Lieferwagen, welche sehr repräsentativ wirken, an dem Festzug teilnehmen zu lassen und außerdem wollen wir ein Pferdefuhrwerk originell für den Festzug ausstatten

> *„Propaganda ist für die meisten einfaches Anzeigenschreiben. Sprache und Stil hält man für wichtig. Sie sind aber unwesentlich. Ein gewählter Stil mag auf anderen Gebieten seine Berechtigung haben, hier bildet er ein ausgesprochenes Hindernis. Er lässt darauf schliessen, dass besondere Verkaufsanstrengungen gemacht werden, und jede Anstrengung, etwas zu verkaufen, schafft einen entsprechenden Widerstand. Die einzig wirksame Art, etwas zu verkaufen, besteht darin, auf irgendeine Weise einen besseren Dienst anzubieten. Er mag ruhig in einer unbeholfenen Weise angeboten werden. Die Mehrzahl der Propaganda-Erfolge sind mit unbeholfenen Mitteln erzielt worden. Aber sie rührten eine menschliche Seite in einer menschlichen Weise. Sie hatten den Anschein, als ob die den Dienst anboten, den man gewünscht hatte. Das ist der Grund, warum so viele ausgesucht schöne Anzeigen wirkungslos sind. Die Menschen sind dabei auf der Hut."*

kendes „Fest des Gemeinsinns und der Verbundenheit".[70]

In den 1950er Jahren fand Marketing als grundlegende Innovation Eingang in die deutsche Werbewirtschaft, die sich damals zunehmend professionalisierte. 1952 gründeten fünf Firmen in Frankfurt die „Gesellschaft Werbeagenturen (GWA)", deren Mitgliedschaft bald als Gütesiegel galt. Doch es sollte bis in die zweite Hälfte der 1960er Jahre dauern, bis Marketing zum selbstverständlichen Sprachgebrauch und zur allgemeinen Betriebsführungskonzeption von Unternehmern gehörte. Diese Umorientierung sollte dann Anfang des darauffolgenden Jahrzehnts einen Niederschlag in der Schaffung des ersten deutschen Lehrstuhls für Marketing an der Universität Münster finden.

Gegen den Mainstream

Als erfahrener Kaufmann wusste Kurt Barnekow, dass nur die stete Fortentwicklung seinem Unternehmen einen dauerhaften Erfolg bescheren würde. So reagierte er rasch auf den sich in der zweiten Hälfte der 1950er Jahre in der Branche abzeichnenden Trend, dass ein zeitgemäßer Möbeleinzelhandel parallel ein attraktives Sortiment an Teppichen führen sollte. Er eröffnete 1958 den Teppichhandel KUBAHTEX. Dies war gleichzeitig ein erster Schritt hin zur

In der Werbung betonte KUBAH – etwa durch eine Elefantenparade und ein Wettrennen firmeneigener LKW Anfang der 1950er Jahre – auch die „Volksnähe" des Unternehmens.

lassen mit einem großen Hobel", hieß es in der Zusage vom 18. Juli 1950.[69] Damit gehörte Barnekows Firma auf der Festwoche zu den Teilnehmern, die das positive Resümee von Bürgermeister Gau begründen halfen. Dieser lobte Anfang 1951 die Veranstaltung als ein nach vorne blik-

Diversifikation des Unternehmens. 1962 ergänzte er diese Bemühungen und nahm mit der neu gegründeten Tochterfirma Fred Reis G.m.b.H. den Einzelhandel mit Heimtextilien auf. Dabei blieb Barnekow auch in solchen, über die Möbelwirtschaft hinaus gehenden unternehmerischen Initiativen seiner Linie treu, sich nicht von vorherrschenden Meinungen in einer Branche, sondern vom möglichen Innovationspotenzial eines ökonomischen Projekts leiten zu lassen. Im Zusammenhang mit der Forcierung des Teppichgroßhandels ab 1963 bestätigte er diese Entschlossenheit erneut – ebenso seinen Ideenreichtum bei der Umsetzung.

Damals reflektierte Barnekow die Organisation seines noch jungen Teppichhandels KUBAHTEX grundsätzlich. Nach dem gleichen Prinzip, mit dem er KUBAH-Möbel vertrieb, hatte Barnekow hier nebst dem Einzel- einen Großhandel eingerichtet: Die Mehrheit der etwa 30 Möbelauslieferungslager, die auf Kommission Ware von KUBAH verkauften, boten inzwischen auch seine Teppiche an. Nur wenige Lager kauften auf eigene Rechnung Teppiche bei ihm ein. Das unternehmerische Risiko für diesen neu eröffneten Geschäftszweig trug somit KUBAHTEX-Inhaber Barnekow. Im Unterschied zum Möbelgeschäft besaß er in dieser Branche aber selbst keine Erfahrungen. Außerdem mangelte es ihm sowohl bei KUBAH als auch unter den Leitern der Auslieferungslager an kompetenten Fachleuten, die ihn beraten und einen Teppichgroßhandel professionell betreiben konnten. Um hier Abhilfe zu schaffen, stellte Barnekow 1963 den auf Teppiche und Teppichböden spezialisierten Textilkaufmann Claus Grabow ein. Dieser machte eine Bestandsaufnahme und schlug Alarm: Würde der Teppichgroßhandel nicht grundlegend neu organisiert, drohe ein Riesenverlust.

Just in dieser Situation erregte ein Artikel des Nachrichtenmagazins „Der Spiegel" über Egbert Snoek, einem Münsteraner Discount-Händler, Barnekows Aufmerksamkeit: Snoek, treibende Kraft und späterer Alleininhaber der Terfloth & Snoek GmbH, war bereits in den 1950er Jahren durch umstrittene Innovationen im Lebensmittelgroßhandel aufgefallen. So hatte er 1957 unter der Firmierung „Ratio" in Bochum den ersten westdeutschen Selbstbedienungsgroßhandel für Lebensmittel eingerichtet, mit der Folge, dass die Konkurrenz einen Lieferboykott der Hersteller gegen Ratio organisierte. Der Boykott brach jedoch bald in sich zusammen. Ratio florierte, und viele Großhändler folgten Snoeks Beispiel und errichteten eigene Selbstbedienungsmärkte für Lebensmitteleinzelhändler. 1963 gab es bereits über 600 solcher Cash-and-carry-Märkte in der Bundesrepublik.

Auf der Suche nach Neuerungen entwickelte Snoek dann den Plan, nach dem Prinzip der Versandhäuser, die Einzelhändlern Provision für ihre Vermittlungstätigkeit bezahlten, „neben jedem Ratio-Großmarkt einen auf Nicht-Lebensmittel spezialisierten Ratio-Markt für Jedermann zu errichten. Die bei ihm einkaufenden Lebensmitteleinzelhändler sollten nach seinem System mit Hilfe von Kaufkarten unter ihren Kunden für die neue Einkaufsstätte werben und dafür eine Provision von vier Prozent auf alle mit ihrer Unterstützung erzielten Umsätze kassieren."[71] Im September 1963 eröffnete die Terfloth & Snoek GmbH am Stadtrand von Münster ihren ersten derartigen Ratio-Markt, in dem Verbrauchern bei einem Minimum an Aufwand, Personal und Service ein breites Warensortiment zu stark reduzierten Preisen angeboten wurde. Der rasche Erfolg des neuen Ratio-Marktes, so urteilte „Der Spiegel" im Dezember 1963, habe „Kaufhauskonzerne[n] das Fürchten" gelehrt.[72] Denn Initiator Snoek zeigte sich unbeeindruckt vom Preiskampf der Warenhäuser. Vielmehr plante er in Bochum und Hannover weitere solcher Ratio-Märkte. Snoeks Gegner im Einzelhandel inszenierten nun einen Boykott gegen seinen Verbrauchermarkt, indem sie den Herstellern drohten, im Falle einer Lieferung die eigenen Geschäftsverbindungen mit ihnen zu kappen. Der Boykott begann erfolgversprechend, da sich ihm viele Produzenten von Markenartikeln anschlossen. Zudem wurde die Terfloth & Snoek GmbH wenig später von einer Einzelhandelsorganisation wegen unlauteren Wettbewerbs verklagt.

Das kämpferische Engagement Snoeks war offenkundig nach dem Geschmack Kurt Barnekows. Er teilte die Minderheitenmeinung im Einzelhandel, die den Ratio-Markt und ähnliche Vertriebssysteme als „eine Folge der freien Marktwirtschaft" betrachteten, „die doch von allen gewollt und gefördert wurde",[73] und erkannte das ökonomische Potenzial der Initiative. Daran wollte Barnekow anknüpfen und durch eine Kooperation mit Ratio den eigenen Teppichgroßhandel in Schwung zu bringen. Er machte der Münsteraner Firma das Angebot, Markenteppiche zu knapp kalkulierten Großhandelspreisen zu liefern. Snoek, der zu dieser Zeit von der Teppichindustrie boykottiert wurde, ging auf Barnekows Angebot ein und orderte im Januar 1964 für 160.000 DM Teppiche. Kurz darauf folgte ein zweiter Auftrag mit einem Volumen von etwa 400.000 DM.

Solche außergewöhnlich großen Bestellungen erhöhten den Reiz dieser Kooperation, obgleich Barnekow bald große Mühe hatte, nicht als Lieferant von Ratio enttarnt und damit selbst von der Industrie boykottiert zu werden. Das hätte alle seine Pläne, seinen Teppichgroßhandel auszuweiten, sofort gestoppt, vielleicht sogar diese Handelstätigkeit insgesamt in Frage gestellt. Um unerkannt zu bleiben, ließ Barnekow von Beginn an die Teppiche von eigenen LKW bei den Herstellern abholen und in Wedel von eigens dafür engagierten Mitarbeitern verkaufsfertig verpacken, bevor die Ware an Ratio geliefert wurde.

Trotz solcher Maßnahmen wurden die Hersteller, die sich über den großen Aufschwung von Barnekows Teppichhandel natürlich wunderten, zunehmend misstrauisch. Es schien nur eine Frage der Zeit, bis Barnekow als Boykottbrecher auffliegen würde. Deshalb kaufte er im Herbst 1964 die Teppich-Busch GmbH in Bonn, ein nicht mehr aktives Großhandelsunternehmen, um unter diesem Firmenmantel die Transaktionen mit Ratio fortzuführen. Als Treuhänder der neu erworbenen Firma setzte Barnekow seinen langjährigen Fahrer und Leiter des KUBAH-Fuhrparks Reinhard Busch ein, der zufällig den gleichen Namen wie der bisherige Firmeninhaber trug und zu den engen Vertrauten Barnekows gehörte. Doch dies war nur der Auftakt zu einer Vielzahl von Maßnahmen, die der Verschleierung des Unterfangens dienten. An die darauffolgenden, unter abenteuerlichen Umständen durchgeführten Transporte der Ware erinnerte sich Claus Grabow noch Jahrzehnte später gut: „Die Industrie sagte, clever wie sie ist, sie bekomme es schon heraus, wo die Ware wirklich hintransportiert werde, und setzte Leute an, den Warentransport zu verfolgen. Deshalb wurde die Bonner Spedition Hasenkamp von uns beauftragt, die Ware abzuholen und dann die Autobahn Richtung Bonn zu fahren. Dort gab es damals aber gar kein Lager, sondern lediglich einen Speditionshof, wo die LKW abgestellt wurden. Nun mussten die Fahrer auf der Autobahn ja auch mal Rast machen, und gegen etwas Aufgeld wurde dann in unserem Auftrag praktisch der Fahrer gewechselt, das heißt, der Fahrer ging, gefolgt vom Industrievertreter, in die Raststätte und aß und trank etwas. An der Raststätte standen ein zweiter Fahrer und ein leerer LKW bereit. Im Rahmen eines Ganges zur Toilette übergab der erste Fahrer dort dem zweiten Fahrer den Schlüssel für den Teppichlastzug. Der zweite Fahrer fuhr mit diesem LKW los, wendete bei nächster Gelegenheit und brachte die Ware nach Wedel. Der erste

Fahrer wartete noch einige Zeit in der Raststätte und fuhr den leeren Lastzug weiter nach Bonn. Der Industrievertreter meldete so seiner Firma später, der LKW sei zur Spedition Hasenkamp nach Bonn gefahren und dort abgestellt worden."[74]

Mit solchen Maßnahmen gelang es Barnekow und seinen Mitarbeitern, die Teppichindustrie bis zum Ende des letztlich erfolglosen Boykotts 1965 über seine Liefertätigkeit an Ratio zu täuschen oder zumindest im Unklaren zu lassen. Im November 1965 gewann die Terfloth & Snoek GmbH auch die erste juristische Auseinandersetzung. 1968 bestätigte der Bundesgerichtshof in letzter Instanz, dass das Ratio-Vertriebssystem legal war. Inzwischen hatte

Etwa 20 LKW umfasste die KUBAH-Flotte in den 1950er Jahren, mit denen Kunden in ganz Deutschland und im benachbarten Ausland beliefert wurden.

Barnekow längst die HTW Hansa Teppich Wedel GmbH. & Co. K.-G. gegründet, die sich fortan in der Nachfolge von KUBAHTEX dem Teppichgroßhandel widmete. Unter der Leitung von Claus Grabow entwickelte sich HTW in den Folgejahren zu einem erfolgreichen Tochterunternehmen von KUBAH mit mehreren Hundert festen Kunden.

Die Geschäftsverbindungen zwischen Barnekow und Snoek verloren nach den ersten beiden Jahren der Kooperation wieder an Bedeutung, da die Industrie nun selbst an die Ratio-Märkte lieferte. Zu diesem Zeitpunkt hatte Barnekow durch seinen Mut, mit einem bekämpften Querdenker im Handel zu kooperieren, dem eigenen Unternehmen auf die Sprünge geholfen und mit zum Durchbruch einer wirtschaftlichen Innovation beigetragen. Ratio, bald um neue Märkte erweitert, wurde ein großer ökonomischer Erfolg. 1970 übersprang der jährliche Umsatz der Ratio-Märkte die Grenze von einer Milliarde DM. Da gehörten Verbrauchermärkte schon zum wirtschaftlichen Alltag und „Preisbrecher" Ratio zu den größten Handelsgruppen in der Bundesrepublik Deutschland.[75]

Fabrikanten und Vertreter der Teppichindustrie nahmen 1972 an der feierlichen Eröffnung des neuen Teppicheinzelhandelsgeschäftes von KUBAH in Wedel teil.

Der Chef entscheidet

Als Kurt Barnekow im August 1958 das 25jährige Geschäftsjubiläum feierte, sprach ihm der Wedeler Bürgermeister Heinrich Gau seine besondere Anerkennung für die „bewusst menschlich fundierte Betriebsgemeinschaft" bei KUBAH aus. Barnekow habe nicht nur ökonomisch äußerst erfolgreich agiert, sondern sich mit sozialem „Fingerspitzengefühl" auch in der Betriebsführung als zukunftsträchtiger Unternehmer erwiesen, ohne dass ihm dies „erst durch Gesetzgebung" habe vorgeschrieben werden müssen. Dies sei „leider nicht überall so", fügte Gau mit Bedauern hinzu.[76]

Tatsächlich gewährte KUBAH inzwischen eine Reihe von freiwilligen Sozialleistungen, die damals bei-

Kurt Barnekow in seinem Wedeler Büro, vor sich ein Geschenk von Mitarbeitern: den „Adler".

spielhaft für ein mittelständisches Unternehmen waren: In einem „Gefolgschaftshaus" standen den Mitarbeitern modern gestaltete Umkleide-, Dusch- und Aufenthaltsräume zur Verfügung. Der Betriebsleiter wohnte in einem repräsentativen Haus auf dem Firmengelände. Zudem besaß KUBAH „als einziges Unternehmen in Wedel ein eigenes Freibad", wie ehemalige Beschäftigte heute noch schwärmend erzählen – Barnekow hatte aus der Auflage, aus feuerpolizeilichen Gründen ein Löschwasserreservoir anzulegen, eine Tugend gemacht und den Feuerlöschteich als Schwimmbecken gestalten lassen. Das nutzten Mitarbeiter gerne zur Erfrischung in der Mittagspause. Großen Zuspruch fanden auch die vielfältigen Betriebssportangebote: KUBAH-Mitarbeiter spielten in ihrer Freizeit gemeinsam Tischtennis und gründeten einen Kegelclub, und die Fußballmannschaft war spätestens seit ihrem Pokalsieg in der regionalen Betriebssportgemeinschaft 1957 der Stolz der ganzen Firma. Darüber hinaus finanzierte Barnekow damals jährlich 30 bis 40 Kindern von Belegschaftsangehörigen einen kostenlosen Ferienaufenthalt in dem 1947 von Wedel und vier Nachbargemeinden gegründeten Fünf-Städte-Heim in Hörnum auf Sylt. All dies beförderte die gute Betriebsatmosphäre, an die sich viele Zeitzeugen gerne erinnerten.

Der Firmenpatriarch

Der Anteil Barnekows an dieser vorbildlichen Entwicklung bestand vor allem darin, dass er sich gegenüber Forderungen nach betrieblichen Sozialmaßnahmen aufgeschlossen zeigte und anschließend die Verantwortung dafür übernahm. So führte KUBAH neben einer Pensions- auch eine Unterstützungskasse für in Not geratene Betriebsangehörige ein, indem Rücklagen gebildet wurden, die sich aus Mitgliedsbeiträgen von Mitarbeitern und in hohem Maße aus den Unternehmensgewinnen speisten. Über die Gewährung von Leistungen aus der Unterstützungskasse be-

*Auf die erfolgreiche KUBAH-Fußballmannschaft war
der ganze Betrieb stolz, besonders auch Chef Barnekow.*

*Kurt Barnekow hatte den Feuerlöschteich der KUBAH Möbel-Fabrik
so gestalten lassen, dass ihn Mitarbeiter
in Pausen als Schwimmbecken nutzen konnten.*

stimmte Barnekow maßgeblich mit. Als KUBAH später ökonomisch in Schwierigkeiten geriet, traf er früh die unpopuläre Entscheidung, die Kasse wieder aufzulösen. Barnekow wollte hier nicht der trügerischen Hoffnung Vorschub leisten, KUBAH könne auch ohne die notwendige wirtschaftliche Basis soziale Sondereinrichtungen fördern.

Generell hatte Kurt Barnekow intern die Zügel fest in der Hand und traf, ganz im Stile der damals noch üblichen patriarchalen Betriebsführung, alle wesentlichen Entscheidungen selbst. Zu diesem Verständnis gehörte, Mitarbeiter im Rahmen der eigenen Möglichkeiten zu unterstützen. Viele von ihnen erinnerten sich dankbar, dass der Chef ihnen persönlich bei der Suche nach einer Wohnung half. Wie weitreichend Barnekow sich für Geschehnisse im Betrieb verantwortlich fühlte, demonstrierte er einmal besonders anschaulich während der Erweiterungsbauten für die Fabrik Mitte der 1950er Jahre: Als damals gerade mit dem Bau der Pförtnerloge begonnen worden war, kam er eines Morgens auf seinem Weg ins Büro dort vorbei und sah, dass ein Rotkelchen mitten in der Baustelle ein Nest eingerichtet hatte und bereits brütete. Sofort wies er die Arbeiter an, „den Bau so lange ruhen zu lassen, bis die Vögel flügge geworden sind", erinnerte ein Zeitzeuge.[77]

Obwohl Barnekow nicht ohne Anlass durch die Fabrikhallen ging, „wusste er immer die Namen seiner Mitarbeiter, auch die der Lehrlinge".[78] Wenn es Barnekow erforderlich schien, engagierte er sich zuweilen für wichtige und verdiente Mitarbeiter über Jahre hinweg. Im Frühsommer 1962 stellte er zum Beispiel den jungen Industriekaufmann Peter Biehl ein, der kurz darauf den Einberufungsbescheid zur Bundeswehr erhielt. Barnekow hatte Biehl mit der Aufgabe betraut, ein besseres System zur Erfassung und Kontrolle der Bestände im Unternehmen aufzubauen. Für diese zunehmend dringende Tätigkeit wollte Barnekow Biehl unbedingt im Betrieb halten und intervenierte mit Hilfe von örtlichen Politikern erfolgreich bei den zuständigen Dienststellen. Diese setzten Biehls Einberufung daraufhin aus. So etwas war damals, als zeitlich befristetes Entgegenkommen der Kreiswehrersatzämter an Firmen, durchaus üblich. Im Frühjahr 1963 wiederholte sich die Prozedur, allerdings mit zunächst erfolgloser Intervention Barnekows.

Nun begann ein jahrelanges Tauziehen zwischen ihm und dem Kreiswehrersatzamt Itzehoe um Peter Biehl. Barnekow forderte seinen Mitarbeiter auf, ehrenamtlicher Helfer im Bundesluftschutzverband zu werden, um als Zivilschutzbeauftragter einer

Einberufung zu entgehen. Biehl absolvierte die dafür notwenigen Kurzausbildungen, und Barnekow half ihm dann sogar bei der Abfassung des zweiten Antrages auf so genannte UK-Stellung. Der Plan ging auf, und Biehl wurde bis zum 31. März 1964 erneut „unabkömmlich gestellt".[79] Barnekow schien die Angelegenheit immer stärker als persönliche Herausforderung zu betrachten. Biehl bestätigte rückblickend, dass es für Barnekow „extrem wichtig" wurde, „dafür zu sorgen, dass ich nicht zur Bundeswehr musste."[80] Anfang 1964 zeichnete es sich ab, dass die bisherigen Argumente für eine weitere Zurückstellung Biehls nicht mehr ausreichen würden. Deshalb ernannte Barnekow ihn im Januar 1964 kurzerhand „zum Luftschutzleiter" der KUBAH-Möbel-Fabrik „zwecks Aufbau einer Betriebsschutzstaffel".[81] So kam es, dass KUBAH plötzlich einen Luftschutzbeauftragten hatte und Biehl ein weiteres Mal den Wehrdienst hinauszögern konnte.

Das Prozedere wiederholte sich in der Folgezeit mehrmals, wobei Barnekow beim Bundesluftschutzverband, bei Politikern und beim Arbeitgeberverband Argumente sammelte – mit Erfolg: Biehl blieb vom Wehrdienst befreit. Als dieser im April 1967 mit Blick auf sein berufliches Fortkommen zu einer anderen Firma wechselte, bedankte er sich bei Barnekow, „dass Sie es waren, der mich von der Ableistung des Grundwehrdienstes befreit hat."[82]

Kurt Barnekow, der sich selbst kaum Freizeit gönnte, forderte von seinen Mitarbeitern ebenfalls großes Engagement. Wenn ihm ein Außendienstmitarbeiter eine Zeitlang zu wenig erfolgreich schien, kam es vor, dass er zu seinem Vertreter fuhr und mit ihm Kunden besuchte. Dabei gelang es Barnekow mit Rückgriff auf eigene Erfahrungen als Handelsvertreter öfters, große Aufträge einzuwerben und seine Mitarbeiter so zur Nachahmung herauszufordern.

Die zuweilen penible Kontrolle von Vorgaben durch Barnekow löste bei Mitarbeitern allerdings auch immer wieder Irritationen aus. Lothar Filenius, der eine Zeitlang für den Aufbau der Messestände von KUBAH verantwortlich war, erinnerte sich an eine solche Erfahrung: „Der Aufbau des Messestandes stand fest, von der Technik geplant und vom Betriebsleiter und allen maßgeblichen Leuten einschließlich Herrn Barnekow abgesegnet. Wir hatten mindestens zwanzig bis fünfundzwanzig Exponate auf etwa fünfzehn mal fünfzehn Meter Fläche dort, es war also ein relativ großer Stand." Barnekow, der – wie üblich – ein paar Tage vor Messebeginn anreiste, habe jedoch mit deutlichen Worten seine Unzufriedenheit mit dem Arrangement der Möbel geäußert, „obwohl ich den Plan eingehalten hatte und alles dort stand, wo es stehen musste." So sei der gesamte Messestand unter Barnekows persönlicher Regie umgebaut worden. „Das ging vielleicht fünf Stunden lang so. Alles wurde bewegt. Im Endeffekt war der Stand allerdings wieder so aufgebaut wie geplant, abgesehen von zwei oder drei Änderungen." Bei diesem ersten Messeaufbau sei er noch recht erregt über Barnekows Verhalten gewesen, erzählte Filenius, da er es als Schikane interpretiert habe. Doch mit der Zeit sei ihm klar geworden, wie außerordentlich wichtig eine solche Messe für das nächste Geschäftsjahr gewesen sei.[83]

Nur wenige leitende Mitarbeiter wie der selbstbewusst auftretende Betriebsleiter Heinrich „Heinz" Weis genossen so großes Vertrauen bei Barnekow, dass er ihnen weitgehend freie Hand in ihren jeweiligen Tätigkeitsbereichen ließ. Generell versuchte er einen möglichst guten Überblick über die einzelnen Geschäftsbereiche von KUBAH und den Tochterfirmen zu erhalten, um die Entwicklung des Unternehmens detailliert steuern zu können. Wenn er mit dem Engagement eines Mitarbeiters unzufrieden war, zitierte er ihn in sein Büro, um ihm dies mitzuteilen. Wiederholt kam es dabei zu lautstarken Standpauken, für die Barnekow, der ansonsten in der Belegschaft breites Ansehen genoss, bald „berüchtigt" war, wie Zeitzeugen es übereinstimmend formulierten. Zuweilen kam es dadurch zu Verstimmungen, die Vertraute aus seinem engeren Arbeitsumfeld jedoch meist rasch wieder auflösen konnten. Barnekow galt ohnehin als nicht nachtragend. Konsequent in der Ablehnung eines Mitarbeiters blieb Barnekow nur, wenn er sich hintergangen fühlte. In solchen Fällen kam es mehrmals zu dauerhaften Dissonanzen.

Besonders diejenigen Mitarbeiter, mit deren Tätigkeit Barnekow sehr zufrieden war, lernten rasch die andere Seite des Chefs kennen: Dieser gab sein Lob für den Beschäftigten auch in Rundschreiben im Betrieb bekannt. Barnekow drückte Anerkennung zudem dadurch aus, dass er verdienten Mitarbeitern stilvolle Geschenke zu Weihnachten oder anderen Anlässen machte, und auf gemeinsamen Geschäftsreisen zeigte er sich nach Feierabend oft sehr spendabel. Wer ihn näher kennen lernte, erkannte, dass Barnekows gelegentlich sehr emotionales Engagement nicht zuletzt daher rührte, dass das Unternehmen im wahrsten Sinne des Wortes „sein Leben und sein Hobby" war, wie es eine Jubiläumsschrift von KUBAH später auf den Punkt brachte.[84]

Kommunisten unerwünscht

Mit dem raschen Anwachsen der Belegschaft in den 1950er Jahren begannen Mitarbeiter von KUBAH, Mitwirkungsmöglichkeiten einzufordern. In der Folge wurde ein Betriebsrat bei KUBAH gebildet. Bei Kurt Barnekow fand der Wunsch nach betrieblicher Interessenvertretung grundsätzliche Akzeptanz, wie er auch die Gewerkschaften als Tarifpartner prinzipiell anerkannte. Allerdings lehnte er, wie die Mehrheit der Arbeitgeber, Forderungen rigoros ab, die auf eine Mitsprache der Gewerkschaften in ökonomischen Entscheidungen zielten. Deshalb zeigte er wenig Verständnis für den mit zahlreichen Streiks und anderen Protestveranstaltungen geführten Kampf der Gewerkschaften gegen das neue Betriebsverfassungsgesetz 1952, das deren Mitbestimmung nach dem Willen der Bundesregierung deutlich begrenzen sollte.

Als sich im Frühjahr 1952 drei Polsterer aus seinem Unternehmen an einer Demonstration des Deutschen Gewerkschaftsbundes (DGB) gegen jenes Betriebsverfassungsgesetz beteiligten, kündigte er ihnen fristlos. Es kam zu Boykottaufrufen gegen Barnekows Firma, die dieser juristisch unterbinden ließ. Parallel schrieb er mehrere Briefe an Gremien und Funktionäre des DGB,

Im Frühjahr 1952 kam es erstmals zu öffentlichen Konflikten mit Mitarbeitern, die Kurt Barnekow wegen deren politischen Engagements entlassen hatte. Der KUBAH-Chef blieb hart und setzte sich durch.

in welchen er die Politik der Gewerkschaften scharf kritisierte. Mit solchem Verhalten war Barnekow für viele Gewerkschafter ein Feindbild geworden. Als das sozialdemokratisch orientierte „Hamburger Echo" es wagte, im Juni 1952 über eine neue Ausstellung im KUBAH-Einrichtungshaus positiv zu berichten, kam es zu einem internen Protest: Die Zeitung habe „die nötige Sorgfalt" bei der Auswahl ihrer Artikel vermissen lassen, schrieb der Betriebsratsvorsitzende der Städtischen Bahnanlagen an die Hamburger DGB-Zentrale und bat um Einflussnahme auf die Schriftleitung des „Hamburger Echo".[85]

Am 11. Oktober 1952 trat das Betriebsverfassungsgesetz in Kraft. Für die Gewerkschaften markierte es eine politische Niederlage. Das Gesetz stärkte den Einfluss gewählter Betriebsräte, die fortan unter anderem über Personalangelegenheiten mit entscheiden durften. Über wirtschaftliche Fragen gab es kein Mitspracherecht. Diese Entscheidung war in Barnekows Sinn. Allerdings beobachtete er die Arbeit des KUBAH-Betriebsrates, in welchem mehrere kommunistisch orientierte Mitarbeiter aktiv waren, in der Folgezeit misstrauisch. Wedel besaß in dieser Hinsicht eine einschlägige Tradition. Nach 1945 hatte die Kommunistische Partei Deutschlands (KPD) dort vergleichsweise starke und dauerhafte Resonanz gefunden. Als 1956 die KPD samt ihrer Hilfs- und Nachfolgeorganisationen vom Bundesverfassungsgericht verboten wurde, arbeiteten einige Wedeler Kommunisten im Rahmen einer illegalen KPD-Ortsgruppe weiter für ihre Überzeugungen.

Solche Gruppierungen bildeten sich in vielen westdeutschen Orten. Sie versuchten, mit Flugblättern und kleinen Zeitungen in die Öffentlichkeit zu wirken. Außerdem beteiligten sie sich aktiv an den Protesten gegen die Atombewaffnung der Bundeswehr Ende der 1950er Jahre. Einige Gruppen unterhielten rege Kontakte in die DDR und organisierten Besuchsreisen dorthin. Die Wedeler gehörte mit zu denjenigen örtlichen Gliederungen, in denen sich das „kontinuierlichste Gruppenleben" der illegalen KPD in Schleswig-Holstein entwickelte.[86] Anfang der 1960er Jahre kam es hier zu einigen spektakulären Festnahmen von Kommunisten, die wegen ihrer politischen Aktivitäten zum Teil zu langjährigen Haftstrafen verurteilt wurden. In Presseberichten wurden dabei vor allem deren Kontakte in die DDR angeprangert.

Im März 1961 erhielt Kurt Barnekow vom Wehrbereichskommando I in Kiel die Information, dass im Rahmen einer „Zersetzungsaktion der Sowjet-

ROTER ROLAND

HERAUSGEBER: KPD-WEDEL

Schluss mit der Unternehmer-Diktatur!

Kolleginnen und Kollegen der Kubah-Möbel-Fabrik!

Euer Betriebsratsvorsitzender Helmut Gröne ist unter fadenscheinigen Begründungen gegen jedes Recht und Gesetz fristlos entlassen worden.

Das ist Arbeiterverrat!

Helmut Gröne, dem ihr auch bei der letzten Betriebsratswahl wieder euer Vertrauen ausgesprochen habt, wurde entlassen, weil er sich als euer Vertreter stets für eure Interessen eingesetzt hat. Er wurde entlassen, weil er ein aufrechter Arbeitervertreter ist.

Barnekov ist für seine Arbeiterfeindlichkeit in Wedel bekannt. Er glaubt, dass die Zeit wieder gekommen ist, dass man mit Betriebsräten umspringen kann wie es die Nazis taten. Er möchte als Gefolgschaftsführer kommandieren. Duldet das nicht!

Beweist dem Barnekov, dass ihr zu eurem Betriebsratsvorsitzenden steht, dass ihr es nicht duldet, dass Barnekov sich wie ein Diktator gebährdet!

So wie Helmut Gröne entlassen wurde, kann es euch morgen ergehen, wenn ihr euch nicht zur Wehr setzt.

Erklärt euch mit Helmut Gröne solidarisch!

Euer Betriebsratsvorsitzender muss wieder eingestellt werden!

Verteidigt Recht und Demokratie im Betrieb!

Stärkt eure Kampforganisation, die Gewerkschaft!

Verweigert dem Unternehmer Barnekov jede Überstunde!

Arbeitet langsamer !

Kauft keine Kubah-Möbel mehr

bis euer Betriebsratsvorsitzender Helmut Gröne wieder eingestellt ist.

Kommunistische Partei Deutschlands
Ortsgruppe Wedel

zone gegen die Bundeswehr" kommunistische Propagandaschriften in Briefumschlägen mit dem Absender von KUBAH versandt worden waren. Die Militärbehörde forderte ihn auf, „im eigenen Geschäftsbereich" aufklärend über derartige Umtriebe zu wirken.[87] Barnekow organisierte umgehend eine Durchsuchung der Spinde, um Hinweise auf eventuell beteiligte Mitarbeiter zu erhalten. Er entdeckte Material, das den Betriebsratsvorsitzenden Helmut Gröne belastete. Dieser war bereits zuvor durch sein Engagement gegen die Atombewaffnung der Bundeswehr und in politisch links angesiedelten Organisationen zum Missfallen Barnekows öffentlich in Erscheinung getreten.[88] Für diesen war das Maß nun voll: Gröne erhielt auf Anweisung Barnekows am nächsten Morgen vor dem Arbeitsbeginn die fristlose Kündigung überreicht.

Die Entlassung Grönes löste einigen Protest aus, zumal dieser als Betriebsratsvorsitzender in hervorgehobener Funktion tätig und nicht der einzige Fall in jenen Jahren gewesen war, in dem Barnekow einem aus seiner Sicht politisch nicht akzeptabel aktiven Mitarbeiter gekündigt hatte. Die illegale KPD Wedel forderte in ihrem Flugblatt „Roter Roland" die Belegschaft auf: „Kauft keine Kubah-Möbel mehr bis euer Betriebsratsvorsitzender Helmut Gröne wieder eingestellt ist."[89] Die von Ewald Stiefvater, einem führenden Wedeler Kommunisten, herausgegebene Schrift „Neue Landespolitik" kommentierte, Barnekows Verhalten erinnere „an die Methoden der Nazi-Betriebsleiter".[90] Unterstützer Grönes organisierten Protestdemonstrationen vor dem KUBAH-Firmengelände, die einige Resonanz in den örtlichen Medien fanden. Die Unruhe, die rasch auch die Beschäftigten erfasste, drohte die Produktionstätigkeit bei KUBAH zu stören. Allerdings kam es trotz mehrerer Aufrufe zu keinem Streik. Barnekow blieb bei seiner Entscheidung, die er unter anderem auf einer Betriebsversammlung begründete. Auf spätere Versuche Grönes, ihn öffentlich zur Rede zu stellen, ging Barnekow nicht ein. Er hatte bereits in früheren Konflikten bewiesen, dass er lieber Entschädigungen bezahlte, als einen solchen Mitarbeiter weiter zu beschäftigen.

Nachdem sich die Situation wieder beruhigt hatte, bat Barnekow seinen Fuhrparkleiter und Vertrauten Reinhard Busch bei der nächsten Wahl für den Betriebsrat zu kandieren, um seine Kontakte mit diesem Gremium zu verbessern. Busch wurde auch gewählt und konnte nach eigener Aussage in der Folgezeit vermittelnd tätig werden. Es kam zu keinem nennenswerten Konflikt mehr zwischen Barnekow und dem Betriebsrat bzw. einem seiner Mitglieder.

Wo die Liebe hinfällt

Kurt Barnekow räumte später ein, das Familienleben mit Ehefrau Martha und Tochter Christel habe nicht zuletzt unter seinem intensiven Engagement für das Unternehmen fortdauernd gelitten. In den 1950er Jahren nahm er auf Wunsch seiner Tochter einen neunjährigen Waisenjungen in seinen Haushalt auf und eröffnete ihm später auch eine berufliche Zukunft in seiner Firma. Doch zur Enttäuschung Barnekows entwickelte dieser nicht die „charakterlichen Anlagen" und nutzte die gebotenen Chancen nicht zur Zufriedenheit des Ziehvaters.[91] Nach zehn Jahren trennten sich die Wege wieder, was insofern unproblematisch war, da Barnekow den Jungen nicht adoptiert hatte. Weitaus schmerzlicher schien es für Barnekow gewesen zu sein, dass seine Tochter und er zueinander kein inniges Verhältnis entwickelten.

Ende 1958 begegnete Kurt Barnekow bei einem feierabendlichen Drink im Haus „Vaterland" am Ballindamm erstmals Karin Brennecke, die damals als Chefsekretärin bei einer Hamburger Firma beschäftigt war. Die gegenseitige Sympathie war deutlich, weitere Treffen folgten. Sie verliebten sich ineinander, und es entstand eine dauerhafte Verbindung mit privaten und beruflichen Folgen für beide. Karin

In Karin Brennecke fand Kurt Barnekow 1958 seine neue Lebensgefährtin, die er am 15. Juni 1992 schließlich heiratete.

zu seiner Sekretärin, wobei die private Verbindung zwischen beiden allmählich erkennbar wurde und Anlass für so manchen betrieblichen Klatsch bot. Da Barnekow die neue Beziehung sehr selbstverständlich lebte, fand sie bald allgemeine Akzeptanz im Unternehmen. In Karin Brennecke fand Barnekow nicht nur privat neues Glück, sondern auch eine engagierte Mitarbeiterin. Sie übernahm zunehmend Verantwortung im Betrieb und wuchs in die Rolle der „rechten Hand" des Chefs hinein, was naturgemäß nicht bei allen Mitarbeitern auf Gegenliebe stieß. Davon offenkundig unbeeindruckt, besprach Barnekow fortan alle wichtigen unternehmerischen Fragen mit ihr. Schließlich übertrug Kurt Barnekow ihr zuerst die Handlungsvollmacht, 1966 die Gesamt- und später die Einzelprokura für KUBAH.

1965 zog Barnekow aus seiner Entscheidung für die neue Verbindung mit Karin Brennecke auch privat die Konsequenz und zog zu ihr nach Nienstedten. Dort sollten sie bis zu seinem Tod 1998 gemeinsam wohnen bleiben. Allerdings ließ Barnekow sich nicht von seiner Ehefrau Martha scheiden. Ein – von Barnekow bestätigter – Grund dafür war die Beteiligung Martha Barnekows am betrieblichen Vermögen. Mit einer Scheidung hätte er zeitweilig den Ruin von KUBAH riskiert. Als dieses

Kurt Barnekow mit Tochter Christel und Schwiegersohn Rolf Ottmüller (1971), aus deren Ehe die Kinder Andrea und Bernd-Christian hervorgingen.

Brennecke wechselte auf Bitte Barnekows im August 1959 zu KUBAH nach Wedel, wo sie zunächst für seinen Assistenten tätig wurde. Ein Jahr später machte Barnekow sie

Argument nach Aufgabe der unternehmerischen Tätigkeiten entfiel, hinderte ihn nach eigener Aussage weiterhin die Tatsache des christlichen Versprechens: „bis dass der Tod Euch scheidet" daran, einer Scheidung gegen den Willen der Ehefrau zuzustimmen. Nach Auskunft von Zeitzeugen fühlte Kurt Barnekow sich an dieses Versprechen gebunden. Diese Auffassung hat er seiner Lebenspartnerin Karin Brennecke nie verschwiegen. Kurt Barnekow änderte bis zum Tod von Martha am 2. Mai 1992 auch nicht sein Testament, in dem diese als Haupt-

erbin seines Vermögens eingesetzt war. Erst danach, am 15. Juni 1992, heiratete er Karin Brennecke.

Kurt Barnekow, so erzählten viele Zeitzeugen, habe sich stets bemüht, sich formal korrekt gegenüber seiner Familie zu verhalten. Eine Zeitlang gab er seinem Schwiegersohn gegen Honorar Aufträge, juristische Fragen der Firma zu bearbeiten. Dies geschah zu einer Zeit, als Barnekow längst von seiner Frau Martha getrennt lebte. Doch der Schwiegersohn erfüllte nach Aussage von Zeitzeugen nicht die Erwartungen Barnekows, und die Wege der beiden trennten sich wieder.

Blick für Realitäten

Anfang der 1950er Jahre war KUBAH mit seiner industriellen Serienfertigung von Möbeln Vorreiter einer Branche gewesen, in der noch die handwerklich-manufakturelle Herstellung dominiert hatte. Spätestens gegen Ende des Jahrzehnts begann sich die Situation grundlegend zu verändern. Viele kleine Handwerksbetriebe stiegen durch den Einsatz moderner Produktionstechnologien zu mittelgroßen Industriebetrieben auf. In den 1960er und frühen 1970er Jahren erreichte dieser Industrialisierungsprozess einen vorläufigen Höhepunkt. Die Produktivitätssteigerung in dieser Zeit war enorm. Bei einer gleichbleibenden Beschäftigtenzahl von etwa 220.000 in der bundesdeutschen Möbelindustrie erhöhte sich ihr Umsatz von 5,2 Milliarden DM 1960 auf 20,1 Milliarden DM 1976.

Neue Herausforderungen

Wesentlich begünstigt wurde der umfassende Mechanisierungs- und Automatisierungsschub in der Möbelindustrie durch den zunehmenden Einsatz neuer Materialien, die die maschinelle Verarbeitung erleichterten. So nahmen „die Substitution des Massivholzes und der Tischlerplatte durch die Spanplatte" und „der Einsatz von

Kunststoffen" erheblich zu.[92] Im Vergleich zur Produktion derartiger Möbel war das Furnieren ein sehr arbeits- und zeitintensiver Vorgang, da neben einem verbleibenden Anteil an Handarbeit auch immer noch Press- und Austrocknungszeiten erforderlich waren. Letzteres konnte durch die Verwendung von Kunststofffolien beschleunigt werden. Im Ergebnis waren Möbel durch den Einsatz von Spanplatten und Kunststoffen billiger herzustellen.

Besonders die Möbelindustrie in den traditionellen Schwerpunktregionen in Nordrhein-Westfalen, Baden-Württemberg und Bayern holte auf breiter Basis technologisch auf und erhöhte ihre ökonomische Dominanz. Standortvorteile wie niedrige Lohn- und Transportkosten wirkten sich im Wettbewerb zwischen den Betrieben wieder verstärkt aus. Die west- und süddeutsche Möbelindustrie übte bald einen „starken Preisdruck" auf die gesamte Branche aus.[93] Allerdings wurde diese Entwicklung Anfang der 1960er Jahre durch einen allgemeinen Boom im Möbelabsatz noch weitgehend kompensiert. Der florierende Wohnungsbau, das steigende Realeinkommen und ein entsprechendes Konsumverhalten sorgten dafür, dass in dieser Zeit die Möbelindustrie insgesamt große Umsatzzuwächse verzeichnete und zu den besonders rasch wachsenden Industriezweigen in der Bundesrepublik Deutschland avancierte.

Mit Blick auf den sich verschärfenden Wettbewerb in der Branche, suchte Kurt Barnekow früh nach lohnenden Investitionsfeldern, um ökonomisch nicht eines Tages ins Hintertreffen zu geraten. 1960/61 lotete er aus, inwiefern sich die „Neugründung eines Spanplattenwerkes" in Wedel rentieren könnte.[94] Er kam zu einem negativen Ergebnis und verwarf die Idee. Als nächstes überlegte Barnekow, welche Absatzregionen er für seine KUBAH Möbel-Fabrik neu erschließen oder ausbauen könnte. In Württemberg und

KUBAH-Exporte gingen hauptsächlich ins benachbarte Ausland, zuweilen aber auch in fernere Länder.

Bayern erzielte KUBAH seit Jahren gute Verkaufserfolge, und inzwischen waren auch das Rheinland und Ruhrgebiet zu Hauptabsatzgebieten geworden. In Norddeutschland wurden damals, vorwiegend über die eigenen Einzelhandelsgeschäfte, etwa 15 Prozent der Produktion verkauft. „Im Lande selbst galt der Prophet nichts", kommentierte Barnekow diesen vergleichsweise bescheidenen Umsatz im regionalen Umfeld von KUBAH, welcher nicht zuletzt in den fortdauernden Schwierigkeiten mit regionalen Möbelfachverbänden und -einzelhändlern seine Ursache hatte.[95] Darüber hinaus tätigte das Unternehmen Auslandsgeschäfte bis nach Wien, Zürich, Paris, Brüssel und Rotterdam.

Barnekow entschloss sich, in den USA eine Filiale von KUBAH aufzubauen, um auch auf dem amerikanischen Markt besser Fuß zu fassen. Zu dieser Zeit belieferte die Wedeler Firma bereits Kunden in New York und Chicago, allerdings in begrenztem Umfang. Barnekow reiste 1962 zum zweiten Mal in die USA und bereitete die unternehmerische Expansion vor Ort selbst vor. Doch die Umsetzungsversuche offenbarten rasch, wo spezifische Schwierigkeiten und Risiken lagen. So unterschied sich die Marktsituation in den USA sehr von der europäischen, und es gelang Barnekow nicht, geeignete Experten für den dortigen Vertrieb zu finden. Außerdem, so berichteten Zeitzeugen, habe die unbefriedigende Zahlungsmoral amerikanischer Kunden KUBAH zunehmend zu schaffen gemacht. In der Folge wurden diese Expansionspläne wieder fallen gelassen.

Statt dessen konzentrierte sich Barnekow auf Maßnahmen zur Verbesserung der internen Organisation und vor allem auf den weiteren Ausbau der KUBAH-Gruppe. 1962 gründete er die Textilfirma Fred Reis GmbH als Tochtergesellschaft der KUBAH Möbel-Fabrik Kurt Barnekow K.-G. Die Fred Reis GmbH unterhielt in den Folgejahren zeitweilig bis zu drei Einzelhandelsgeschäfte in Hamburg. Namensgeber der Firma war ein vor 1945 in die USA ausgewanderter deutscher Jude aus Frankfurt gewesen, zu dem Barnekow über die Jahre hinweg Kontakt gehalten hatte und der zusammen mit einem anderen amerikanischen Juden das USA-Geschäft von KUBAH betreute. Mitte der 1960er Jahre gründete Barnekow zudem den Teppichgroßhandel HTW Hansa Teppich Wedel GmbH & Co., welcher später durch die Hansa Teppich GmbH Wedel ergänzt wurde. Beides waren hundertprozentige KUBAH-Tochterunternehmen.

Getrennte Wege

„Ab 1. September [1964] ist Kurt Barnekow alleiniger Komplementär der Firma Kubah-Möbel-Fabrik Kurt Barnekow KG, Wedel bei Hamburg, und Heinz Stöhr alleiniger Komplementär der Firma Kubah-Möbel und Einrichtungshaus Kurt Barnekow KG, Hamburg-Altona. Bisher waren Kurt Barnekow und Heinz Stöhr gleichberechtigte Partner beider Firmen. Wie das Unternehmen mitteilt, hat es sich bei der erreichten Größenordnung auf dem Markt als zweckmäßig erwiesen, eine firmenrechtliche Trennung herbeizuführen," berichtete die in Düsseldorf erscheinende „Wirtschaftswoche" über eine einschneidende Veränderung bei KUBAH.[96] Am 1. Januar 1958 hatte Barnekow seinen Kamerad aus Wehrmachtszeiten, den Berliner Bankkaufmann Heinz Stöhr, mit 40 Prozent an KUBAH beteiligt. Dies war ein ungewöhnlicher Schritt Barnekows gewesen, der damals nicht nur einen kompetenten Mitarbeiter, sondern auch einen Menschen hatte im Unternehmen halten wollen, der ihm nach Aussage von Zeitzeugen im Zweiten Weltkrieg in einer lebensbedrohlichen Situation geholfen hatte.

Nach 1958 entfremdeten sich die einstigen Weggefährten zunehmend voneinander. Stöhr führte zwar das KUBAH-Einrichtungshaus in Altona mit gutem Erfolg, Barnekow war aber mit mehreren unternehmerischen Entscheidungen des Kompagnons nicht einverstanden, die dieser ohne vorhergehende Absprache getroffen hatte. So ließ Stöhr etwa die Fassade des Einrichtungshauses eigenmächtig und mit hohem Kostenaufwand mit Aluminiumelementen umgestalten. Als das gegenseitige Misstrauen überhand zu nehmen drohte, leitete Barnekow die Trennung von Stöhr ein. Mit Hilfe eines geschickt agierenden Anwalts handelte er einen Vertrag aus, den Zeitzeugen übereinstimmend als günstig für Barnekow und den Fortbestand von KUBAH beurteilten. Barnekow behielt alle Grundstücke, auf denen die Einrichtungshäuser standen, und vermietete sie an Stöhr.

Wenngleich die Trennung von Geschäftspartner Heinz Stöhr für Kurt Barnekow so gesehen relativ glimpflich verlief, markierte sie für ihn doch einen tiefen unternehmerischen Einschnitt: die Aufgabe des Möbeleinzelhandels. Nach Beobachtung von Zeitzeugen war Barnekow diese Entscheidung sehr schwer gefallen. 1966 benannte Stöhr die Einrichtungshäuser in „Haus der Wohnkultur Heinz Stöhr KG" um, womit er die Abspaltung von Barnekow und KUBAH nun auch namentlich dokumentierte. Allerdings hatte Stöhr danach nur begrenzten ökonomischen Erfolg. Bereits 1968 musste die Kieler Filiale schließen, und ein erneuter Expansionsversuch in Hamburg misslang letztlich. Mitte der 1970er Jahre sollte auch das Einrichtungshaus in Altona liquidiert und von Kurt Barnekow neu vermietet werden.

Verantwortung übernehmen

Nach der Abtrennung des Möbeleinzelhandels widmete Kurt Barnekow seinem Kerngeschäft, der Möbelproduktion, erhöhte Aufmerksamkeit. Zur eigenen Entlastung ergänzte er zuerst die Führungsriege im Unternehmen: Am 1. Januar 1965 übernahm Helmut Ballaschke die Hauptbuchhaltung von KUBAH und rückte bald in den engeren Kreis der Firmenleitung auf. Barnekow übertrug ihm rasch die Bank- und Handlungsvollmacht, später Gesamt-, dann Einzelprokura und 1968 eine Generalvollmacht für KUBAH sowie für die Tochterfirmen Hansa Teppich GmbH und HTW Hansa Teppich Wedel GmbH. Außerdem wurde Ballaschke bald zum Geschäftsführer der Fred Reis GmbH ernannt. Barnekow behielt zwar, wie üblich, überall die letzte Entscheidungsbefugnis, doch zwischen ihm und Ballaschke entstand ein besonderes Vertrauensverhältnis, das viele Jahre andauern sollte. In dieser Zeit war Helmut Ballaschke, neben Karin Brennecke, stets mit in die zentralen unternehmenspolitischen Entscheidungen einbezogen.

Parallel beschloss Barnekow, sich künftig nicht mehr nur als Privatperson bzw. als einzelner Unternehmer für faire wirtschaftspolitische Rahmenbedingungen in der Branche einzusetzen. So engagierte er sich in dieser Zeit erstmals persönlich im Landesverband Schleswig-Holstein der Holzindustrie und Kunststoffverarbeitung e.V. (heute: Verband Holz und Kunststoff Nord-Ost e.V.). Auf der Mitgliederversammlung dieses Arbeitgeberverbandes am 19. Juni 1965 wurde er für die Fachabteilung Möbel in den Beirat gewählt. Zwei Jahre später war er bereits Vorstandsmitglied des Verbandes. Diesem Gremium gehörte er bis zu seinem endgültigen Ausscheiden aus dem Verband 1970 an, zuletzt als Erster Stellvertreter. Ab 1968 vertrat er zudem die schleswig-holsteinische Möbelindustrie als Obmann in der entsprechenden Fachabteilung des Hauptverbandes der Deutschen Holz und Kunststoffe verarbeitenden Industrie und verwandter Industriezweige e.V. (HDH) und in den Tarifverhandlungen.[97]

Mit dieser aktiven Mitwirkung revidierte Barnekow seine langjährige Distanz gegenüber dem Arbeitgeberverband grundlegend. Nachdem die KUBAH Möbel-Fabrik dem regionalen Verband 1949 beigetreten war, hatte Barnekow zunächst versucht, tarifpolitische Sonderregelungen für seinen Betrieb genehmigt zu bekommen. Als dies nicht gelang, entschloss er sich, mit KUBAH Anfang 1953 wieder aus dem Landesverband Schleswig-Holstein der Holzverarbeitenden Industrie e.V. – so die damalige Firmierung – auszuscheiden. Erst Ende der 1950er Jahre trat die KUBAH Möbel-Fabrik dem Arbeitgeberverband erneut bei. KUBAH-Betriebsleiter Heinz Weis nahm ab 1959 regelmäßig an den Verbandssitzungen teil. Ab Sommer 1965, etwa zeitgleich mit Barnekows Engagement, wurde Weis dort für mehrere Jahre verstärkt aktiv, und zwar als Mitglied des Sozialpolitischen Ausschusses.

Kurt Barnekow ließ in der Verbandsarbeit mehrmals sein großes Interesse für übergeordnete wirtschaftspolitische Fragen erkennen. Im Oktober 1968 hielt er einen vielbeachteten Vortrag vor der Obmännerversammlung der deutschen Möbelindustrie, in welchem er die Branche aufforderte, mittels einer Gemeinschaftswerbung „Kaufwellen" zu erzeugen.[98] Ein Jahr später regte er in einer Vorstandssitzung des schleswig-holsteinischen Landesverbandes eine Diskussion über das zum Teil sehr unterschiedliche Lohnniveau in den Industriegruppen der Bundesrepublik Deutschland an. Er vertrat darin die Auffassung, „das tarifpolitische Niveau in der Holzindustrie", das laut Statistik vergleichsweise niedrig sei, müsste „generell angehoben werden". Eine Mehrheit für diesen

> *Der Wohnungsbedarf wird immer differenzierter. Der Wunsch nach mehr Komfort größer! Der herkömmliche Wohnungsbau wird bis zum Jahre 2000 vergessen sein. Es wird schon heute daran gedacht, nur vier Wände aufzustellen, die die gesamte Wohnung umfassen mit einem sanitären Kern.*
> *Die Wohnräume darin werden durch Raumteiler aufgeteilt werden, in Schlaf- und Ankleideräume, Wohn-Arbeitsraum und Küche mit Speiseecke. Die auch als Raumteiler eingesetzten Möbel werden bereits im Auftrag von Baugesellschaften von den Fabriken hergestellt werden. Diese Möbel werden aus neuartigen Kunst- oder Schaumstoffen sein. In unserem schnellen Zeitalter kommt es darauf an, mit der Technik, mit der Zeit zu gehen. Derjenige Händler, der es schnell erkennt und Vorurteile über Bord wirft, macht immer zuerst das Geschäft.*

Vorschlag fand Barnekow bei seinen Vorstandskollegen damals jedoch nicht, sodass er die Idee nicht weiter verfolgte.[99]

Im September 1969 hielt Barnekow auf der Regionalkonferenz der Großeinkauf Europa Möbel GmbH & Co. K.-G. in Westerland als Vertreter des Arbeitgeberverbandes ein Referat, in dem er die aktuelle Situation in der Möbelindustrie pointiert analysierte und die Anwesenden einlud, gemeinsam mit ihm „über die Zukunft unserer Branche nachzudenken". Dabei stellte er fest, dass die Möbelhersteller sich momentan neuen Herausforderungen durch die vermehrte Verwendung von Kunststoffen und das veränderte Konsumverhalten der Verbraucher stellen und grundlegend umorientieren müssten. Mit Rückgriff auf die eigenen Erfahrungen argumentierte er, dass es besser sei, sich frühzeitig auf Veränderungen einzustellen, die eine „mehr als je zuvor von der Technik diktierte" und von tiefen gesellschaftlichen Veränderungen gekennzeichnete Zukunft mit sich bringe. Die Bewältigung von Zukunftsaufgaben könne aber nicht gelingen, wenn die marktwirtschaftlichen Kräfte ständig „durch falsche politische Entscheidungen der Regierenden" gebremst würden.[100] Seine Ausführungen fanden große Aufmerksamkeit beim Publikum.

Noch Jahre später bescheinigte ihm ein damals anwesender Mitarbeiter der Zweigstelle Elmshorn der IHK Kiel, bereits in Westerland die „Zeichen der Zeit" erkannt zu haben.[101]

KUBAH am Scheideweg

Dass die Zeichen der Zeit verschärften Wettbewerb für die KUBAH Möbel-Fabrik signalisierten, hatte Kurt Barnekow längst erkannt, als er Mitte der 1960er Jahre etwa eine halbe Million DM in eine neue Maschinenanlage investierte. Die bisher verwendeten edlen Furnierhölzer waren ein hoher Kostenfaktor, der durch die neuen Maschinen, mit denen Furnierimitate produziert werden konnten, gesenkt werden sollte. Interne Kritiker wandten ein, Imitate passten prinzipiell nicht zum hohen Qualitätsstandard von KUBAH- Möbeln. Aber Barnekow, der die Notwendigkeit, Kosten zu reduzieren, höher bewertete, riskierte die Investition. In einigen Absatzgebieten, zum Beispiel West-Berlin, verkauften sich die mit Furnierimitaten versehenen Möbel dann eine Zeitlang auch gut, doch insgesamt erfüllte die Innovation nicht die hohen Erwartungen, die Barnekow in sie gesetzt hatte.

Hinzu kam, dass die in jenen Jahren fortdauernde Kapazitätsausweitung in der deutschen Möbel-

Die „Regina-Bar" von 1967 (hier präsentiert von Karin Brennecke) war eines der Möbel, mit denen KUBAH versuchte, kostengünstiger zu produzieren und gleichzeitig den veränderten Kundengeschmack der 1960er Jahre aufzunehmen.

industrie preisdrückende Rückwirkungen begünstigte. Führende Möbeleinzelhändler übten auf Grund des vermehrten Angebots an Möbeln inzwischen zunehmend Druck auf die Hersteller aus, Preisnachlässe zu gewähren. KUBAH machte vor allem mit der Bad Segeberger Möbel Kraft GmbH in dieser Hinsicht negative Erfahrungen. Diese Firma nutzte ihre damals bereits sehr starke Marktposition im Norden und verlangte in den 1960er Jahren bei den Lieferungen immer mehr Rabatt. Barnekow sah, dass KUBAH unter diesen Bedingungen nicht mehr kostendeckend produzieren konnte, und stellte die Geschäftsverbindung mit Möbel Kraft schließlich ein. Dies war eine konsequente Entscheidung, sie bedeutete aber auch den Verlust eines großen und regional günstig gelegenen Abnehmers.

Ab 1967 stagnierte der Umsatz der KUBAH Möbel-Fabrik und die Bilanz wurde negativ. Damals wurde die Frachtvergütung von fünf Prozent, eine Sonderförderung von Betrieben in strukturschwachen Gebieten durch die öffentliche Hand, wieder gestrichen. Für Barnekows Firma, die überproportional an Kunden in weiter entfernte Regionen lieferte, erhöhten sich in der Folge die Transportkosten erheblich. Außerdem setzte das regional vergleichsweise hohe Lohnniveau KUBAH immer stärker unter Druck. Hamburger Firmen, die in anderen Branchen tätig waren und unter anderen Wettbewerbsbedingungen „100% mehr Lohn" zahlten, warben KUBAH zunehmend Fachleute ab.[102] 1969 berichtete Barnekow seinen Kollegen im Arbeitgeberverband, dass „speziell durch eine Monopolstellung der Firma Steinway" ein enormer „Sog auf seine Arbeitskräfte" ausgehe. „Gerade in jüngster Zeit haben ihn fünf langjährige Mitarbeiter verlassen", hieß es im dazugehörigen Protokoll.[103] KUBAH musste bei der Suche nach Ersatz für qualifizierte Fachkräfte zunehmend auf ungelernte Arbeiter zurückgreifen, was sich aber nur als begrenzt praktikabel erwies. Generell hatte sich zwar durch die fortschreitend industrielle Fertigung das Verhältnis zwischen Ungelernten und Facharbeitern unter den Beschäftigten in der deutschen Möbelindustrie nahezu ausgeglichen, doch ein relativ hoher Bedarf an Fachkräften blieb typisch für diesen Industriezweig.

Kurt Barnekow erkannte, dass die Konkurrenzfähigkeit seiner KUBAH Möbel-Fabrik gegenüber den „inzwischen sehr groß gewordenen Fabriken" in West- und Süddeutschland am Standort Wedel stetig abnahm und zog Konsequenzen: „Es gab nur eine unternehmerische Entscheidung: Hier die Produktion rechtzeitig einzustellen, wenn KUBAH nicht in einen Strudel geraten sollte. So wurde im Mai 1970 in einer Nachtbesprechung der Geschäftsleitung der Beschluß gefasst, die Produktion einzustellen, da nach vorliegenden technischen Gutachten selbst bei weiterer Automation mit einem Aufwand von 3 Millionen D-Mark zwar die Produktion um 100% erhöht hätte werden können, aber ohne REINGEWINN, weil die gesamten Kosten weiter anstiegen und die Lohnforderungen

Werksreisende und Handelsvertreter von KUBAH bei einem Treffen mit ihrem Chef Kurt Barnekow und Prokurist Ingo Butschkau (vorne r.).

der Gewerkschaften, die Jahr für Jahr verlangt wurden, nicht im Verkaufspreis der Möbel zu verkraften waren."[104]

Das Ende wird zum Anfang

Die spätere Entwicklung in der Branche sollte Barnekows unternehmerische „Notbremse" nachträglich stützen: In der zweiten Hälfte der 1970er Jahre geriet die Möbelindustrie in die heftigste Krise seit dem Zweiten Weltkrieg. Sachkundige Beobachter erklärten dies nicht allein mit verschlechterten Rahmenbedingungen durch die allgemein schwieriger gewordene wirtschaftliche Lage und steigenden Importen aus dem europäischen Ausland, sondern sahen darin auch eine Folge hausgemachter Fehler. Die angehäuften Überkapazitäten hätten einen verschärften Konkurrenzkampf auf „gesättigten Märkten" entfacht, dem zahlreiche Betriebe zum Opfer fielen.[105] Darunter befanden sich vor allem solche Fabriken, die ihre Produktion nicht ohne hohen Kapitalaufwand auf die veränderten Kundenwünsche – individuellere und der gestiegenen Mobilität in der Gesellschaft entsprechende Möbel – hin umstellen konnten. Diese Probleme seien voraussehbar gewesen, urteilten Forscher.[106]

Als Kurt Barnekow Anfang Mai 1970 den Entschluss fasste, den Betrieb der KUBAH Möbel-Fabrik einzustellen, hatte er kein Konzept für die Zeit danach parat. Zunächst versuchte er vergeblich, einen Mieter für das Gesamtgelände in Wedel zu finden. Gemäß der geltenden arbeitsrechtlichen Bestimmungen erstattete er beim Landesarbeitsamt Kiel Anzeige, dass in seinem Unternehmen eine Massenentlassung bevorstehe. Dies betraf etwa zwei Drittel der damals noch knapp 180 Mitarbeiter der KUBAH-Gruppe. Anschließend besuchte er gemeinsam mit Karin Brennecke Möbelfabriken in Deutschland und im europäischen Ausland, um ihnen die Maschinen aus seinem Wedeler Betrieb anzubieten. Das Interesse war groß, doch die generell begrenzte Kapitaldecke der meist mittelständischen Möbelfirmen führte dazu, dass diese überwiegend nicht bar, sondern mit ihren eigenen Erzeugnissen bezahlen wollten. Vor diesem Hintergrund entstand bei Barnekow die Idee, wieder in den Möbeleinzelhandel einzusteigen und dafür in Wedel ein Einrichtungs-Center zu errichten. Beginnen sollte dort der Verkauf mit den von der ehemaligen Konkurrenz für die KUBAH-Maschinen in Zahlung genommenen Möbel.

Nach der Rückkehr nach Wedel machte sich Barnekow rasch an die

Durch seinen spontanen Entschluss, nach der Aufgabe der Möbelproduktion 1970 die Eröffnung eines Einrichtungs-Centers zu wagen, erhielt Kurt Barnekow einem Großteil seiner Mitarbeiter den Arbeitsplatz (hier Barnekow zusammen mit einem Teil der Belegschaft 1972).

Realisierung des Vorhabens. Bereits 1952 hatte er, in weiser Vorrausicht, beim Landrat des Kreises Pinneberg die Lizenz für einen Möbelhandeleinzelhandel in Wedel beantragt und im selben Jahr auch erhalten. Auf diese Genehmigung konnte er nun zurückgreifen. „Durch unseren Entschluß, über eine neu zu gründende G.m.b.H. (KUBAH Kaufkraft Einrichtungs-Center) den Betrieb in Form eines Möbel-Einzelhandelsunternehmen weiter laufen zu lassen, konnte ein Großteil der alten Mitarbeiter, insbesondere auch Ungelernte, weiterbeschäftigt werden. Deshalb konnten wir bereits am 28. Mai 1970 beim Landesarbeitsamt in Kiel unseren Massenentlassungsantrag zurückziehen", berichtete er nach Umsetzung des Vorhabens stolz dem Wedeler Magistrat.[107]

Mit der Eröffnung des KUBAH Kaufkraft Einrichtungs-Centers begann für Kurt Barnekow (hier mit Architekt Harald Frese) 1971 ein neuer unternehmerischer Abschnitt.

Neuanfang statt Ruhestand
Maßvolle Visionen

Im Spätsommer 1970 machte der inzwischen 60jährige Kurt Barnekow publik, er wolle zwar seine KUBAH Möbel-Fabrik schließen, aber keineswegs schon in Rente gehen. Das „Wedel-Schulauer Tageblatt" berichtete, aus der bisherigen Fabrik solle durch Um- und Anbauten „ein modernes Einkaufszentrum werden. Um sich für die geplanten Umbauten Luft zu verschaffen, will Barnekow ab morgen Wohn-Schrank-Wände aus eigener Herstellung zu Fabrikpreisen an die Verbraucher verkaufen."[1] Mit dieser Aktion gelang es ihm rasch, die noch auf Halde befindlichen 2.000 Schränke aus eigener Produktion abzusetzen und so das Startkapital für das Einkaufszentrum zu erhöhen. Den kostspieligen Neuanfang finanzierte Barnekow allerdings überwiegend aus den Rücklagen, die er während der wirtschaftlichen Blüte der Möbel-Fabrik vorsorglich gebildet hatte, sowie aus den Verkäufen des Lagerhauses in der Hamburger Ruhrstraße und des Grundstückes in der Paul-Roosen-Straße.

Im Trend der Zeit

Barnekow visierte mit dem Einkaufszentrum ein relativ großes Projekt an, keineswegs aus unternehmerischem Übermut, sondern auf Grund nüchterner ökonomischer Analyse. Wedel hatte in der Vergangenheit zwar unbestreitbare Erfolge in der Ansiedlung von Industriebetrieben zu verzeichnen gehabt, fristete aber in vielfacher Hinsicht ein fortdauerndes Dasein im Schatten der nahen Metropole Hamburg. Obgleich die Zahl der Pendler nach 1945 im Vergleich zur Vorkriegszeit reduziert worden war, blieb die Identifikation Wedeler Bürger mit der eigenen Stadt und deren Angeboten an kulturellen Veranstaltungen und Einkaufsmöglichkeiten begrenzt. Damalige wissenschaftliche Untersuchungen belegten, dass über zwei Drittel der Einwohner Wedels „ihre größeren Einkäufe in Hamburg" tätigten.[2] „Sie verschenken im Monat eine Arbeitswoche und mehr, wenn sie nach Hamburg fahren. Bleiben Sie in Wedel", hatte Barnekow bereits in den 1960er Jahren Werbung für den Standort betrieben.[3]

Mit der Integration des neuen Möbeleinzelhandelsgeschäft in ein modernes Einkaufszentrum setzte Barnekow nun seine aktive Standortpolitik fort. Die Stadt Wedel müsse hierfür mehr tun als bisher, forderte er in dieser Zeit mehrmals öffentlich.

Barnekow sah, dass durch die zahlreichen Einkaufszentren, die damals in Ballungsräumen der Bundesrepublik Deutschland gegründet wurden, eine massive Konkurrenz für den herkömmlichen Einzelhandel entstand. In Hamburg war kurz zuvor unter anderem das Elbe-Einkaufszentrum errichtet worden, das mit einigem Erfolg auch Kunden aus dem westlichen „Speckgürtel" der Großstadt, in dem Wedel lag, anlockte.

Besonders im Blick auf die Möbelbranche scheute Kurt Barnekow nicht den Wettbewerb mit Marktführern. Dies kam bereits bei der Namensfindung zum Ausdruck. In seinem zweiten Büro in Nienstedten, das Barnekow sich in der Folge seiner Entscheidung für eine gemeinsame Wohnung mit Karin Brennecke dort eingerichtet hatte, versammelte er Mitglieder der Geschäftsleitung von KUBAH, um mit ihnen über einen geeigneten Namen zu beraten. Als das Gespräch darauf kam, dass Barnekow mit dem neuen Tochterunternehmen durchaus regionale Branchenführer wie die Möbel Kraft GmbH in Bad Segeberg herausfordern wollte, diskutierten die Anwesenden über Möglichkeiten, dies bereits in der Firmierung auszudrücken. Allerdings bildete der rechtliche Schutz von Markennamen hier eine klare Hürde. Deshalb sollte der gute eigene Name der Dachfirma im Vordergrund

Das Einkaufszentrum entstand auf dem Gelände der ehemaligen KUBAH Möbel-Fabrik (Bild r. o.). Dort avancierte Bernhardt Schmidt (Bild o. r.) von der Spar Handels AG mit dem MULTI-GROSSMARKT rasch zu Kurt Barnekows wichtigstem Mieter. Bald ergänzte KUBAH das eigene Angebot um einen Teppich-Markt, ein Küchen-Center und einen Möbel-Abholmarkt.

Statt Möbelfabrik jetzt neues Einrichtungshaus

„Der König ist tot, es lebe der König." Nach diesem Motto präsentiert sich seit gestern in Wedel das „Kubah Kaufkraft Einrichtungs-Center". Vor 38 Jahren begann Kurt Barnekow, Geschäftsführer und alleiniger persönlich haftender Gesellschafter der Kubah Möbel Fabrik, seine Firma aufzubauen. 1950 startete die Produktion in der neuen Wedeler Fabrik. Der Mangel an Facharbeitern und die entfernte Lage vom Zentrum der deutschen Möbelindustrie führten jetzt zur Umstellung. Die Fabrikation wurde eingestellt; an ihre Stelle tritt das Möbel-Einrichtungs-Center in völlig umgestalteten acht Hallen.

Kurt Barnekow konzipierte das Unternehmen an der B 431 als Einkaufszentrum. Seine Partner: ein Multi-Markt für Lebensmittel und Non-Food-Artikel sowie eine Elektro-, Radio- und Fernsehabteilung. Als Kubah-Tochter existiert seit drei Jahren ein Teppich-Großmarkt.

stehen. Gemeinsam kreierten sie so die Bezeichnung „KUBAH Kaufkraft Einrichtungs-Center GmbH".

Am 14. September 1970 erhielt Barnekow die Genehmigung, unter dieser Firmierung ein Einkaufszentrum „zum Betreiben desselben mit Waren aller Art" zu errichten.[4] Nun begannen die aufwendigen Umbauarbeiten. Gut ein Jahr später kündigte die Lokalpresse unter der Schlagzeile „Konkurrenz für den Wedeler Einzelhandel wird größer" die Eröffnung des Einkaufszentrums an der Rissener Straße an.[5] Am 14. Oktober 1971 war es dann soweit: Mit Musik und zahlreichen Aktionen fand die feierliche Eröffnung statt. Das KUBAH Enrichtungs-Center wartete mit einem breiten Sortiment auf: Neben Teppichen, Lampen und sonstigen kleineren Einrichtungsgegenständen wurden „Möbel aus Old-England, rustikal oder modern", sowie vor allem die „Neuheiten der Möbelmessen" von Köln, Brüssel, London, Kopenhagen und Mailand angeboten – die Auswahl stelle alles in der Region bekannte „in den Schatten", jubelte das „Wedel-Schulauer Tageblatt" und fügte hinzu: „Selbstverständlich ist bei dem Einkauf ohne weiteres eine kurz- oder langfristige Finanzierung möglich."[6]

Zudem hatte Kurt Barnekow andere Firmen wie Elektro-Mersmann und den MULTI-GROSSMARKT als Mieter für sein Einkaufszentrum gewinnen können. Die Gegebenheiten auf dem KUBAH-Gelände und die finanziellen Mittel als mittelständischer Unternehmer setzten Barnekow natürlich gestalterische und ökonomische Grenzen, die er als Hausherr stets im Auge behielt. Auf ein ähnlich breites Angebot an Einzelhandelsgeschäften zu zielen, wie es einige der Hamburger Einkaufszentren taten, die in jenen Jahren errichtet wurden, wäre vermessen gewesen.

Die vorhandenen Möglichkeiten wollte er allerdings ausschöpfen. So veränderte Barnekows Einkaufszentrum in der Folgezeit immer mal wieder sein Angebot. KUBAH eröffnete einen speziellen Teppich-Markt, ein Küchen-Center und einen Möbel-Abholmarkt, und neue Mieter kamen hinzu oder lösten bisherige Händler ab. Der größte und bedeutendste Mieter von KUBAH blieb hier der MULTI-Markt, den die Spar Handels AG betrieb. Spar wagte mit diesem Markt nach einigen Jahren den Sprung in den Einzelhandel. Der rasch florierende Supermarkt sollte neben KUBAH das wirtschaftliche Zugpferd des Areals werden – und eine Keimzelle der späteren internationalen Spar-Handelskette, deren „Gründer" Bernhardt Schmidt[7] zu den Geschäftsfreunden Kurt Barnekows zählte.

Misstrauen aller Orten

In den ersten Jahren nach der Eröffnung fand das KUBAH Kaufkraft Einrichtungs-Center großen Zuspruch. Kurt Barnekow stützte das positive Image durch Sonderaktionen. Das 40jährige Firmenjubiläum 1973 nutzte er, um Spenden zum Bau eines KUBAH-Tageskindergartens zu sammeln und damit die Familienfreundlichkeit des Unternehmens zu betonen. Wie zuvor die Werbung für die Möbel-Fabrik, trug auch die für das Einrichtungs-Center von Beginn an die Handschrift des Chefs. Hinzu kamen gemeinsame Werbeaktionen mit den Möbelfirmen, deren Produkte KUBAH führte. Etwa alle drei Monate wurde ein Prospekt den regionalen Tageszeitungen beigelegt. Nach Aussage von Zeitzeugen bescherten derartige Aktionen KUBAH ein spürbares Umsatzplus.

Als guter Kaufmann setzte Kurt Barnekow zuweilen auch die bekanntermaßen zugkräftigste Werbung ein: attraktive Preisnachlässe. Doch bei solchen Gelegenheiten geriet er erneut mit früheren Widersachern wie dem Hamburger Möbelfachverband in Konflikt. Bereits während der Umbauzeit im Frühjahr 1971 hatte dieser Verband eine Annonce über „Bahnbrechende Sonderpreise" moniert, mit der KUBAH restliche Möbel aus der eigenen

2. VIII. 1933 - 2. VIII. 1973

40 JAHRE KUBAH

Anlässlich seiner 40jährigen Unternehmertätigkeit bedankte sich Kurt Barnekow bei treuen Mitarbeitern und Geschäftspartnern u.a. mit einer eigens dafür geprägten Medaille.

Produktion absetzen wollte, und Barnekows Unternehmen abgemahnt.[8] Dies war der Auftakt für zahlreiche Auseinandersetzungen über rechtlich korrekte Werbung. Als KUBAH im Sommer 1972 erstmals Preisnachlässe für Selbstabholer gewährte, prüfte die IHK Kiel, ob hierdurch gegen das UWG, das Rabattgesetz oder die Zugabenverordnung verstoßen werde. In einem internen Gutachten hieß es, dass „diese Werbung sicherlich hart am Rande der Legalität liegt, dass man diese Werbung im einzelnen aber gegenüber der genannten Firma [KUBAH] nicht mit hinreichender Aussicht auf Erfolg beanstanden könnte."[9]

Im September 1972 bot der Geschäftsführer der Zweigstelle der IHK Kiel in Elmshorn, Heinz Meyer, Barnekow und dem Hamburger Möbelfachverband an, „ein klärendes Vermittlungsgespräch" zwischen allen Beteiligten zu arrangieren.[10] In der Folge kam es zwar zu einem informellen Austausch, aber die unterschiedlichen Auffassungen blieben bestehen. So gehörten Konflikte über wettbewerbsrechtliche Fragen für KUBAH weiterhin zum Alltag, wobei zeitweilig der Verein für lauteren Wettbewerb beim Einzelhandelsverband Schleswig-Holstein e.V. in die Rolle des führenden Widersachers schlüpfte. Als dieser Verein 1973 anlässlich der Werbung für einen Räumungsverkauf in Folge eines Wasserschadens in einem KUBAH-Außenlager monierte, die Firma habe sich nicht an getroffene Absprachen gehalten, widersprach Barnekow zunächst vehement. Nach Intervention der IHK Kiel recherchierte er den Vorgang genauer und erkannte den eigenen Fehler. Daraufhin entschuldigte er sich bei der IHK für „diese Panne".[11]

Gleiches Recht für alle

Mitte der 1970er Jahre geriet die gesamte Möbelbranche in die Krise. „Um so heftiger streiten sich die Möbelverkäufer um die wenigen Kunden", stellte „Der Spiegel" fest. Kurt Barnekow kämpfte hier an vorderster Front mit, indem er zum Beispiel mit einer umstrittenen „Preisgarantie" warb, wie das Nachrichtenmagazin registrierte. Es befand nüchtern: „Derlei nervöse Händel freilich sind nur die Randgefechte eines Existenzkampfes unter Westdeutschlands Möbelhändlern. Etliche werden dabei untergehen."[12]

Angesichts solch düsterer Prognosen, die auf aktuellen Studien der Konsumforschung beruhen, verstärkte Barnekow seinen Druck auf Handelskammern und Politik, für faire Wettbewerbsbedingungen im Blick auf den Verkauf an Sonn- und Feiertagen zu sorgen. Er sah es nicht ein, dass die Firma Ferdinand

Günther & Sohn KG (Möbel-Günther) in Horst, einer Kommune im Nachbarkreis Steinburg, wiederholt an mehreren Sonntagen im Jahr Sonderverkäufe genehmigt bekam und KUBAH nicht. Deshalb hatte Barnekow nach Eröffnung des Einrichtungs-Centers die Stadt Wedel mehrmals aufgefordert, den Verkauf oder zumindest Besichtigungen an solchen Tagen zuzulassen. Die Stadtverwaltung Wedels entschied sich gegen das Anliegen, obgleich ihr nach Aussage von Mitgliedern die Argumentation Barnekows einleuchtete, dass solche wettbewerbsverzerrenden Unterschiede eigentlich nicht geduldet werden dürften. Doch der Magistrat war der Auffassung, das vielmehr die Handhabung in Horst rechtlich nicht in Ordnung sei. Außerdem votierte die Mehrheit der Einzelhändler in Wedel gegen Sonntagsöffnungen, also auch gegen bloße Besichtigungsöffnungen ohne Verkauf, sodass der Kommune der Konkurrenznachteil von KUBAH als kleineres Übel erschien. Erst später sollten zu wenigen Gelegenheiten – wie dem Ochsenmarkt – Ausnahmen gemacht werden.

Anfang 1975 bat Barnekow die IHK-Filiale in Elmshorn, ihm zu helfen, das KUBAH Kaufkraft Einrichtungs-Center an den traditionellen Stadtfesten für Sonderverkäufe öffnen zu dürfen, wie es zu vergleichbaren Anlässen an einigen anderen Orten in Schleswig-Holstein bereits üblich sei. Die IHK sah aber ebenfalls „kein allgemeines Bedürfnis" in Wedel für eine solche Aktion und lehnte es ab, „dem Wunsche eines einzigen Gewerbetreibenden" zu folgen, „zumal der Standort der Firma Kubah-Kaufkraft Einrichtungs-Center GmbH ca. 2 km von dem Marktplatz entfernt ist. Es wäre u.E. nur schwerlich damit zu rechnen, dass die Besucher des Frühjahrs- bzw. Herbstmarktes auch das Geschäftslokal von Herrn Barnekow aufsuchen."[13]

Mehr und mehr reagierten die Adressaten auf Barnekows fortdauernde Proteste offensichtlich genervt. Keine Instanz wollte anscheinend das heiße Eisen „Ladenöffnungszeiten", ein bis heute heftig umstrittenes Thema, ernsthaft anpacken, geschweige denn in Barnekows Sinn öffentlich für eine Liberalisierung eintreten. Die Landesregierung Schleswig-Holstein verwahrte sich zum Beispiel gegen Barnekows Vorwurf, das Ladenschlussgesetz würde im Lande ungleich gehandhabt. „Eine Ungleichbehandlung gleichartiger Verkaufsstellen" sei „ausgeschlossen", antwortete sie ihm, und die Ausnahmeregelung würde vom zuständigen Ministerium „eng ausgelegt." Immerhin sagte der antwortende Sozialminister zu, die Beispiele, die Barnekow als ungerechtfertigte Ausnahme-

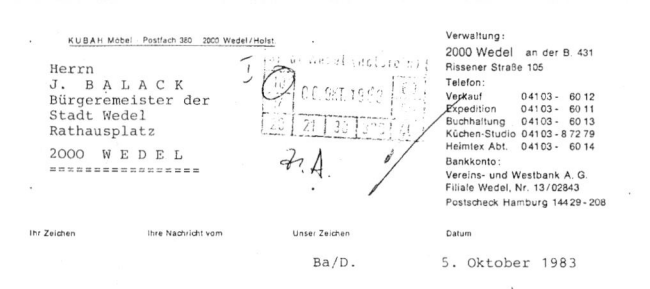

```
KUBAH Möbel : Postfach 380   2000 Wedel/Holst                 Verwaltung:
                                                              2000 Wedel  an der B. 431
Herrn                                                         Rissener Straße 105
J. BALACK                                                     Telefon:
Bürgermeister der                                             Verkauf       04103 - 60 12
Stadt Wedel                                                   Expedition    04103 - 60 11
Rathausplatz                                                  Buchhaltung   04103 - 60 13
                                                              Küchen-Studio 04103 - 872 79
2000 WEDEL                                                    Heimtex Abt.  04103 - 60 14
====================                                          Bankkonto:
                                                              Vereins- und Westbank A. G.
                                                              Filiale Wedel, Nr. 13/02843
                                                              Postscheck Hamburg 144 29 - 208

Ihr Zeichen      Ihre Nachricht vom      Unser Zeichen       Datum
                                         Ba/D.               5. Oktober 1983

   Betr. VERNICHTUNGS WETTBEWERB in der Möbel-u. Heimtextil-Branch
   -----------------------------------------------------------

   Sehr geehrte Herren,

   Allgemein wird angenommen, daß das LADENSCHLUß GESETZ bundes-
   weit einheitlich praktiziert wird, in einer Demokratie mit
   gleichen Rechten und Pflichten für alle Unternehmen im
   Einzelhandel.
   Mitnichten !

   In vielen Städten und Gemeinden gewähren die Bürgermeister
   mit Zustimmung ihres Magistrats, resp. auch der Herren Land-
   räte sogen.  S O N D E R B E S T I M M U N G E N.
   Heute kann man ganz offen aussprechen, daß die bundesdeutsche
   Ladenschluß Einzelhandels Landschaft, wie ein SCHWEIZER
   Käse durchlöchert ist.
   Das wird hingenommen, auch von den beiden großen Parteien.
   Den EINEN , die besonders marktstark sind, gibt man es,
   den anderen, besonders Mittelstandsbetrieben und sogen.
   Familien (Tante Emma Läden) verweigert man es, weil diese
   SONDERGENEHMIGUNGEN nicht bundeseinheitlich, sondern nur
   o r t s g e b u n d e n    pratiziert werden:

   1.) Seit dem 10. April 1975 hat die Firma Möbel Günther in

                     Erfüllungsort und Gerichtsstand Hamburg.
       Gründer, Geschäftsführer und alleiniger Komplementär Kurt Barnekow; Hamburg HR. A. 38 237
                     Gegründet 1933 - Juristischer Sitz Hamburg.
```

Sonntagen keine Bestellscheine mehr auslegen, da die Praxis als getarnter und damit ungesetzlicher Verkauf von den Behörden anerkannt worden sei. Erneut forderte Barnekow die „gleiche Behandlung aller Einzelhandlungen" bei der Handhabung der Ladenöffnungszeiten.[15]

Nach Barnekows eigener Einschätzung blieb dies ein frommer Wunsch.

Am 19. Oktober 1979 schickte er unter der Überschrift „Zweifel am Grundgesetz der Bundesrepublik Deutschland" ein gleichlautendes Schreiben an führende Politiker aller großen Parteien sowie an mehrere Ministerien und Wirtschaftsverbände, in welchem er die ungleiche Handhabung des Sonntagsverkaufes als verfassungswidrig bezeichnete.[16] Vier Jahre später sandte er an zahlreiche politische Persönlichkeiten und Behörden eine „Grundsatz-Erklärung" ähnlichen Inhalts.[17] An der unterschiedlichen Praxis des Sonntagsverkaufs in schleswig-holsteinischen Kommunen änderte sich jedoch wenig.

genehmigungen angeführt hatte, vom Gewerbeaufsichtsamt Lübeck überprüfen zu lassen.[14]

Kurt Barnekow fand keine Verbündeten für eine Sonntagsöffnung in Wedel. In der Folge konzentrierte er sich auf die Forderung, Konkurrenten den Verkauf an Sonntagen zu untersagen. 1976 meldete er dem schleswig-holsteinischen Ministerpräsidenten Gerhard Stoltenberg einen Teilerfolg: Möbel Kraft dürfe fortan auf seine Initiative hin an Besichtigungs-

„Wir kämpfen weiter"

Kurt Barnekow reagierte auf die Krise im Möbelhandel Mitte der 1970er Jahre auch ökonomisch. Unter anderem trat er mit KUBAH der neu gegründeten Gesellschaft für Beratung fortschrittlicher Möbelhandelsunternehmen in Einkauf und Marketing (GfM) bei. Diese in München ansässige Gesellschaft gehörte nach wenigen Jahren mit etwa 300 Mitgliedsfirmen und einer Milliarde DM Umsatz zu den führenden Möbeleinkaufsverbünden in der Bundesrepublik Deutschland. Allerdings kaufte KUBAH nicht nur bei der GfM, um in der Sortimentsauswahl unabhängig zu bleiben: „Was den Bayern gefiel, traf den Geschmack der Hamburger nicht unbedingt," erinnerte sich die damals bei KUBAH für den Einkauf und Vertrieb verantwortliche Karin Brennecke, und benannte damit das ausschlaggebende Motiv.[18]

Vor allem ging Barnekow in dieser Zeit mit der Eröffnung einer neuen Filiale des KUBAH Kaufkraft Einrichtungs-Centers in Hamburg-Ochsenzoll in die Offensive. Dort vereinte er zwei Unternehmen der KUBAH-Gruppe unter einem Dach, denn die Fred Reis GmbH unterbreitete im gleichen Haus ein Angebot an Teppichböden unterschiedlichster Qualität und Farben. In dem neuen Einrichtungs-Center wurde ein breites Sortiment, preiswerte Möbel ebenso wie hochwertiges Luxus-Mobiliar, offeriert, um, so hieß es in der Presseankündigung, den „Kunden aus dem Norden Hamburgs künftig den weiten Weg nach Wedel [zu] ersparen und ihnen in ihrer unmittelbaren Umgebung eine bequeme Einkaufsmöglichkeit" zu schaffen.[19] Ein weiteres wesentliches Motiv Barnekows, so erinnerten Zeitzeugen, war die Überlegung gewesen, mit der Filiale in Hamburgs Norden der immer stärker werdenden Konkurrenz durch Möbel Kraft entgegenzutreten und der Bad Segeberger Firma sozusagen auf halber Strecke die Kunden aus der Hansestadt abzufangen.

Am 2. August 1975, dem Jahrestag von Barnekows Sprung in die Selbständigkeit, öffnete die Kaufkraft-Filiale in Ochsenzoll mit werbewirksamem Begleitprogramm ihre Pforten. KUBAH gab eine Garantie für die Eröffnungsangebote: „Sollte der Käufer innerhalb von 5 Tagen nach Kauf feststellen, daß er das gleiche Modell, in gleicher Qualität, vom gleichen Hersteller und bei gleicher Leistung preiswerter kaufen könnte, wird der Vertrag anstandslos storniert."[20] Die Resonanz überraschte selbst den Initiator: „Der Verkaufserfolg war am Eröffnungstag überwältigend groß. Auch Wedel wurde mitgerissen, und in der Unternehmensgruppe konnte an diesem Tage ein Gesamtumsatz

Ein weiteres Segel für die KUBAH-Kogge

HAMBURG. Die hanseatische Kogge, Firmenzeichen der KUBAH Unternehmensgruppe Kurt Barnekow KG., Hamburg, setzt – bildlich gesprochen – in wenigen Tagen ein weiteres Segel. Am kommenden Sonnabend, 2. August, pünktlich um 9 Uhr, eröffnet KUBAH Kaufkraft zusammen mit der Schwesterfirma REIS in Hamburg 62 ein neues Möbel-Verkaufshaus mit angegliederter Teppichboden-Halle. Und zwar in Nähe des U-Bahnhofs und ZOB Ochsenzoll in der Langenhorner Chaussee 649.

Schon seit dem 9. Juli haben Kunden hier die Möglichkeit, Preisvorteile aus der Aktion „Kaufen zum Kennenlernen" zu ziehen. Diese Aktion wird am offiziellen Eröffnungstag abgelöst durch ein „Feuerwerk der Sonderangebote", das unter dem Motto steht: „Lieber das Geld für ein gemütliches Heim angelegt, als auf dem Sparbuch!" Auf alle Eröffnungsangebote gibt es eine Preisgarantie: „Sollte der Käufer innerhalb von fünf Tagen nach Kauf feststellen, daß er das gleiche Modell in gleicher Qualität vom gleichen Hersteller und bei gleicher Leistung preiswerter einkaufen könnte, wird der Vertrag anstandslos storniert."

Es werden nicht nur „billige Konsum-Möbel" angeboten, sondern das Sortiment ist so gestaltet worden, daß selbst hochwertige Luxusmöbel der Spitzenklasse zu Niedrigpreisen zu erwerben sind. Es versteht sich, daß auch Möbel nach Maß zu besonders günstigen Preisen angeboten werden.

Der Tag der Eröffnung des neuen Hauses, das vor allem den Kunden aus dem Norden Hamburgs den Weg nach Wedel ersparen soll, wurde mit Bedacht gewählt: Am 2. August 1933 gründete Kurt Barnekow in Hamburg seine Firma KUBAH.

Mit der feierlichen Eröffnung einer Filiale des KUBAH Einrichtungs-Centers in Hamburg wagte Kurt Barnekow 1975 eine erneute ökonomische Offensive.

Der große Anfangserfolg überraschte sogar Barnekow, der am Eröffnungstag selbst mit Bestellscheine ausfüllen half.

162

von 475.000,– DM erzielt werden. Ich spreche sonst nicht gern über Zahlen, aber dieser Tagesumsatz ist so einmalig, dass ich es Ihnen im Vertrauen gesagt haben möchte", berichtete Barnekow dem Wedeler Bürgermeister Fritz Hörnig und sprach die Hoffnung aus, dass „letztlich auch entsprechende Gewerbesteuern anfallen werden zum Wohl des Ganzen."[21]

Die ersten Monatsumsätze in der Ochsenzoller Filiale gaben weiteren Anlass zum Optimismus, da sie die eigenen Prognosen zum Teil um ein Vielfaches übertrafen. Doch spätestens zwei Jahre später wendete sich das Blatt. Kurt Barnekow schrieb seinem Geschäftsleitungsmitglied Helmut Ballaschke, dass er sich große Sorgen um die dortige Filiale mache, da der Absatz stagniere und erste Verluste zu verzeichnen seien. Generell begann für die gesamte KUBAH-Gruppe eine ökonomisch zunehmend schwierige Zeit, da auch die meisten anderen Tochterunternehmen in die Krise gerieten.

Resignieren wollte Barnekow allerdings nicht: „Wir kämpfen weiter, auch wenn die Firma noch etwas schrumpfen muss. Ich gebe doch mein Lebenswerk nicht auf!", resümierte er in jenem Brief.[22] Tatsächlich ließ Barnekow das Unternehmen bald darauf schrumpfen: Er beendete das Ochsenzoller Experiment und schloss die KUBAH-Filiale wieder. Einige Jahre später sollte auch die dortige Niederlassung der Fred Reis GmbH ihren Verkauf einstellen.

Einsichten eines Kaufmannes

Nachdem die deutsche Möbelwirtschaft in den 1960er Jahren zu den führenden Produzenten der Welt aufgestiegen war und weltweit große Exporterfolge erzielt hatte, setzte Mitte der 1970er Jahre eine Trendwende ein. Die starke Exportstellung wurde ihr von anderen Nationen zunehmend streitig gemacht, und auf dem Binnenmarkt wuchs die Konkurrenz durch italienische und skandinavische Anbieter, die zum Teil eigene Verkaufsstellen eröffneten. Dies bedeutete nicht mehr nur eine Herausforderung der deutschen Möbelindustrie, sondern zunehmend auch des Möbeleinzelhandels. Die ausländische Konkurrenz stellte sich teilweise rascher auf veränderte Konsumwünsche ein als viele der damals rund 10.000 im Einzelhandel tätigen deutschen Unternehmen.

Der seit Anfang der 1970er Jahre beginnende Siegeszug des schwedischen Möbelkonzerns IKEA war dafür das markanteste Beispiel. Preiswerte Möbel, oft in der DDR und anderen Ostblockstaaten hergestellt, verkaufte der Konzern in eigens dafür errichteten Märkten. IKEA zielte laut Eigenwerbung „auf junge Leute jeden Alters", denen sie mit geschicktem Marketing nicht nur Produkte zu einem niedrigen Preis mit wenig Service zu verkaufen suchte, sondern gleichzeitig eine Art Wohn- und Lebensphilosophie anbot, die den veränderten Bedürfnissen einer zunehmend mobilen westdeutschen Gesellschaft entgegenkam.[23] IKEA setzte Maßstäbe, die viele deutsche Konkurrenten, meist mit geringerem Erfolg, bald zu übernehmen versuchten.

Engagement mit Haut und Haar

In Norddeutschland avancierte damals die neu gegründete IKEA-Filiale im wenige Kilometer nördlich von Hamburg gelegenen Kaltenkirchen zu einem solchen Zentrum für Möbelkauf per Selbstabholung. Dabei setzte IKEA von Beginn an auf werbewirksame Aktionen mit branchenfremdem Service, wie es in den USA inzwischen in Mode gekommen war. An einem per Annonce kreierten „Junggesellen-Tag" wurden alleinstehenden Besuchern des Kaltenkirchener Möbelmarktes „alle alten Socken" gewaschen, am „Bäcker-Tag" gab es frische Brötchen umsonst und am „Friseur-Tag" kostenlose Rasur und Maniküre.[24] Die deutschen Möbelfachverbände äußerten sich empört über derartige Methoden und versuchten nachzuweisen, dass die Qualität der IKEA-Produkte nicht deutschen Qualitätsansprüchen genüge.

Das Nachrichtenmagazin „Der Spiegel" fand eine andere Reaktion noch bemerkenswerter: „Zum Gegenschlag entschloß sich inzwischen auch Kurt Barnekow, Inhaber der Hamburger Kubah Kaufkraft Einrichtungs-Center GmbH (Kubah-Möbel). Er nutzt die Vorschriften des Gesetzes gegen den unlauteren Wettbewerb, um die Schweden per einstweiliger Verfügung einzuschüchtern. Seither müssen die Kaltenkirchener darauf verzichten, den Kunden kostenloses Frühstück anzudienen. Gleichzeitig ließ Barnekow den Schweden per Gerichtsbeschluß verbieten, mit kaum kontrollierbaren Preissenkungen zu werben."[25]

Kurt Barnekow protestierte kurz darauf auch erfolgreich gegen ähnliche Werbemethoden der Möbel Kraft GmbH, die Kunden mit „Billigbenzin" an einer Tankstelle auf dem Firmengelände zum Einkaufsbesuch anlocken wollte.[26] Das Ziel seiner Einwände sei nicht gewesen, die Einführung neuer Werbemethoden zu verhindern, sondern der zunehmenden Wettbewerbsverzerrung entgegenzutreten. Denn, so schrieb er später dem Wedeler Bürgermeister

MÖBEL

Schwedische Masche

Der skandinavische Ikea-Konzern macht der deutschen Möbelbranche mit ungewöhnlichen Verkaufsmethoden und Möbeln aus der DDR die Kundschaft abspenstig.

Sie kommen mit geborgten Lastwagen oder Kleintransportern, im eigenen Mittelklassewagen oder im Kombi: Zu Tausenden fahren Möbelkäufer aus Hamburg und Schleswig-Holstein seit Anfang Februar in die nördlich der Hansestadt gelegene Kleinstadt Kaltenkirchen.

Dort nämlich versucht der schwedische Ikea-Konzern, den müden Markt mit allerlei Tricks und Gags aufzumöbeln. Sitzgarnituren, Stühle und Schränke werden mit viel Werbelärm per Selbstbedienung verkauft.

Sensationelle Preise sollen die steifen Norddeutschen aus der Reserve und in das 15 000 Quadratmeter große und 13 Millionen Mark teure Verkaufszentrum locken. Ikea-Geschäftsführer Anders Moberg: „Im Durchschnitt sind die in Kaltenkirchen angebotenen Möbel um 50 Prozent billiger als in der übrigen Branche."

Das laut eigener Werbeaussage „unmögliche Möbelhaus aus Schweden", Tochter der mit 703,5 Millionen Mark Umsatz größten skandinavischen Möbelfirma, hatte zuvor schon in anderen westdeutschen Städten auf sich aufmerksam gemacht. Nacheinander entstanden in den letzten zweieinhalb Jahren Ikea-Selbstabholer-Märkte in München, Köln, Dorsten, Hannover und Bremen.

Die Verkaufsmasche mit den 14 000 Abhol-Artikeln wurde in wenigen Monaten so beliebt, daß der westdeutsche Ikea-Umsatz bereits im letzten Jahr von 58 Millionen auf 155 Millionen Mark hochschnellte. Dieses Jahr wollen die Schweden gar die 300-Millionen-Grenze schaffen.

Ikea-Konkurrent Barnekow: DDR-Möbel entdeckt

Genau das wollen die westdeutschen Konkurrenten zu verhindern suchen. Die von flauer Nachfrage und drückender Überkapazität geplagte Branche mault, der Erfolg der Schweden sei weniger auf Qualität und Preise als auf zum Teil verbotene Werbemethoden zurückzuführen.

In der Tat lassen sich die Schweden allerhand einfallen. So heißt es in einer zweiseitigen Ikea-Werbeanzeige: „Jetzt kommen endlich mal alle Minderheiten zu ihrem Recht: die Junggesellen und Beamten, die Hausfrauen und Nachtwächter, die Tagträumer, Weltverbesserer, Fahrlehrer, Pfarrer, Zahn- und andere Ärzte, die Walfänger- und Schlepperkapitäne." In einem anderen Inserat verkündete das Unternehmen: „Bei uns geht die Liebe durch den Wagen ... Damit Sie gleich ein ganzes Zimmer in Ihr Auto kriegen, Verpackungsmaterial gibt's gratis und die Dachträger zum Selbstkostenpreis."

Auch branchenfremder Service wird werbewirksam eingesetzt. An einem per Annonce kreierten „Junggesellen-Tag" wurden alleinstehenden Besuchern des Kaltenkirchener Möbelmarktes „alle alten Socken" gewaschen. Am „Bäcker-Tag" gab es „knusprige Brötchen frisch aus dem heißen Ofen", und selbst einen sogenannten „Friseur-Tag" mit kostenloser Rasur oder Maniküre hatten die ideenreichen Ikea-Werber nicht vergessen.

Diese Gags brachten Deutschlands Möbelhändler schließlich so in Braß, daß der Präsident des Bundesverbandes des Deutschen Möbelhandels e. V. Kurt Schmiedeknecht zum Gegenangriff antrat. Er ließ Ikea-Möbel, die von der Firma mit hohen Qualitätswerten ausgezeichnet waren, zerlegen und peinlich genau untersuchen.

Das erste Prüfungsergebnis fiel nach Wunsch aus. Mitte März wetterte Schmiedeknecht in einem verbandsinternen Schreiben: „Die gekauften Möbel einer Serie, die mit hohen Möbel-Fakta-Werten gekennzeichnet waren, sind allergrößter Mist und nicht anzusprechen als Gebrauchsmöbel."

Zum Gegenschlag entschloß sich inzwischen auch Kurt Barnekow, Inhaber des Hamburger Kubah Kaufkraft Einrichtungs-Center GmbH (Kubah-Möbel). Er nutzt die Vorschriften des Gesetzes gegen den unlauteren Wettbewerb, um die Schweden per einstweiliger Verfügung einzuschüchtern. Seither müssen die Kaltenkirchener darauf verzichten, den Kunden ein kostenloses Frühstück anzubieten.

Gleichzeitig ließ Barnekow den Schweden per Gerichtsbeschluß verbie-

Ikea-Kaufhaus in Kaltenkirchen: „Liebe geht durch den Wagen"

DER SPIEGEL, Nr. 16 vom 11.04.1977, S. 82-84.

(1983-1992) Jörg Balack, Hamburger Möbeleinzelhändler und der dortige Fachverband hätten ihre „Finanzkräfte und Energien in Wettbewerbsverfahren gegen örtliche, kleinliche Wettbewerbsverstöße verschlissen", aber gegen die Großen der Branche wie Möbel Kraft „nichts unternommen".[27]

Ende der 1970er, Anfang der 1980er Jahre bezog Barnekow in Protestnoten an Handelsverbände und -kammern sowie politischen Institutionen, Organisationen und Repräsentanten zu immer mehr wirtschaftspolitischen Themen Stellung. Er beschwerte sich beispielsweise beim früheren Bundeskanzler Willy Brandt über die mittelstandsfeindliche Höhe von Gewerbesteuern.[28] Zuweilen erschienen auch Leserbriefe Barnekows in überregionalen Tageszeitungen, vorzugsweise in „Die Welt", in denen er seinen Unmut über die Steuern- und Abgabenpolitik der Regierung oder die Zinspolitik der Bundesbank zum Ausdruck brachte.[29] Während der Geschäftsführer der IHK-Zweigstelle in Elmshorn, Heinz Meyer, Barnekow wegen dessen häufiger und meist mit drastischen Worten vorgetragener Beschwerden intern als „schwierigen Kunden" bezeichnete, reagierte der damalige Stellvertretende Vorsitzende der SPD-Bundestagsfraktion, Wolfgang Roth, 1982 ganz anders: „Uns ginge es in der Wirtschaft erheblich besser, wenn wir solche Unternehmerpersönlichkeiten hätten, die, wie Sie, mit Haut und Haaren bei der Sache sind", antwortete Roth auf einen Protestbrief Barnekows.[30]

Innerlich ruhig

Die zunehmend schwierigen Bedingungen des Möbelhandels und die allgemeine wirtschaftliche Krise in der Bundesrepublik Deutschland ab Ende der 1970er Jahre warf auch auf die KUBAH-Gruppe wachsende Schatten. Bereits Ende 1976 hatte Kurt Barnekow die zuständigen Instanzen der Stadt Wedel gebeten, ihm eine hohe Gewerbesteuernachzahlung für einige Monate zu stunden, um nicht Arbeitsplätze in den inzwischen sieben Tochterfirmen der KUBAH Kurt Barnekow K.-G., so die offizielle Firmierung der Dachgesellschaft seit dem 3. September 1974, in Gefahr zu bringen. Angesichts sinkender Erträge hatte er damals bereits angemerkt, es wäre „richtiger gewesen", 1970 „das Gesamtunternehmen zu liquidieren" und anschließend kleinere Brötchen zu backen, um sich nicht jetzt mit dem Problem einer zu hohen Beschäftigtenzahl belasten sehen zu müssen.[31] Nach persönlicher Anhörung von Barnekow und Prokurist Ballaschke gewährte der Wedeler Magistrat „bei monatlicher Abzahlung" die Stundung.[32]

Wirtschaftskrisen und Möbelbranche

Mit der Ölkrise von 1973 begann die bis dato schwerste wirtschaftliche Krise in den westlichen Industriestaaten seit dem Zweiten Weltkrieg. Die ökonomischen Schwierigkeiten der Bundesrepublik Deutschland blieben im internationalen Vergleich zwar begrenzt, doch trotz des bald wieder einsetzenden Wirtschaftsaufschwungs stieg die Arbeitslosenzahl zwischen 1974 und 1985 von 4,2 auf 9,3 Prozent. Dabei machte spätestens die erneute Rezession Ende der 1970er Jahre deutlich, dass die westdeutsche Ökonomie erhebliche strukturelle Probleme aufwies. Die einzelnen Wirtschaftszweige waren davon allerdings unterschiedlich rasch und intensiv betroffen. Die Möbelwirtschaft geriet ab Mitte der 1970er Jahre in eine heftige Krise, die die Branche nachhaltig veränderte.

→ Ab Mitte der 1970er Jahre fand ein Konkurrenzkampf auf gesättigten Märkten statt, wobei die Möbelindustrie durch den Aufbau großer Überkapazitäten während der vorangegangenen Boomphase selbst zur Verschärfung der Situation beigetragen hatte. Allein zwischen 1979 und 1983 wurden 15 Prozent der Betriebe stillgelegt und 20 Prozent der Arbeitsplätze abgebaut.

→ Der zunehmende Einsatz von Computertechnologie in der Möbelindustrie in den 1980er Jahren „revolutionierte" die Möbelproduktion, da eine höhere Variabilität und ein individuellerer Zuschnitt der Erzeugnisse möglich wurde, und verschärfte den Umstrukturierungs- und Verdrängungsprozess in der Branche.

→ Auch der Möbelhandel geriet in die Krise, da er Mühe hatte, sich auf neue Trends und den verstärkten internationalen Wettbewerb einzustellen. Immer mehr italienische und skandinavische Hersteller drängten nun auf den westdeutschen Markt und eröffneten zum Teil eigene Geschäfte (IKEA!). Dazu kamen steigende Importe preiswerter Möbel aus sozialistischen Ländern. Von 1976 bis 1983 verdoppelte sich die Einfuhr ausländischer Möbel. Die Ertragssituation des bundesdeutschen Möbelhandels verschlechterte sich besonders ab Ende der 1970er Jahre dramatisch, zahlreiche Betriebe gaben auf oder wurden von ökonomisch potenteren Konkurrenten übernommen.

Doch mit solchen entgegenkommenden Gesten war es bald nicht mehr getan. KUBAH musste in der Folge von Umsatzeinbrüchen und Verlusten Filialen von Tochterunternehmen schließen und Personal entlassen, was mehrmals erst nach langwierigen Arbeitsgerichtsprozessen möglich war. An zu vielen Stellen waren inzwischen die Probleme des mittelständischen Unternehmens sichtbar geworden. Während der expansiven Jahre war das Unternehmen zum Beispiel in der Lagerhaltung an seine Grenzen gekommen. Die mangelhaften baulichen Gegebenheiten im Wedeler Hauptgebäude hatte KUBAH zeitweilig durch die Anmietung externer Lager auszugleichen versucht. Ein neues, zeitgemäß zu führendes Lager wäre nach Einschätzung von Zeitzeugen zu kostspielig geworden, zumal die getätigten Investitionen, etwa in die Ochsenzoller Filiale, schon finanzielle Kraftakte gewesen waren. Nun, in der wirtschaftlichen Krise, schienen neue Investitionen ohnehin noch riskanter.

Kurt Barnekow entschied sich zwar zunächst für eine erneute ökonomische Offensive, bewies in dieser entscheidenden Situation aber Augenmaß und passte seine unternehmerische Strategie mit der ihm eigenen Konsequenz den aktuellen Gegebenheiten an. „Ich bin innerlich ruhig und Du weißt ja, dass dann, wenn der Orkan tobt, ich noch niemals die Nerven verloren habe, auch jetzt nicht", schrieb er damals an Ballaschke.[33] 1978 überlegte er noch, das Einrichtungs-Center in Wedel weiter auszubauen. Als jedoch bald immer offenkundiger wurde, dass dieser Weg zu hohe Risiken barg, änderte er wenig später seine Strategie grundlegend.

Barnekow reduzierte Verkaufsfläche und das Angebot des Einrichtungs-Centers, um Kosten zu sparen. „Nicht die Größe der Fläche ist für den Käufer entscheidend, sondern die Vorauswahl der Modelle durch Fachleute. Ein mittleres Sortiment ist schon gezwungen, im Einkauf besser und sorgfältiger auszuwählen als die ganz Großen, die bei ruhigerem Geschäft sehr große Umsatzsorgen mit ihren hohen Mieten und Gehältern für das Verkaufspersonal haben", skizzierte Barnekow später Motive und Umrisse seiner Neuorientierung.[34] Parallel stellte er die Weichen, die einsetzenden finanziellen Verluste von KUBAH durch eine weitergehende Vermietung des Areals an der Rissener Straße in Wedel auszugleichen.

Der „Spar"-Vertrag

Als 1979 die gesamte KUBAH-Gruppe durch fortdauernde Verluste mehrerer Tochterunternehmen ökonomisch ins Wanken kam, nahm Kurt Barnekow Verhandlungen mit der Firma Spar auf, die Expansionspläne hegten. Im März dieses Jahres teilte er Bürgermeister Hörnig telefonisch mit, dass „wegen seiner schlechten Geschäftslage etwa ³/₄ der bisherigen Räumlichkeiten seines Möbel-Supermarktes zu einem Großraum-Lebensmittelladen umfunktioniert werden müsse." Barnekow bat ihn dabei „dringend, falls es eine Nutzungsänderung sein sollte, dieser stattzugeben."[35] Die Antwort ließ auf sich warten. Am 26. April 1979 bedauerte Barnekow: „Jetzt sind wir mitten im Paragraphen-Dschungel" und bat Bürgermeister Hörnig um ein verkürztes Verfahren.[36] Trotzdem dauerte es noch mehrere Monate, bis grundsätzlich grünes Licht gegeben wurde und Barnekow die vertraglichen Feinheiten mit Spar abstimmen konnte.

Am 1. November 1979 unterzeichneten die Vertreter von KUBAH und Spar dann einen Rahmenvertrag über jeweils zu erbringende Leistungen und einen Mietvertrag mit einer Laufzeit bis zum 31. Oktober 1999. Dem Ersten Stadtrat Wedels, Klaus Neumann-Silkow, erläuterte Kurt Barnekow in einem anschließenden Schreiben die ökonomischen Veränderungen durch das Arrangement, das KUBAH mit Spar getroffen hatte, und bat um die Zustimmung durch die Stadt. Andernfalls, fügte er hinzu, bleibe „uns nichts anderes übrig, als Konkurs anzumelden."[37]

> *Er war bereits älter, aber noch kämpferisch. Man merkte sofort, der Mann hatte eine Vergangenheit, eine Lebensaufgabe schon gemeistert.*

Dem Brief folgten mehrere mündliche Besprechungen zwischen Barnekow und Mitgliedern der Wedeler Stadtverwaltung, wobei auch Barnekows persönliches Auftreten die Beteiligten beeindruckte: „Er war bereits älter, aber noch kämpferisch. Man merkte sofort, der Mann hatte eine Vergangenheit, eine Lebensaufgabe schon gemeistert."[38]

Die Kommune stimmte wenig später zu, und der Vertrag trat in Kraft.

In der Folgezeit wirkte sich der Vertrag mit Spar, wie von Barnekow erhofft, außerordentlich günstig für KUBAH aus. Die anfallenden Verluste wurden durch die deutlich höheren Mieteinnahmen weitgehend ausgeglichen, und Barnekow konnte in diesen Jahren Sanierungsmaßnahmen durchführen, die vorläufig einen, wenn auch im Umfang verringerten, Weiterbetrieb von KUBAH und ihren Tochterunternehmen ermöglichten.

Was ist Fortschritt?

Als 1978 Kurt Barnekows langjähriger Wirtschaftsprüfer Adolf Jensen starb, übernahm Dr. Hans-Uwe Ehlers diese Aufgabe. Die alltägliche Betreuung von Mandant Barnekow oblag weiterhin Anneliese Köpke, der früheren Mitarbeiterin von Jensen, die diese Arbeit fortan in Ehlers Auftrag wahrnahm. Besonders wenn grundsätzliche Fragen zur Entscheidung anstanden, kam es zu direkten Kontakten zwischen Ehlers und Barnekow. Ehlers erinnerte, 1979 seinem neuen Mandanten einen Brief geschrieben zu haben, in dem er ihm zu grundlegenden Veränderungen geraten habe: Barnekow solle besser seine Betriebe aufgeben, da er sich ein ausreichendes Vermögen erarbeitet und KUBAH angesichts der wirtschaftlichen Entwicklung wenig Chancen habe, auf Dauer ökonomisch zu überleben. Zudem sei es dringend notwendig, umgehend die Haftungsbegrenzung durchzuführen. Ein Kaufmann „alten Schlages" sein zu wollen, der „mit Haut und Haaren" für seine Firma hafte und „keinen Gläubiger hängen" lasse, halte er zwar für sehr lobenswert, aber nicht für modern. „Ich kann Ihnen als Wirtschaftsprüfer nur raten, gehen Sie in die Rechtsform der GmbH & Co. Dabei kann ich Ihnen gerne helfen", habe er damals Barnekow nahegelegt.[39]

Bei Barnekow fand weder der erste noch der zweite Vorschlag Akzeptanz. An ein Ende von KUBAH mochte er, zumindest zu diesem Zeitpunkt, offenkundig noch nicht denken. Auch mehrere spätere Entscheidungen wiesen darauf hin, dass er bereit war, einige private finanzielle Verluste hinzunehmen, um sein unternehmerisches Lebenswerk fortzuführen, solange sich hierfür noch irgendeine ökonomische Chance bot. Die Veränderung der Haftung lehnte Barnekow ohnehin aus prinzipiellen Erwägungen ab: „Solange ich lebe und die Firma führe, bin ich in der persönlichen Haftung", habe er Ehlers geantwortet, der dies im Rückblick als „eine Auffassung, die sehr selten war, aber die Herrn Barnekow mit seiner Stärke und Willenskraft charakterisierte", bewertete.[40]

An anderer Stelle brachte Kurt Barnekow zum Ausdruck, dass solche Positionsbestimmungen nicht zuletzt auf tiefen Einsichten und Überzeugungen beruhten, zu denen er im Laufe seines von fortdauernden Veränderungen geprägten Lebens gekommen war. „Nichts sagt so viel über uns aus, wie unsere persönlichen Ziele, die wir uns gesteckt haben", schrieb Barnekow damals seiner Enkelin zu ihrem 18. Geburtstag. „In der Zeit, in der wir jetzt leben, findet ein allgemeiner

Wandel eines Denkstils statt. Unsere Zeit ist u.a. dadurch charakterisiert, daß sie abgeht [...] vom Kausalen zum FINANZIELLEN DENKEN." Immer mehr werde Vermögensbildung Leitlinie menschlichen Handelns. Dabei könne er ihr nur empfehlen: „EINKOMMEN ist wichtiger als Vermögen!"[41]

Wandel an sich, meinte Barnekow weiter, sei nichts Schlechtes, sondern vielmehr pure Notwendigkeit. Doch müsse das qualitative Ziel der Veränderung erkennbar bleiben, was letztlich zur Frage hinführe, wie Fortschritt zu definieren sei. „Fortschritt sollte dazufügen, es sollte nicht das Alte gegen das Neue einfach austauschen! Das ist kein Fortschritt. Fortschritt muß unbedingt das Gute im Alten erhalten und durch Dazutun des Neuen umwandeln." In der Konsequenz solcher Überlegungen beklagte Barnekow die Verbreitung bloßen quantitativen und strategischen Denkens sowie die zunehmend geringer werdende Bereitschaft, Verantwortung für das eigene Handeln zu übernehmen. Dies sei zum Beispiel bei Wissenschaftlern erkennbar, die „sich sehr stolz als nicht engagiert und als ideologielos" bezeichneten. „In Freiheit leben", so lautete eine zentrale Botschaft Barnekows an seine Enkelin, heiße aber „nicht nur Rechte haben, es heißt auch besonders Verpflichtungen haben; gegenüber sich selbst, gegenüber seinen Eltern und der Umwelt".[42]

Bald nach der glanzvollen Feier zum 50jährigen Jubiläum als selbständiger Unternehmer 1983 leitete Kurt Barnekow den geordneten Rückzug aus dem Berufsleben ein.

Eine Tradition wird beendet
50 Jahre KUBAH

„Mit über 130 Gästen durfte Firmenchef und Gründer der KUBAH Unternehmensgruppe, der 73jährige und sehr vitale Kurt Barnekow, das 50jährige Geschäftsjubiläum festlich begehen. Es gratulierten Vertreter der Wedeler Geschäftswelt, aus Wirtschaft, Industrie und Behörden, die Mitarbeiter und nicht zuletzt eine Vielzahl zum Teil weitgereister Geschäftsfreunde der Möbel- und Teppichindustrie. Man traf sich im Schulauer Fährhaus, das mit einem delikaten kalten und warmen Büfett aufwartete", berichteten die „Uetersener Nachrichten" über die große Jubiläumsfeier vom 10. August 1983.[1] Das Echo in der regionalen Presse auf dieses Jubiläum war groß, wobei viele Zeitungen die Gelegenheit nutzten, Barnekows unternehmerische Laufbahn durch einen kurzen Rückblick auf dessen wichtigste Stationen zu würdigen. „Unternehmer unternahm was", titelte das „Wedel-Schulauer Tageblatt" und brachte so das in vielen Artikeln in den Mittelpunkt gestellte aktive Engagement Barnekows auf den Punkt.[2] Weitere häufige Vokabeln, mit denen versucht wurde, die Unternehmerpersönlichkeit zu charakterisieren, waren „Hanseatischer Kaufmann", „Selfmademan" und „kämpferischer Geist".[3]

Kurt Barnekow feierte das Jubiläum gebührend. Im KUBAH Kaufkraft Einrichtungs-Center bekamen Kunden 14 Tage lang 20 Prozent Rabatt auf alle Waren. Wie bereits zum 40. Geschäftsjubiläum 1973, so ließ er auch dieses Mal Geschäftsfreunden und anderen ausgewählten Personen eine Gedenkmünze zukommen. Die Münzen waren jeweils eigens zu diesen Anlässen nach dem Entwurf des renommierten Grafikers und Numismatikers Werner Graul geprägt worden.

Zeit zum Feiern

Auf der zentralen Festveranstaltung im Fährhaus beeindruckte Barnekow die Anwesenden durch eine Ansprache, in der er pointiert ausgewählte Wegbegleiter und deren Anteil am Erfolg seines Unternehmens beschrieb und in der er sich kritisch mit aktuellen wirtschaftspolitischen Fragen auseinander setzte. So zeigte Barnekow etwa seine Bewunderung für den verstorbenen Wedeler Bürgermeister Heinrich Gau, der die Stadt Wedel geführt habe, „als wenn es ein kommerzielles Geschäft – sein Tante Emma-Laden" –

gewesen wäre. Eine gute Grundlage für ein Miteinander sei so vorhanden gewesen, und mit Gau habe er Probleme „letztlich immer in Einmütigkeit" lösen können.⁴

Barnekow mischte seiner Rede an mehreren Stellen eine Portion Selbstkritik bei. Als er sich beim damaligen Vorstandsmitglied der Vereins- und Westbank Udo Bandow für die jahrzehntelange gute Zusammenarbeit mit dem Geldinstitut bedankte, räumte er ein: „Ich bin kein leichter Kunde, ich vertrete meinen Standpunkt; und wenn ich Zinsen und Gebühren lese, bin ich allergisch. Das gibt manches Mal dann sehr interessante Gespräche am Telefon."⁵

Anschließend kam Kurt Barnekow auf die aktuelle Situation bei KUBAH und Prinzipien seiner Unternehmertätigkeit zu sprechen. „Wir sind kleiner geworden. 1958, bei meinem 25-jährigen Firmenjubiläum, waren im Gesamtunternehmen – Fabrikation, Groß- und Einzelhandel – damals rund 370 Leute beschäftigt, davon sind rund 85% wegrationalisiert. WIR STEHEN HEUTE GESÜNDER UND SICHERER DA."

So etwas sei, glaube er, angesichts der weltweiten Wirtschaftskrise angemessener als die gängige ökonomische Expansion von Unternehmen durch Manager „ohne persönliche Haftung. Ich aber hafte mit der letzten Hose persönlich."⁶

Für die Kritik der aktuellen Politik fand Barnekow die gewohnt deutlichen Worte: Wenn die öffentliche Hand nicht rechtzeitig mit dem Sparen beginne, gehe die Bundesrepublik Deutschland ihrem wirtschaftlichen Ende entgegen. Die angestrebte Arbeitszeitverkürzung sei kein Weg aus der Krise, im Gegenteil, sie sei eine existenzielle Bedrohung

> *Mit einer 35-Stunden-Woche wird die Arbeitslosigkeit nicht beseitigt! Wir, in meinem Unternehmen, würden damit nicht einen einzigen Mann oder Frau zusätzlich einstellen. Dafür sind Löhne und Sozialabgaben zu hoch, der Markt gibt das nicht her. Wir würden auf Selbstbedienung umstellen oder den Beschäftigten im Bedarfsfall die Möglichkeit geben, Überstunden zu machen. Eine zu hohe Zahl an Arbeitskräften wäre ein Luxus, den sich kein Unternehmer mehr leisten könnte; er würde daran zugrunde gehen. Fazit: Erst einmal müssen dringend die Sozial- und Lohnnebenkosten auf der ganzen Linie gesenkt werden, damit wir in Deutschland wieder konkurrenzfähig werden! Nur so kann wieder bei allen Unternehmen mit Gewinn gearbeitet werden, nur so können Investitionen neue Arbeitsplätze schaffen.*

für mittelständische Unternehmen. Generell sei der ökonomische Mittelstand Leitragender zahlreicher Fehlentwicklungen. Der Staat verlange von den kleinen und mittleren Unternehmen viel zu hohe Abgaben, während „Großverdiener durch viele legale Methoden keine Steuern erbringen" müssten. Auch unter der jetzigen Bundesregierung des Kanzlers Helmut Kohl habe sich nichts daran geändert: „Eine Wende ist bis heute nicht erkennbar!"[7]

„Sie waren kein einfacher Partner"

Wer stets derart unverblümt seine Meinung sagte wie Kurt Barnekow, der provozierte natürlich auch Kritik am eigenen Verhalten. Diese blitzte selbst im Rahmen des Jubiläums auf. Es überwogen zwar die bei solchen Anlässen üblichen lobenden Worte. Im Auftrag Axel Springers bedankte sich etwa der Verlagsvorstand bei Kurt Barnekow für die „seit Jahrzehnten bestehende gute und vertrauensvolle Zusammenarbeit zwischen Ihnen und unserem Hause" und fügte hinzu: „Wir sind Ihnen ganz besonders dankbar, daß Sie sich immer zur Bedeutung der Werbung in unserem Wirtschaftssystem bekennen und auch in dieser Hinsicht Beispielhaftes geleistet haben und leisten."[8]

Aber vor allem auf der Jubiläumsveranstaltung am 10. August 1983 wichen einzelne Festredner von derartigen Würdigungen ab, indem sie auch auf Ecken und Kanten bei Kurt Barnekow hinwiesen. Ein KUBAH-Mitarbeiter deutete an, dass Barnekow als Chef im betrieblichen Alltag durchaus unterschiedliche Wesenszüge hatte: „Wir wissen, daß wir mit unseren Problemen und Sorgen jederzeit zu Ihnen kommen können, denn Ihre Hilfsbereitschaft ist immer spontan und sehr gründlich. Dieses ist wohl auch der Grund, warum einige Ihrer Mitarbeiter schon 20 Jahre, einige sogar schon 30 Jahre in Ihrem Unternehmen tätig sind. Dabei sind Sie, Herr Barnekow, man möge es mir verzeihen, nicht immer ein bequemer Chef." Gleichwohl sei Barnekow der „beste Chef, den ich je als Möbelkaufmann hatte." Man könne „wohl das eine nicht ohne das andere sein", resümierte der Mitarbeiter.[9]

Am deutlichsten ließ der Geschäftsführer der Kieler IHK-Zweigstelle in Elmshorn, Heinz Meyer, erkennen, dass er mit Barnekow zuweilen seine Mühe gehabt hatte. „Aus persönlichem Erleben und einer anderthalb Jahrzehnten dauernden Bekanntschaft mit vielen Gesprächen, Herr Barnekow, wo ich Sie so erlebt habe wie heute", sah sich Meyer veranlasst zu sagen: „Sie waren nicht immer ein einfacher Gesprächspartner – ich möchte sogar sagen: Manchesmal ausgesprochen kompliziert – nicht

*Heinz Meyer, Geschäftsführer der IHK-Filiale in Elmshorn, überreichte Kurt Barnekow auf der Feier zum 50. Jubiläum für dessen Verdienste als selbständiger Kaufmann die Ehrenurkunde der IHK Kiel (Bild l.). Dort gratulierten ihm auch Wedels Bürgermeister Jörg Balack, das Vorstandsmitglied der Vereins- und Westbank Udo Bandow, die Ehefrau seines früheren Prokuristen Ingo Butschkau, Gisela Butschkau, und sein langjähriger Freund und Arzt Dr. Josef Titz
(von l. o. nach r. u.).*

Wenn Barnekow feierte, dann kleckerte er nicht. Ebenso selbstverständlich war es ihm, verdiente Mitarbeiter und Geschäftsfreunde teilhaben zu lassen, u.a. Fahrer und Tischler von KUBAH (Bild o. r.), die früheren Möbelvertreter Hans Israel und Karl Heinz Weckner (Bild o.) sowie Lebenspartnerin Karin Brennecke und Bürgermeister Balack (Bild r.).

schwierig, sondern kompliziert". Vor dem Hintergrund solcher Erfahrungen erläuterte Meyer, warum er Barnekow gerade in persönlichen Gesprächen dennoch schätzen gelernt habe: „Ich bin stets mit meiner Meinung zu Ihnen aufgebrochen und mit der Ihren wieder nach Hause gefahren." Meyer habe im Rückblick außerdem Barnekows unternehmerische Weitsicht anerkennen müssen. So sei es kein Glück gewesen, 1970 „rechtzeitig" die Möbelproduktion einzustellen, zu einem Zeitpunkt, als es der Branche insgesamt noch gut gegangen sei, sondern „rechtzeitiges Erkennen einer Situation, die sich damals erst anbahnte." Der Werdegang von Barnekow und seiner Firma sei Beleg, „daß der Mittelstand an Grenzen steht, die überhaupt nichts mit der persönlichen Einsatzbereitschaft der Mitarbeiter und dem Mut des Unternehmers zu tun haben. Es sind Grenzen, die in aller Regel von draußen gezogen werden, insbesondere von der Politik." Im Anschluss überreichte Meyer Barnekow in Anerkennung seiner Verdienste als ein Kaufmann, der „den Mangel nicht verwaltet, sondern unternehmerisch beseitigt" habe, die Ehrenurkunde der IHK Kiel.[10]

Nicht nur Rückblick

Auf der Jubiläumsfeier im Schulauer Fährhaus verkündete Kurt Barnekow noch kämpferisch, er habe „die Absicht, auch in den nächsten 25 Jahren das Unternehmen erfolgreich weiterzuführen".[11] Um für den Wettbewerb zukünftig besser gerüstet zu sein, hatte die KUBAH-Gruppe bereits tüchtig abgespeckt. Insgesamt arbeiteten 1983 noch 40 Mitarbeiter im Unternehmen. Die Fred Reis GmbH hatte ihre Filialen inzwischen geschlossen, da sie in die Verlustzone gerutscht oder kurz davor gestanden waren. Im Hauptgeschäft dieser Tochterfirma waren noch sechs Mitarbeiter beschäftigt. Doch trotz dieser durchgreifenden Sparmaßnahmen blieben die Aussichten auf die Zukunft eher düster. Die allgemeine wirtschaftliche Situation besserte sich nur unwesentlich, und auch in der Möbelbranche war der Trend hin zu „Billigmöbeln" für KUBAH abträglich, da Barnekow an „Qualitätsmöbeln" bisheriger Standards festhalten wollte.[12]

Intern mehrten sich die Stimmen, die vor einer erneuten Krise, wie sie das Unternehmen 1979 durchgemacht hatte, warnten. Hauptbuchhalter Helmut Ballaschke rechnete dem Chef die finanziellen Risiken seit Jahren regelmäßig vor. Vor allem mahnte nun auch Karin Brennecke, Barnekow solle sich seinen Lebensabend nicht durch einen vergeblichen ökonomischen Kampf verderben. Dieser war zu einer völligen

Aufgabe seines Unternehmens noch nicht bereit, traf aber in der Folgezeit Vorkehrungen für einen solchen Fall. An eine Schließung zu denken, sei ihm weiterhin schwer gefallen, so urteilten Zeitzeugen im Rückblick übereinstimmend, doch habe er sich stets eine Fähigkeit zu nüchterner ökonomischer Lagebeurteilung bewahrt.

Im Oktober 1983 ließ Kurt Barnekow aus der Firmierung KUBAH Kaufkraft Einrichtungs-Center GmbH den Markennamen KUBAH streichen. Im März 1985 wurde das Einrichtungs-Center auf seinen Antrag hin firmenrechtlich in „Kaufkraft Warenhandelsgesellschaft mit beschränkter Haftung" umbenannt.[13]

Als er 1986 schließlich das Aus für KUBAH-Möbel beschloss, sollte er diesen Firmenmantel kurze Zeit später problemlos verkaufen – ein letztes Geschäft mit seiner Möbelfirma. Außerdem sah er sich frühzeitig nach neuen Arbeitsstellen für einzelne langjährige Mitarbeiter um.

Punktgenaue Landung

Im Mai 1986 informierte die KUBAH-Geschäftsleitung ihren Wirtschaftsprüfer Hans-Uwe Ehlers: „Es ist beabsichtigt, die Unternehmensgruppe zu liquidieren. Probleme dürften in der Realisation des Warenbestandes und in den sozialen Verpflichtungen gegenüber dem Personal bestehen."[14] Außerdem musste die Vermietung des Grundstückes an der Rissener Straße neu geordnet werden. Barnekow hatte inzwischen die Grundstücksgesellschaft Wedel b.R. gegründet, an der die KUBAH Kurt Barnekow K.-G. mit 94 Prozent beteiligt war. Die restlichen 6 Prozent hielt die Handelsgesellschaft Spar, die große Teile des Areals gemietet hatte. Der Kontrakt mit Spar sah nach Ablauf des Mietvertrages auch ein Vorkaufsrecht dieser Firma für das Gesamtgelände vor. Mit ihr fand KUBAH in einem novellierten Vertrag bald eine Lösung für die Zeit nach Aufgabe des Möbelhandels. Kurt Barnekow behielt mit seiner KUBAH-Dachgesellschaft die Mehrheit an der Grundstücksgesellschaft Wedel b.R., setzte Helmut Ballaschke als Geschäftsführer der Immobilienfirma ein und führte in kleinem Umfang den Teppichhandel KUBAHTEX fort. Mit Letzterem erhielt sich KUBAH den Status einer Kommanditgesellschaft, wofür aus steuerrechtlichen Gründen der Betrieb eines Handelsgeschäftes notwendig war.

Planvoller Rückzug

Nach der sorgfältigen Vorbereitung der weitreichenden Liquidation des Unternehmens verlief die Durchfüh-

Hamburg
Donnerstag, 2. Oktober 1986

„KUBAH"-Möbel – dieser Name hatte einen guten Klang im Hamburg der Nachkriegszeit

Der Abschied eines Mannes, der vielen ein Heim gab

Ein Mann, der nach dem Krieg Hunderttausende von Wohnungen einrichtete, will nicht mehr:

Kurt Barnekow (77), Gründer und Alleininhaber der Möbelfirma „KUBAH" (Kurt Barnekow, Hamburg), wird bis zum 3. Dezember zu günstigen Preisen das letzte Möbelstück in seinen Wedeler Ausstellungsräumen verkauft haben. Er fand keinen Nachfolger, sah angesichts der „Gigantomie" der Möbelbranche keine Chance mehr für den Mittelstand und kann „die abscheulichen Werbemethoden der Konkurrenz als hanseatischer Kaufmann nicht mehr ertragen".

„die Fabrik nach Wedel kam," erzähr er, „dann hörte ich 80 Frauen beim Legen von Tischlerplatten singen."

Im Tessin will er ausspannen

Ein bißchen wehmütig denkt der 77jährige schon an die guten alten Zeiten zurück, zumal weder die Tochter (verheiratet mit einem Rechtsanwalt) noch den Enkelin (verbunden mit der zweiten Direktor einer Bank in Paris) Lust haben, sein Lebenswerk weiterzuführen. „So werde ich also jetzt mein Häuschen im Tessin genießen oder auf Sylt ein wenig ausspannen," er, „die Energie..."

Der „KUBAH"-Gründer Kurt Barnekow (77); jetzt will er nicht mehr weitermachen

Erinnerung und heute schon Antiquität: Der „KUBAH"-Wohnzimmerschrank „Paris"

Die Ära der Nierentisch...

Hamburger Abendblatt

rung dann recht problemlos. Anfang Oktober 1986 gab Kurt Barnekow bekannt, dass er mit einem Ausverkauf den Möbelhandel bis zum 3. Dezember dieses Jahres beenden und das Einrichtungs-Center in Wedel schließen werde. In einer Presseinformation listete er vier Gründe auf, die ausschlaggebend für seine Entscheidung gewesen seien: Er habe „keinen in der Möbel-Branche aktiv tätig sein wollenden Nachfolger" gefunden, die „Gigantonomie der Möbel-Branche" habe für Mittelstandsbetriebe „ihre Grenze erreicht", die „immer stärker werdenden – abscheulichen – Konkurrenz-Werbemethoden" könne er „als hanseatischer Kaufmann" nicht länger tolerieren und für KUBAH-Möbel sei die „zu erzielende Rendite aus dem Möbeleinzelhandel vollkommen uninteressant" geworden.[15]

Unter der Überschrift „Abschied in Ehren" berichtete das Branchenmagazin „inside" über das ungewöhnlich geordnete Ende von KUBAH-Möbel, denn in den meisten vergleichbaren Fällen setze der Konkursverwalter den Schlusspunkt.[16] Das „Hamburger Abendblatt" würdigte die Entscheidung Kurt Barnekows in seiner Schlagzeile als „Abschied eines Mannes, der vielen ein Heim gab". Die Zeitung wies darauf hin, dass er für „die zuletzt 40 Mitarbeiter" gesorgt habe, „sie wurden untergebracht oder abgefunden." Eine „Ironie des Schicksals" sei allerdings folgende Beobachtung: „Gerade jetzt durchstöbern immer mehr junge Leute den Sperrmüll nach alten ‚KUBAH'-Möbeln. Wer einen nußbaumfarben gebeizten ‚Universal-Schrank Jubilar' mit Glasvitrine und Messingknöpfen in Tropfenform ergattern kann, gehört zu den Glücklichen." Aber das sei „Nostalgie", schloss der Artikel, denn „Kurt Barnekows ‚KUBAH'-Möbel sind endgültig Vergangenheit – die Welt von heute ist aus anderem Holz geschnitzt."[17]

Nach dem raschen Verkauf des Firmenmantels erfolgte ein knappes Jahr später die Löschung des Einrichtungs-Centers aus dem Handelsregister. Bis Ende 1988 wurden dann auch die Tochtergesellschaften HTW Hansa Teppich GmbH & Co. K.-G. und Fred Reis GmbH liquidiert. Die Belegschaft von Grundstücksgesellschaft Wedel b.R. und KUBAH-TEX bestand zu diesem Zeitpunkt noch insgesamt aus fünf Mitarbeitern, von denen zwei auf Teilzeitstellen beschäftigt waren. Parallel zu diesen Abwicklungen schied Tochter Christel Ende 1987 als Kommanditistin von KUBAH aus. Sie war dies seit 1958 gewesen. Martha Barnekow hatte bereits früher ihre Beteiligung aufgegeben, sodass Kurt Barnekow ab 1988 alleiniger persönlich haftender Gesellschafter der KUBAH Kurt Barnekow K.-G. war.

Der letzte Schritt

Kurt Barnekow plante Anfang der 1990er Jahre, Karin Brennecke und Helmut Ballaschke gemeinsam zu seinen Nachfolgern bei KUBAH zu machen. Der Teppichhandel KUBAH-TEX mit einzigem Standort in Wedel erzielte damals eine ausgeglichene Geschäftsbilanz. Einigermaßen ertragreich waren die Erlöse aus dem Immobiliengeschäft. Außer an die Spar Handelsgesellschaft vermietete Barnekow zeitweilig „an 17 gewerbetreibende Mieter", wie er in einem Rundbrief an seine „Geschäftsfreunde" anlässlich des 60jährigen Jubiläums als selbständiger Unternehmer am 2. August 1993 berichtete.[18] Allerdings begannen sich in dieser Zeit die Probleme mit einigen Mietern zu häufen, deren Zahlungsmoral nach Aussagen von Zeitzeugen zu wünschen übrig ließ. Hinzu kam, dass an mehreren der inzwischen in die Jahre gekommenen Gebäude zunehmend hohe Sanierungskosten anzufallen drohten. Parallel lief das Arrangement

Der neue Eurospar-Markt in Wedel wird eröffnet

Moderner, größer, schöner

Pinneberger Zeitung vom 19. Oktober 1996

mit Spar und den übrigen Mietern in dieser Zeit wie vorgesehen weiter. Dabei wurden die mit der Spar Handels AG vertraglich vereinbarten Investitionen fortgeführt. Zum geplanten Ende des Vertrages am 31. Oktober 1999 sollten die Aufwendungen von Spar für Sanierungsmaßnahmen mit dem Verkaufspreis des Grundstückes kompensiert werden.

Inzwischen hatte Kurt Barnekow nach dem Tode von Martha Barnekow seine langjährige Lebensgefährtin Karin Brennecke im Juni 1992 geheiratet. Die Eheleute vereinbarten gegenseitig – eine notariell beglaubigte – Generalvollmacht über den Tod hinaus. Karin Brennecke-Barnekow erschien die Laufzeit des Rahmenvertrages mit der Spar Handels AG zu lang. In intensiven Gesprächen veranlasste sie ihren Mann, mit Blick auf das bereits eingeräumte Vorkaufsrecht über einen vorzeitigen Verkauf des Grundstückes an Spar nachzudenken. Bald darauf beauftragte Kurt Barnekow seine Frau, mit dem Vorstand von Spar erste Gespräche zu vereinbaren. Ballaschke votierte dagegen, konnte sich aber nicht durchsetzen. Nach umfangreichen Korrespondenzen und mehreren Gesprächen wurde im März 1996 eine Einigung erzielt. Am 29. Mai unterzeichnete Kurt Barnekow schließlich den Kaufvertrag. Der aufwendige Umbau hatte bereits im Vorjahr begonnen, und der neue Eurospar-Markt feierte im Oktober 1996 die Eröffnung. Dies war, wie die Presse meldete, gleichzeitig der „Schlusspunkt" der „glanzvollen Karriere" des Unternehmers Kurt Barnekow.[19] Die KUBAH Kurt Barnekow K.-G. stellte offiziell am 31. Dezember 1996 ihre Geschäftstätigkeit ein. Zeitzeugen beurteilten diesen Schritt später mit großer Mehrheit als ökonomisch glückliche Entscheidung.

Zwischen Sylt und Börse

Nach der Beendigung des Möbelhandels 1986 gönnte sich Kurt Barnekow mehr Privatleben. Allerdings hatte er sich auch zuvor bereits die ein oder andere Auszeit genommen. Mehrere Male war er zusammen mit seiner Lebensgefährtin Karin Brennecke auf Mallorca gewesen, und auch die Insel Ischia hatte zu den Zielen gehört. Nun fielen besonders die seit den späten 1960er Jahren regelmäßigen gemeinsamen Erholungspausen in Ascona und auf Sylt länger aus. Dass Kurt Barnekow das Leben genießen konnte, hatte er ungeachtet seines immensen Arbeitspensums ohnehin schon früh demonstriert. So war seine Leidenschaft für schnelle Autos geradezu legendär, und Zeitzeugen berichteten über so manche gelungene Feier mit Barnekow.

Auch die beiden Hobbys Münzensammeln und Journalismus führte

Kurt Barnekows große Leidenschaft waren schnelle Autos: Gerne steuerte er selbst den Hanomag (querliegende Bildreihe), den Jaguar Mk 8 sowie die Mercedes-Modelle 300 SL, 500 SE, 300 SL und zuletzt 500 SL (von l. o. nach r. u.).

Barnekow nach 1986 fort. Für letztere Tätigkeit besaß er sogar einen Presseausweis der amerikanischen Nachrichtenagentur United Press International (UPI) auf den Namen „Alfred K. Barnekow". Er beschäftigte sich dabei fast ausschließlich mit wirtschaftspolitischen Themen, wobei die Artikel im Gegensatz zu seinen sonst sehr ausführlichen Stellungnahmen meist kurz gefasst waren, oft auch als Leserbriefe formuliert. Mehrere solcher Beiträge schrieb er für das „Handelsblatt", die „Wirtschafts-

Kurt Barnekow war mit Haut und
Haaren Unternehmer.
Doch bei Ferienaufenthalten
in seiner Villa in Ascona
am Lago Maggiore oder auf Feiern
zeigte er auch privat große
Lebensfreude.

Kurt Barnekow und Karin Brennecke
zwischen 1975 und 1985.

Auf Sylt, zunächst in Keitum (Bild o. l.) und später in Archsum, tankte Kurt Barnekow gerne an Wochenenden frische Luft.

Mit fortschreitendem Alter reduzierte er öffentliche Auftritte (Bilder o.): Silvesterfeiern 1989 und 1991 mit Lebenspartnerin Karin.

woche" und „Die Welt".[20] Für andere Themen konnte sich Barnekow selten erwärmen, er bezeichnete sich selbst wiederholt als „unpolitisch". Damit meinte er vorrangig sein mangelndes parteipolitisches Interesse. So hatte er in den 1950er Jahren ein Angebot des damaligen schleswig-holsteinischen Ministerpräsidenten Kai-Uwe von Hassel abgeschlagen, „in die Politik zu gehen".[21]

Eine andere frühe Leidenschaft, die er beibehielt, war sein Interesse für die Börse. Udo Bandow, der ihn in seiner Eigenschaft als Chef der Wertpapierabteilung bei der Vereins- und Westbank über Jahre hinweg betreute, erinnerte sich gut daran: „Herr Barnekow interessierte sich bereits zu einer Zeit für die Börse, als dies noch die Sphäre weniger Experten war, und stieg früh in internationale Wertpapiere ein. Er war auch auf diesem Sektor sehr versiert und erfolgreich. Ein so großes Interesse für Wertpapiere ist ungewöhnlich für einen Unternehmer, weil dieser seine Arbeitskraft in der Regel zu 100 Prozent in die Firma steckt. Das galt für Herrn Barnekow nicht. Sein Horizont war so groß, dass er auch ein richtiger Wertpapierexperte war. Er hatte das Wissen eines guten Kundenberaters. Die Zusammenarbeit mit ihm machte Spaß, da stets sachlich fundierte Gespräche mit ihm möglich waren. Auch bei Fehleinschätzungen, die auf diesem Sektor nicht zu vermeiden sind, suchte er die Schuld nie bei der Bank. Er übernahm stets die volle Verantwortung. Leider hat er die vielen Möglichkeiten des derivativen Geschäfts nicht mehr kennen gelernt. Er hätte sie mit Sicherheit intensiv genutzt."[22]

„Vor Gott ein Wurm"

Kurt Barnekow, der zeit seines Lebens über eine stabile Gesundheit verfügt hatte, blieb von Altersbeschwerden gegen Ende seines siebten Lebensjahrzehntes nicht verschont. Mit 77 Jahren stellte sich bei ihm Altersdiabetes ein, mit dem er einige Jahre noch recht problemlos leben konnte. Allerdings wurde die Gabe von Insulin unausweichlich. Im Laufe der Zeit wurde seine Sehkraft stark eingeschränkt. Aber er kämpfte auch hier und entzifferte bei der Lektüre von Zeitungs- und anderen Texten mit Hilfe eines Lesegerätes Buchstabe für Buchstabe. Einen „unablässigen Unabhängigkeitsdrang" hatte ihm schon 1960 ein Handschriftgutachter bescheinigt und ihn treffend als „Typ des kaufmännischen Erfolgsmenschen", der „dazu die nötige Belastbarkeit und Sicherheit" besitze, charakterisiert.[23] Barnekow nahm die körperlichen Einschränkungen hin, ohne groß zu klagen, und versuchte, seine Unabhängigkeit so gut als möglich zu wahren.

Motive eines solchen Sichfügens des ansonsten stets kämpferischen Kurt Barnekow lassen sich aus seiner christlichen Einstellung erklären. Mit Fragen des Glaubens hatte er sich spätestens seit den 1970er Jahren intensiv beschäftigt. 1980 wünschte er sich ohne weitere Begründung eine Bibel zum Geburtstag. In einem Brief an die Enkelin reflektierte er in dieser Zeit ausführlich „Ziele Gottes mit der Welt und mit uns". Denn das wichtigste im Leben sei es, schrieb er, sich Ziele zu setzen, und nun wolle er „versuchen, ohne ein Theologiestudium absolviert zu haben, [...] einmal als logisch denkender Mensch" mögliche Ziele Gottes zu erfassen, um Anregungen für das eigene Leben zu erhalten. Er kam zu dem Schluss, dass er als Christ das verpflichtende Ziel habe, ein Gericht im Sinne Gottes anzustreben, „ob ich das angenehm finde oder nicht". Die Klugheit eines Menschen lasse sich an der Sorgfalt ermessen, womit er „das Künftige und das Ende bedenkt". Jeder Mensch müsse bereit sein, am Ende des Lebens Gott „Rechenschaft abzugeben für das, was Ihr hattet und tatet", so zitierte er aus der Bibel.[24]

1996 wurde Kurt Barnekow pflegebedürftig. Karin Brennecke-Barnekow übernahm diese Aufgabe ganz selbstverständlich und mit Hingabe. Am 25. März 1998 starb Kurt Barnekow. Wunschgemäß erhielt er in Hamburg ein christliches Begräbnis in kleinem Kreis.

Kurt Barnekows unternehmerisches Lebenswerk, die KUBAH Kurt Barnekow K.-G., wurde am 30. Juni 2000 aus dem Handelsregister gelöscht. Witwe Karin Brennecke-Barnekow gründete am 19. Juli 2001 zum Andenken an Kurt Barnekow in Hamburg die Kurt und Karin Barnekow-Stiftung (KUBAH-Stiftung) mit dem Zweck, plötzlich zu Halbwaisen oder Waisen gewordene Kinder und Jugendliche zu fördern sowie pflegebedürftige und/oder behinderte Menschen zu unterstützen. Sie führt auf diese Weise Kurt Barnekows private Hilfsbereitschaft fort, die er als überzeugter Christ mit zahlreichen Geldspenden und anderen Leistungen an solche Personenkreise zu Lebzeiten zum Ausdruck gebracht hatte, ohne jemals viel Aufhebens davon zu machen.

Bilanz eines kämpferischen Unternehmerlebens

Kurt Barnekows Werdegang weist einige Merkmale auf, die in einer Unternehmerbiografie bei oberflächlicher Betrachtung wenig überraschen: In seinem Lebensweg spiegelt sich die Entwicklung seines Betätigungsfeldes, der Möbelbranche, wider, welche er an mehreren Stellen mit beeinflusst hat. Auch ist es wenig erstaunlich, dass er als zweifellos erfolgreicher Unternehmer ökonomischen Konkurrenten mehrmals die entscheidende Nasenlänge voraus war. Ebenso charakterisiert das aktive Eingreifen in wirtschaftspolitische Vorgänge, auf das Barnekows Handeln oft zielte, für sich genommen nicht die Besonderheit dieses Unternehmerlebens. Ähnliches enthalten auch die Viten anderer erfolgreicher Unternehmer.

Herausragenden Akzente in Kurt Barnekows Biografie setzen vielmehr die Herausforderungen, die er zu bewältigen hatte, und die Art und Weise, wie er diese annahm. Barnekow, so urteilten viele Zeitzeugen, habe vortrefflich dem Bild eines Menschen entsprochen, der sich „vom Tellerwäscher zum Millionär" hochgearbeitet hat. Auch er selbst verwies gerne auf die schwierigen individuellen Ausgangsbedingungen, indem er erzählte, er habe seine unternehmerischen Erfolge aus dem „Nichts" heraus erarbeitet. Als Waisenkind, das bittere Armut kennen gelernt hatte, entschloss Barnekow sich früh, sich nicht in ein vermeintliches Schicksal zu fügen, sondern Chancen für eine Alternative zu suchen und diese bestmöglichst zu nutzen. Erstmals blitzte die ihm eigene Verbindung von Begabung und Fleiß auf, als er seine Ausbildung mit Auszeichnung abschloss und dabei – als 19-Jähriger – in seiner Examensarbeit über die „Reklame" Ergebnisse erzielte, die bis heute aktuell geblieben sind. In nur zwei Jahren schuf er sich damals eine hervorragende Basis für den späteren Erfolg als Kaufmann, was auch Ausdruck seiner enormen Willenskraft war.

Die Rebellion gegen scheinbar vorgezeichnete Wege wurde, gepaart mit großer Risikofreude, ein Charakteristikum von Kurt Barnekows weiterem Werdegang. Im nationalsozialistischen Deutschland legte er sich dabei sogar mit den neuen staatlichen Machthabern an – und erfuhr deutlich die Grenzen eigener Handlungsmöglichkeiten. Sein unangepasstes Verhalten bestraften die Nationalsozialisten mit einer lebensbedrohlichen KZ-Haft. Barnekow wurde nach der Freilassung nicht etwa ein radikaler politischer Opponent oder gar Widerstandskämpfer, obgleich seine Distanz zum nationalsozialistischen Regime erkennbar größer geworden war. Er sei im Grunde stets ein „unpolitischer Mensch" gewesen, deutete er später selbst eine Erklärung an. Sein Engagement blieb auf wirtschaftspolitische Fragen konzentriert. An Mut dürfte es ihm kaum gemangelt haben, wie sein rasch nach Haftende fortgeführter ökonomischer Kampf belegt. Barnekows vorrangiges Interesse galt bis zum Ende des Zweiten Weltkrieges allerdings seinem physischem Überleben, zeitweilig auf abenteuerlich anmutende Weise.

Nach 1945, als die westlichen Besatzungsmächte die Weichen für einen verstärkten Wettbewerb stellten und damit die wirtschaftspolitischen Rahmenbedingungen grundlegend veränderten, wagte Kurt Barnekow mehrere unternehmerische Innovationen. Sein zweiter und dieses Mal dauerhafter unternehmerischer Höhenflug begann. Als mittelständischer Unternehmer wurde Barnekow Vorreiter für die industrielle Serienfertigung von Möbeln und für den später weit verbreiteten Ratenkauf. Dies allerdings erst, nachdem er eine mehrjährige finanzielle Durststrecke durchgestanden hatte.

Der stets persönlich für seine Unternehmungen haftende Gesellschafter Kurt Barnekow stand dabei mehrmals auch kurz vor dem privaten Ruin, bis in den 1950er Jahren der allgemeine wirtschaftliche Aufschwung in der Bundesrepublik Deutschland einsetzte und das Unternehmen KUBAH zum Erfolgsmodell wurde. Auch bei späteren Gelegenheiten bewies er den Mut, sich trotz heftiger Gegenwehr von etablierten Firmen für ökonomisch viel versprechende Neuerungen einzusetzen. Durch sein fortdauernd innovatives Engagement avancierte Barnekow zu einem jener mittelständischen Unternehmer, die zur Modernisierung des Wirtschaftslebens im 20. Jahrhundert in Deutschland beitrugen.

Kurt Barnekow erkannte in den 1960er Jahren früh, dass die seit Beginn des westdeutschen „Wirtschaftswunders" nahezu ungebrochene ökonomische Prosperität auslaufen und der Verdrängungskampf in der Möbelbranche erheblich zunehmen würde. Er versuchte zunächst, mit gezielten Investitionen gegenzusteuern. Als er jedoch keine Chancen mehr sah, erfolgreich gegen den ökonomischen Niedergang anzugehen, stellte er frühzeitig seine Möbelproduktion ein. Danach versuchte Barnekow den Wiedereinstieg in den Möbeleinzelhandel. Aber er kam schließlich zur Einsicht, dass die seit

Mitte der 1970er Jahre von wiederholten Krisen geprägte wirtschaftspolitische Entwicklung einem mittelständischen Unternehmer wie ihm zu enge Fesseln anlegte. Auf ein dem Zeitgeist entsprechendes Management umzusteigen, widersprach Barnekows christlich geprägtes Verständnis von verantwortungsbewusster Unternehmensführung, sodass für ihn die persönlich zu schulternde Last immer größer wurde. Außerdem schien ihm der Wettbewerb in der Möbelwirtschaft inzwischen zu seinem Nachteil zunehmend unfair organisiert zu sein. Vor diesem Hintergrund zog er ein zweites Mal rechtzeitig die Bremse und stellte – nun auf Dauer – seine Geschäftstätigkeit ein. Kurt Barnekow hatte im Laufe seines Lebens offenkundig ein immer feineres Gespür entwickelt, wann es sich für ihn zu kämpfen lohnte und wann nicht.

Kurt Barnekow

Selbständiger Unternehmer 1933 bis 1996

1910	9. April: Alfred Karl Kurt Barnekow wird in Altona als Sohn des Hamburger Textilkaufmannes Otto Barnekow geboren
1916	12. Januar: Mutter Frieda Barnekow, geb. Jacobs, stirbt im Alter von 29 Jahren an Herzversagen; Sohn Kurt wird danach in die Obhut seiner Tanten Hedwig und Martha Barnekow nach Stralsund gegeben
1917	29. Oktober: Tod des Vaters Otto Barnekow Vater in der Folge von Kriegsverletzungen
1922-1927	Besuch der Oberrealschule Stralsund
1927-1929	Ausbildung zum Im- und Exportkaufmann im Hamburger Handelshaus Brock & Schnars; paralleles Studium an der Höheren Handelslehranstalt Büsch-Institut; Abschluss als Jahrgangsbester, Examensarbeit „Von der Reklame" wird prämiert
1929	15. Oktober: Beginn beim Möbelhersteller Ruscheweyh AG in Langenöls/Schlesien als Hilfsarbeiter, anschließend in zahlreichen Abteilungen des Unternehmens tätig, zuletzt als Direktionssekretär
1931	1. Juli: Aufbau einer Exportabteilung für die Ruscheweyh AG in Hamburg; Handlungsvollmacht erhalten
1933	Juli: Die Ruscheweyh AG stellt in der Folge der nationalsozialistischen Machtübernahme die Produktion ein, Barnekow wird arbeitslos. 2. August: Kurt Barnekow gründet das nach ihm benannte Unternehmen und wird selbständiger Kaufmann; zunächst als Handelsvertreter für Möbel tätig, später als Großhändler aktiv
1935	13. November: Gründung der Möbelgroßhandlung Erwin Hass in Hamburg durch Barnekow, der formal „stiller Teilhaber" wird und de facto die Firma leitet; diese eröffnet 1936 eine Filiale in Kiel und eine Verkaufsstelle in Leipzig, beschäftigt bald über 90 Mitarbeiter und erzielt 1937 einen Jahresumsatz von insgesamt knapp drei Millionen Reichsmark. 29. November: Hochzeit mit Martha Husar
1937	1. September: Die Klage des Deutschen Möbelfachverbandes Ortsgruppe Kiel e.V. gegen die Geschäftspraktiken der Firma Hass vor dem Landgericht Hamburg wird abgewiesen
1938	17. Februar: Geburt der Tochter Christel. 1. Juli: Barnekow wird Komplementär und zehn Tage später Inhaber der Firma Hass

1938	11. Juli: Verhaftung durch die Gestapo in der Folge einer Denunziation von ökonomischen Konkurrenten; zunächst Einlieferung ins KZ-ähnliche Polizeigefängnis Fuhlsbüttel, danach Untersuchungshaft beim Hanseatischen Sondergericht; Ermittlungsverfahren wegen eines angeblichen Wirtschaftsstrafvergehens eingeleitet
1939	7. März: Eröffnung des Konkursverfahrens gegen die Firma Hass. 26. Mai: Barnekow wird aus der Haft entlassen. 13. November: Das Ermittlungsverfahren wird eingestellt. Dezember: Wiederaufnahme der Geschäftstätigkeit mit der Firma Kurt Barnekow
1941	21. Juni: Das Konkursverfahren gegen die Firma Hass wird beendet, ein Jahr später erlischt die Firma endgültig. 3. Dezember: Die Firma Kurt Barnekow verlegt ihren Sitz in die Große Roosen-Straße 8 (heute: Paul-Roosen-Straße) nach Altona; dort beginnt Barnekow mit der Produktion von Kleinmöbeln
1942-1945	Dienst in der Wehrmacht als Dolmetscher, im Versorgungsbereich, an der Front in Süditalien (im Vorfeld der Schlacht um Monte Cassino) und in der Spionage-Abwehr in Dänemark
1945	Ende Mai: Wiederaufnahme des Möbeleinzelhandels und der -produktion mit Erlaubnis der britischen Militärregierung; ein Jahr später beschäftigt die Firma Kurt Barnekow über 100 Mitarbeiter
1948	Das Kürzel KUBAH für *Ku*rt *Ba*rnekow *H*amburg wird Markenzeichen des Unternehmens. April: Grundsteinlegung für die Serienmöbelfabrik in Wedel. 28. August: Barnekow gründet die KUBAH Möbel- und Einrichtungshaus K. Barnekow Kommanditgesellschaft als Tochterunternehmen der Firma Kurt Barnekow in Altona; 1952 Filialen in Hamburg-Winterhude und Kiel eröffnet (1964 übernimmt Heinz Stöhr diese Firma als alleiniger Inhaber)
1949	1. Juli: KUBAH-Möbel-Fabrik Kurt Barnekow K.-G. in Wedel als Niederlassung der Firma Kurt Barnekow offiziell in Betrieb genommen (Produktionsaufnahme erfolgte bereits im Monat zuvor). 15. August: Umbenennung der Dachfirma in Kurt Barnekow Möbelfabrik und Möbelgroßhandlung
1952	18. Oktober: Umbenennung der Dachfirma in KUBAH Möbel-Fabrik Kurt Barnekow K.-G.; Blütezeit des Unternehmens beginnt: Jahresumsatz steigt von sechs Millionen DM 1954 auf zirka 20 Millionen DM 1958, Mitarbeiterzahl erreicht wenig später mit insgesamt 392 den Höchststand der Unternehmensgeschichte
1953	Erste ökonomische Studienreise in die USA (1962 ein zweites Mal dort)

1958	Januar: Unter der Firmierung KUBAHTEX Handel mit Haargarn-, Wollplüsch- und Veloursteppichen sowie Bettumrandungen und Brücken aufgenommen; Möbel-Großlager in Itzehoe eröffnet
1962	August: Heimtextilieneinzelhandel Fred Reis GmbH gegründet; diese Firma unterhielt später zeitweilig bis zu drei Filialen in Hamburg
1963	Aufnahme des Teppichgroßhandels, in dessen Folge HTW Hansa Teppich Wedel GmbH & Co. als Tochterunternehmen von KUBAH gegründet wird, später ergänzt durch die Hansa Teppich GmbH Wedel
1970	Möbelproduktion eingestellt, aufwendiger Umbau des Fabrikgeländes in Wedel zu einem Einkaufszentrum beginnt. 14. September: Gründung der KUBAH Kaufkraft Einrichtungs-Center GmbH als Tochtergesellschaft von KUBAH
1971	14. Oktober: Feierliche Eröffnung des KUBAH Kaufkraft Einrichtungs-Centers auf dem früheren Fabrikgelände in Wedel
1974	3. September: Umbenennung der Dachfirma in KUBAH Kurt Barnekow K.-G.
1975	2. August: Filiale des Einrichtungs-Centers in Hamburg-Ochsenzoll eröffnet (existiert bis Ende 1978)
1979	1. November: Langfristiges Arrangement (bis 31. Oktober 1999) mit der Spar Handels AG getroffen
1983	2. August: Feier zum 50-jährigen Jubiläum als selbständiger Unternehmer im Wedel-Schulauer Fährhaus
1986	1. Oktober: Schließung des Einrichtungs-Centers in Wedel und Aufgabe des Möbel-Handels öffentlich angekündigt (bis Jahresende vollzogen); wenige Monate später wird nach dem Einrichtungs-Center auch die Hansa Teppich GmbH & Co. KG liquidiert
1988	31. Dezember: Die Firma Fred Reis GmbH erlischt
1992	2. Mai: Martha Barnekow stirbt 15. Juni: Hochzeit mit Karin Brennecke
1996	29. Mai: Unterzeichnung des Vertrages über den vorzeitigen Verkauf des Geländes der KUBAH Möbel-Fabrik in Wedel an die Spar Handels AG. 30. Oktober: In Wedel wird auf dem Gelände von KUBAH-Möbel der neue Eurospar eröffnet. 31. Dezember: Die KUBAH Kurt Barnekow K.-G. stellt ihre Geschäftstätigkeit ein (Firma erlischt formal am 30. Mai 1997 und wird am 30. Juni 2000 aus dem Handelsregister gestrichen)
1998	25. März: Kurt Barnekow stirbt

Anmerkungen

Frühe Überlebenskämpfe

[1] Hier: Presseinformation „ 2.8.1933-2.8.1983 Kurt Barnekow: 50 Jahre Unternehmer – und noch lange kein altes Eisen", o.O. [Hamburg] o.D. [1983], 10 Seiten, hier S. 2., in: Nachlass Kurt Barnekow.

[2] Auf Rügen und in Stralsund ist der Name „Barnekow" seit dem 15. Jahrhundert belegt und sehr verbreitet. Die Vorfahren Kurt Barnekows stammen einem Ahnenforscher zufolge von der Insel Rügen und aus Schweden, wobei mehrere Linien „Barnekow" nachweisbar sind. Vermutet wird ein gemeinsamer Ursprung der adeligen und nicht adeligen Barnekows. Vgl. Ahnen-Nachweis Barnekow, in: ebd., und die zahlreichen Nachweise über die verschiedenen „Barnekow"-Linien im Stadtarchiv Stralsund.

[3] Schreiben Kurt Barnekows an Immtraut Seibt, Evangelisches Pfarramt der Marienkirche Stralsund, vom 14.11.1990, in: Nachlass Kurt Barnekow.

[4] Schreiben Kurt Barnekows an seine Enkelin Andrea-Christin Ottmüller zum 18. Geburtstag vom 10.04.1978, 44 Seiten, hier S. 3, in: ebd.

[5] Ebd.

[6] Ebd., S. 4.

[7] Schreiben Kurt Barnekows an Immtraut Seibt, Evangelisches Pfarramt der Mariekirche Stralsund, vom 14.11.1990, in: ebd.

[8] Schreiben Kurt Barnekows an seine Enkelin Andrea-Christin Ottmüller zum 18. Geburtstag vom 10.04.1978, 44 Seiten, hier S. 5, in: ebd.

[9] In: ebd.

[10] Schreiben Kurt Barnekows an Kurt Domeier vom 03.11.1986, in: ebd.

[11] So das Hamburger Abendblatt vom 24.07.1952.

[12] In: Nachlass Kurt Barnekow.

[13] Bescheinigung vom März 1929, in: ebd.

[14] Zeugnis vom 19.09.1929, in: ebd.

[15] Rede Kurt Barnekows an die „Sehr verehrte[n] Herren" und „liebe[n] Schulkameraden" des Büsch-Instituts, Manuskript Hamburg vom 23.03.1929, 3 Seiten, hier S. 2, in: ebd.

[16] Ebd., S. 3.

[17] Bescheinigung von Denis M. Tylor, Sprachlehrer am Büsch-Institut, vom 15.04.1929, in: ebd.

[18] Kurt Barnekow: Von der Reklame, unveröffentlichtes Manuskript in 2 Bänden, Hamburg März 1929.

[19] Vgl. Claude C. Hopkins: Propaganda. Meine Lebensarbeit. Die Erfahrungen aus 37jähriger Anzeigen-Arbeit im Werte von vollen 100.000.000 Dollar für amerikanische Gross-Inserenten. Deutsch von E. Krahnen, 5. Auflage, Stuttgart-Wien 1929.

[20] Zitiert nach Barnekow, Reklame (wie Anm. 18), Bd. 1, Kapitel 1.

[21] Ebd.

[22] Schreiben an Kurt Barnekow vom 09.07.1929, in: Nachlass Kurt Barnekow.

[23] In: ebd.

[24] Zitiert nach Barnekow, Reklame (wie Anm. 18), Bd. 1, Kapitel 2 und 11.

Erste Schritte in der Möbelbranche

[1] Zitiert nach Kurt Barnekow: Von der Reklame, unveröffentlichtes Manuskript in 2 Bänden, Hamburg März 1929, Bd. 1, Kapitel 2.

[2] Beide Zitate aus: Schreiben Kurt Barnekows an seine Enkelin Andrea-Christin Ottmüller zum 18. Geburtstag vom 10.04.1978, 44 Seiten, hier S. 6, in: Nachlass Kurt Barnekow.

[3] KUrt BArnekow-Hamburg: 25 Jahre Aufbau, 2.8.1933-1958, hrsg. von der KUBAH Möbel-Fabrik Kurt Barnekow K.-G., Broschüre o.O. (Hamburg) o.J. (1958), S. 2.
[4] Nürtinger Zeitung vom 11.09.1973.
[5] Zeugnis der Ruscheweyh Aktiengesellschaft für Kurt Barnekow vom 30.06.1931, in: Nachlass Kurt Barnekow. Nachfolgende Zitate ebd.
[6] Sinngemäß wiedergegeben durch Karin Brennecke-Barnekow (Interview vom 11.10.2002).
[7] Schreiben der Ruscheweyh AG an Kurt Barnekow vom 24.01.1933, in: Nachlass Kurt Barnekow.
[8] Schreiben Kurt Barnekows an seine Enkelin Andrea-Christin Ottmüller zum 18. Geburtstag vom 10.04.1978, 44 Seiten, hier S. 7, in: ebd.
[9] Zeugnis von Carl F. G. Jacobs für Kurt Barnekow vom 25.07.1939, in: ebd.
[10] Schreiben Kurt Barnekows an seine Enkelin Andrea-Christin Ottmüller zum 18. Geburtstag vom 10.04.1978, 44 Seiten, hier S. 7, in: ebd.

Als Selbständiger im „Dritten Reich"

[1] Schreiben Kurt Barnekows an seine Enkelin Andrea-Christin Ottmüller zum 18. Geburtstag vom 10.04.1978, 44 Seiten, hier S. 7, in: ebd.
[2] Gemeindeverwaltung der Hansestadt Hamburg, Amt Altona – Steuerabteilung: Gewerbeanmeldebescheinigung für Kurt Barnekow vom 01.08.1933 (Zweitschrift 19.07.1947), in: ebd.
[3] Heinz Meyer, Geschäftsführer der IHK Elmshorn, in seiner Ansprache am 10.08.1983 anlässlich des 50jährigen Jubiläums von KUBAH im Schulauer Fährhaus, nicht redigiertes Transkript der Festansprachen der Gäste, 8 Seiten, hier S. 3, in: Nachlass Kurt Barnekow.
[4] Schreiben vom 27.11.1935, in: Bundesarchiv Berlin R 3101/9222. Das Schreiben ist unterzeichnet von Erwin Hass, stammt aber aus der Feder Kurt Barnekows.
[5] Schreiben Kurt Barnekows an seine Enkelin Andrea-Christin Ottmüller zum 18. Geburtstag vom 10.04.1978, 44 Seiten, hier S. 8, in: Nachlass Kurt Barnekow.
[6] Eidesstattliche Erklärung Kurt Barnekows vom 03.03.1947, 8 Seiten, hier S. 1, in: Nachlass Kurt Barnekow.
[7] Mehrere Beispiele in: ebd.
[8] Eidesstattliche Versicherung von Gustav Brandt vom 24.01.1947, 2 Seiten, notariell beglaubigt am 25.01.1947, in: ebd.
[9] Ebd.
[10] Zitiert aus dem Prospekt der Firma Erwin Hass, Möbel-Großhandel: Draußen arbeitest Du, drinnen lebst Du, darum ist Wohnen Leben, o.O. (Hamburg) o.J. (1936), in: ebd.
[11] Ebd.
[12] Zitiert nach dem Rundschreiben der Firma Friedrich A. Flamme vom 15.11.1935, in: Bundesarchiv Berlin R 3101/9222.
[13] Schreiben der Firma Friedrich A. Flamme an das Reichswirtschaftsministerium vom 12.11.1935, in: ebd. Folgende Zitate ebd.
[14] Schreiben vom 11.12.1935, in: ebd. Folgende Zitate ebd.
[15] Rundschreiben vom Dezember 1935, in: ebd.
[16] In: ebd.
[17] Ebd.
[18] In: ebd.
[19] Landgericht Hamburg, Aktenzeichen 25.031/36. -299-, Urteil vom 1.9.1937 im Verfahren des Deutschen Möbelfachverbandes Ortsgruppe Kiel e.V. gegen Fa. Erwin Hass, Hamburg, 22 Seiten, hier S. 17, in: Nachlass Kurt Barnekow. Folgende Zitate ebd., S. 18 f.
[20] Ebd.
[21] Vermerk des Assessors Romeiss, Reichswirtschaftsministerium, „Betr.: Organisation des

Möbelhandels" vom 19.04.1938, in: Bundesarchiv Berlin R 3101/9222.

[22] Eidesstattliche Erklärung Kurt Barnekows vom 03.03.1947, 8 Seiten, hier S. 2, in: Nachlass Kurt Barnekow.

[23] Schreiben des Reichswirtschaftsministers an die Reichsgruppe Handel der Organisation der gewerblichen Wirtschaft „Betr.: Bereinigung des Möbelhandels" vom 11.05.1938, in: Bundesarchiv Berlin R 3101/9222.

[24] Arbeitsbericht der Wirtschaftsgruppe Einzelhandel 1939/41, Broschüre o.O., 76 Seiten, hier S. 69, in: Bundesarchiv Berlin R 3101/9236.

[25] Schreiben Kurt Barnekows an den Präses der Handelskammer Hamburg, Albert Schäfer, vom 16.11.1950, 18 Seiten, hier S. 2, in: Nachlass Kurt Barnekow.

[26] Vermerk von Ministerialrat Dr. Barth, Reichs- und Preußisches Wirtschaftsministerium, vom 16.11.1937, in: Bundesarchiv Berlin R 3101/9222.

[27] Kurt Barnekow: Bericht über die mir und meiner Firma von der NSDAP und ihren Organisationen in den Jahren 1933-1945 bereiteten Schwierigkeiten vom 22.05.1945, 6 Seiten, hier S. 2, in: Nachlass Kurt Barnekow.

[28] So Wilhelm Wolff, Obersenatsrat der Verwaltung für Handel, Schiffahrt und Gewerbe, Preisbildungs- und -überwachungsstelle, der Hansestadt Hamburg in einer auf Antrag Kurt Barnekows angefertigten Bestätigung vom 22.08.1946, in: ebd.

[29] Eidesstattliche Versicherung von Gustav Brandt vom 24.01.1947, 2 Seiten, notariell beglaubigt am 25.01.1947, in: ebd.

[30] Polizeigefängnis Fuhlsbüttel: Verzeichnis der im Monat Juli 1938 durch den Vollzug von Schutzhaft für die Geheime Staatspolizei entstandenen Kosten, in: Archiv der FZH 353-34, Nr. 35363 Fuhlsbüttel Häftlingslisten.

[31] Eidesstattliche Erklärung Kurt Barnekows vom 03.03.1947, 8 Seiten, hier S. 2, in: Nachlass Kurt Barnekow.

[32] So Ludwig Eiber: „Kola-Fu". Konzentrationslager und Gestapogefängnis Hamburg-Fuhlsbüttel 1933-1945, Broschüre Hamburg 1983 (Hamburg Portrait, 18), S. 8.

[33] Zitiert nach Herbert Diercks: Gedenkbuch Kola-Fu. Für die Opfer aus dem Konzentrationslager, Gestapogefängnis und KZ-Außenlager Fuhlsbüttel, hrsg. von der KZ-Gedenkstätte Neuengamme, Hamburg 1987, S. 11.

[34] Eidesstattliche Erklärung Kurt Barnekows vom 03.03.1947, 8 Seiten, hier S. 3, in: Nachlass Kurt Barnekow.

[35] Barnekow, Bericht (wie Anm. 28), S. 3.

[36] Ebd.

[37] Ebd.

[38] Bescheinigung des Oberstaatsanwalts beim Landgericht Hamburg vom 05.08.1946, in: Nachlass Kurt Barnekow.

[39] Vgl. Bundesarchiv Dahlwitz-Hoppegarten R 8 XI/211.

[40] Barnekow, Bericht (wie Anm. 28), S. 4.

[41] Ebd.

[42] Ebd.

[43] Eidesstattliche Erklärung Kurt Barnekows vom 03.03.1947, 8 Seiten, hier S. 4, in: Nachlass Kurt Barnekow.

[44] Schreiben Kurt Barnekows an Kurt Noell vom 15.12.1988, in: ebd.

[45] Schreiben Kurt Barnekows an Ministerpräsident a.D. Kai-Uwe von Hassel vom 27.06.1989, in: ebd.

[46] Rechtsanwalt Herbert Vierth: Bestätigung für Kurt Barnekow vom 28.05.1945, beglaubigte Abschrift, in: ebd.

[47] Eidesstattliche Erklärung Kurt Barnekows vom 03.03.1947, 8 Seiten, hier S. 6, in: ebd.

[48] Ebd.

[49] Urkunde des Reichspatentamtes über die Eintragung eines Gebrauchsmusters in die Gebrauchsmuster-Rolle vom 27.05.1943, in: ebd.
[50] Wirtschaftsstelle für Möbel der Reichsstelle für Glas, Keramik und Holzverarbeitung: 2. Allgemeine Lieferungsanweisung vom 10.09.1942, in: Bundesarchiv Dahlwitz-Hoppegarten R 8 XI/242.
[51] Barnekow, Bericht (wie Anm. 28), S. 5.
[52] Eidesstattliche Erklärung Kurt Barnekows vom 03.03.1947, 8 Seiten, hier S. 6, in: Nachlass Kurt Barnekow.
[53] Ebd.
[54] Interview mit Anneliese Köpke vom 26.10.2002.
[55] So die sinngemäße Widergabe durch Kurt Barnekow in dessen Schreiben an Kurt Noell vom 21.03.1989, in: Nachlass Kurt Barnekow.
[56] Interview mit Kurt Noell vom 20.01.2003.
[57] 29. Division. 29. Infanteriedivision, 29. Infanteriedivision (mot.), 29. Panzergrenadier-Division. Das Buch der FALKE-Division mit Beiträgen von Joachim Lemelsen, Walter Fries, Wilhelm Schaeffer und vielen anderen Divisionsangehörigen, hrsg. vom Falke-Verband, Bad Nauheim 1960, S. 335 und 339 f.
[58] So die Wiedergabe durch mehrere Zeitzeugen.
[59] 29. Division (wie Anm. 58), S. 369.
[60] Schreiben Kurt Barnekows an Maria Zuschlag vom 03.12.1943, in: Private Sammlung Noell.
[61] Ebd.
[62] So die Spielbesenfabrik Friedrich Müller, Hamburg-Rahlstedt, in einem Schreiben an die Bezirksgruppe Nordmark der Fachuntergruppe Serienmöbelindustrie vom 20.11.1943, in: Bundesarchiv Dahlwitz-Hoppegarten R 13 IX/2.
[63] Schreiben Kurt Barnekows an Oberstleutnant Kurt Noell vom 03.12.1943, in: Private Sammlung Noell.
[64] Ebd.
[65] Schreiben Kurt Barnekows an Oberstleutnant Kurt Noell vom 21.12.1943, in: ebd.
[66] Schreiben Kurt Barnekows an Oberstleutnant Kurt Noell vom 12.01.1944 (handschriftlich), in: ebd.
[67] Schreiben der Wirtschaftsgruppe Holzverarbeitende Industrie an die Transportkommission XVII, „Wehrmacht- und allgem. Gerät, sonstiges Gerät", vom 26.01.1943, in: Bundesarchiv Dahlwitz-Hoppegarten R 13 IX/15.
[68] Schreiben der Wirtschaftsgruppe Holzverarbeitende Industrie an die Transportkommission XVII, „Wehrmacht- und allgem. Gerät, sonstiges Gerät", vom 09.02.1943, in: ebd.
[69] In: Private Sammlung Noell.
[70] In: ebd.
[71] Schreiben Kurt Barnekows an Oberstleutnant Kurt Noell und Gemahlin vom 24.02.1944, in: ebd.
[72] Schreiben Kurt Noells an Kurt Barnekow vom 15.01.1995, in: Nachlass Kurt Barnekow.
[73] Schreiben Alfred K. Barnekows, Journalist, an Kurt Noell vom 12.03.1982, in: Private Sammlung Noell.
[74] Schreiben Kurt Barnekows an Kurt Noell vom 17.12.1981, in: ebd.
[75] Schreiben Kurt Barnekows an Kurt Noell vom 30.09.1981, in: ebd.
[76] Schreiben Kurt Barnekows an Ministerpräsident a.D. Kai-Uwe von Hassel vom 27.06.1989, in: Nachlass Kurt Barnekow.
[77] Ebd.
[78] Schreiben Kurt Barnekows an Kurt Noell vom 30.09.1981, in: Private Sammlung Noell.

[79] Ebd.
[80] Schreiben Kurt Barnekows an Kurt Noell vom 21.03.1989, in: ebd.
[81] Ebd.
[82] Schreiben Kurt Barnekows an Herbert Peiler vom 29.05.1992 (Nachtrag), in: Nachlass Kurt Barnekow.
[83] Lutz Niethammer: Die Mitläuferfabrik. Die Entnazifizierung am Beispiel Bayerns, Berlin 1982.
[84] Schreiben Kurt Barnekows an den Kameradschaftsverband „Falke", Herren [Franz] Götte und [Herbert] Peiler, vom 18.05.1984, in: Private Sammlung Noell.
[85] Schreiben Kurt Barnekows an Herbert Peiler vom 29.05.1992, in: Nachlass Kurt Barnekow.
[86] Schreiben Kurt Barnekows an Kurt Noell vom 20.10.1990, in: Private Sammlung Noell.
[87] Schreiben Kurt Barnekows an den Kameradschaftsverband „Falke", Herren [Franz] Götte und [Herbert] Peiler, vom 18.05.1984, in: ebd.
[88] Offener Brief Kurt Barnekows vom 06.06.1984, in: Nachlass Kurt Barnekow.
[89] Falke Mitteilungsblatt 1984, S. 26f.
[90] Schreiben Kurt Barnekows an den Kameradschaftsverband „Falke", Herren [Franz] Götte und [Herbert] Peiler, vom 18.05.1984, in: Private Sammlung Noell.
[91] Zitiert nach Frankfurter Rundschau vom 28.01.1989.
[92] In: Nachlass Kurt Barnekow.
[93] Schreiben vom 27.01.1986, in: ebd.

Die KUBAH-Kogge in voller Fahrt

[1] Schreiben Kurt Barnekows an seine Enkelin Andrea-Christin Ottmüller zum 18. Geburtstag vom 10.04.1978, 44 Seiten, hier S. 9, in: Nachlass Kurt Barnekow.
[2] Kurt Barnekow: Entwurf – KUBAH Kurt Barnekow K.-G., Manuskript Hamburg o.D. [1983, Ergänzung 1996], 9 Seiten, hier S. 2, in: ebd.
[3] So die sinngemäße Wiedergabe seiner Worte durch Karin Brennecke-Barnekow (Interview vom 18.10.2002).
[4] Barnekow, Entwurf (wie Anm. 2), S. 2f.
[5] Ludwig Vaubel: Zusammenbruch und Wiederaufbau. Ein Tagebuch aus der Wirtschaft 1945-1949, München 1985.
[6] Barnekow, Entwurf (wie Anm. 2), S. 4.
[7] Ebd., S. 3.
[8] KUrt BArnekow-Hamburg: 25 Jahre Aufbau, 2.8.1933-1958, hrsg. von der KUBAH Möbel-Fabrik Kurt Barnekow K.-G., Broschüre o.O. (Hamburg) o.J. (1958), S. 5.
[9] Barnekow, Entwurf (wie Anm. 2), S. 3.
[10] Ebd., S. 1.
[11] Ebd., S. 3.
[12] Festansprache Kurt Barnekows beim Empfang anlässlich des 50jährigen Jubiläums von KUBAH am 10.08.1983 im Wedel-Schulauer Fährhaus, Manuskript Hamburg o.D. [1983] 20 Seiten, hier S. 1, in: ebd.
[13] Barnekow, Entwurf (wie Anm. 2), S. 4.
[14] Wirtschaftsförderung Nord e.V., Protokoll der Vorstandssitzung vom 01.10.1948, 4 Seiten, hier S. 1, in: Staatsarchiv Hamburg, 613-4/11-3.
[15] Barnekow, Entwurf (wie Anm. 2), S. 2.
[16] Ebd.
[17] Bescheinigung von Bürgermeister Heinrich Gau für die KUBAH Möbel-Fabrik vom 18.01.1951, in: Nachlass Kurt Barnekow.
[18] Die Entwicklung der Stadt Wedel im Spiegel der Zahlen, Übersicht vom 01.05.1957, 13 Seiten, hier S. 6, in: Stadtarchiv Wedel 222.3.

[19] In: Stadtarchiv Wedel 192.8.
[20] Schreiben Kurt Barnekows an die Landesregierung Schleswig-Holstein, Landesminister für Arbeit, Wirtschaft und Verkehr, vom 14.06.1950, in: ebd.
[21] So z.B. Albert Jäger vom Bankhaus Wölbern & Co. in einem Schreiben an Kurt Barnekow vom 09.08.1983, in: Nachlass Kurt Barnekow.
[22] Schreiben Kurt Barnekows an Ministerpräsident a.D. Kai-Uwe von Hassel vom 27.06.1989, in: ebd.
[23] Festansprache Kurt Barnekows (wie Anm. 12), S. 3.
[24] Schreiben Kurt Barnekows an Stadtdirektor Heinrich Gau vom 19.12.1949, in: Stadtarchiv Wedel 192.8.
[25] Schreiben Kurt Barnekows an die Landesregierung Schleswig-Holstein, Ministerium für Umsiedlung und Aufbau, Abteilung 1, vom 03.05.1948, in: ebd.
[26] Heimatbuch der Stadt Wedel, hrsg. von der Stadtverwaltung Wedel, Wedel 1950, S. 105f.
[27] Ebd.
[28] Wedel-Schulauer Tagblatt vom 02.08.1958.
[29] KUrt BArnekow-Hamburg: 25 Jahre Aufbau (wie Anm. 8), S. 4.
[30] Zitiert nach Norddeutsche Einzelhandelszeitung, Nr. 6 vom 15.03.1952, S. 10.
[31] Zitiert nach Norddeutsche Einzelhandelszeitung, Nr. 6 vom 01.01.1954, S. 6.
[32] Barnekow, Entwurf (wie Anm. 2), S. 5.
[33] Geschäfts- und Tätigkeitsbericht 1965 des Landesverbandes Schleswig-Holstein der Holzindustrie und Kunststoffverarbeitung e.V. in Kiel vom Juni 1966, 8 Seiten, hier S. 3, in: Archiv des Verbandes Holz und Kunststoff Nord-Ost e.V. (HKN), Hamburg, Ordner: Gründungsakte Holz, Mitgliederversammlungen Schleswig-Holstein 1948-1969.
[34] Interview mit Axel Dornblüth vom 10.04.2003.
[35] Die Welt vom 02.08.1958.
[36] Vgl. Volker Berghahn: Unternehmer in der frühen Bundesrepublik: Selbstverständnis und politischer Einfluß in der Marktwirtschaft, in: Thomas Großbölting und Rüdiger Schmidt: Unternehmerwirtschaft zwischen Markt und Lenkung. Organisationsformen, politischer Einfluß und ökonomisches Verhalten 1930-1960, München 2002, S. 283-300.
[37] Vgl. mehrere Dokumente in Bundesarchiv Dahlwitz-Hoppegarten R 13 IX/2 und Deutsche Einzelhandelszeitung, Nr. 3 vom 13.08.1969, S. 10.
[38] In: Nachlass Kurt Barnekow.
[39] Schriftliche Aussage Kurt Barnekows vor der Kriminalpolizei Hamburg vom 15.07.1950, in: ebd.
[40] Schreiben Curt Wessigs an Kurt Barnekow vom 07.08.1950, in: ebd.
[41] So Carl Christian von Weizsäcker: Wettbewerbspolitik, in: Handwörterbuch des Marketing, hrsg. von Bruno Tietz, 2., vollständig überarbeitete Auflage, Stuttgart 1995 (Enzyklopädie der Betriebswirtschaftslehre, 4), S. 2729-2753, hier S. 2734.
[42] Vermerk, betr.: Reklameankündigung der Firma „KUBAH Möbel- und Einrichtunghaus K.Barnekow K.G." vom 05.05.1950, in: Archiv der IHK Kiel 2182.
[43] In: ebd.
[44] Schreiben des Justitiars der IHK Kiel an Herbert Fritze vom 27.05.1950, in: ebd.
[45] Zitiert nach Schreiben Kurt Barnekows an den Präses der Handelskammer Hamburg, Albert Schäfer, vom 16.11.1950, 18 Seiten, hier S. 2, in: Nachlass Kurt Barnekow.
[46] Hamburger Einzelhandel, Nr. 19 vom 1. Oktober 1950, S. 281.
[47] Offener Brief an Herbert Westerich, Vorsitzender des Gesamtverbandes des Hamburger Einzelhandels e.V., vom 10.10.1950, 4 Seiten, hier S. 1f., in: Nachlass Kurt Barnekow.
[48] In: ebd.
[49] Zum offenen Brief des Herrn Barnekow, in: Hamburger Einzelhandel, Nr. 19 vom 1. November 1950, S. 329.

[50] In: Nachlass Kurt Barnekow.
[51] Schreiben Kurt Barnekows an Finanzsenator W.[alter] Dudek vom 04.08.1952, in: Stadtarchiv Wedel 192.8.
[52] Der Spiegel 7 (1953) 7, S. 15.
[53] Schreiben Kurt Barnekows an Kurt Domeier vom 03.11.1986, in: Nachlass Kurt Barnekow.
[54] Schreiben Kurt Barnekows an den Präses der Handelskammer Hamburg, Albert Schäfer, vom 16.11.1950, in: ebd.
[55] Schreiben Kurt Barnekows an das Finanzamt Elmshorn vom 19.12.1949, in: Stadtarchiv Wedel 192.8.
[56] Ebd.
[57] Schreiben Kurt Barnekows an die AOK Pinneberg vom 31.12.1949, in: ebd.
[58] Schreiben Kurt Barnekows an Bürgermeister Heinrich Gau vom 20.07.1951, in: ebd.
[59] Schreiben Kurt Barnekows an Ministerpräsident a.D. Kai-Uwe von Hassel vom 27.06.1989, in: Nachlass Kurt Barnekow.
[60] Der Spiegel 7 (1953) 7, S. 14f.
[61] Zitiert nach Norddeutsche Einzelhandelszeitung, Nr. 21 vom 01.11.1953, S. 2.
[62] Der Spiegel 7 (1953) 7, S. 15.
[63] Ebd.
[64] So Harm G. Schröter: Die Amerikanisierung der Werbung in der Bundesrepublik Deutschland, in: Jahrbuch für Wirtschaftsgeschichte, 1997/I, S. 93-115, hier S. 97.
[65] Vgl. die zahlreichen Beiträge dazu in Hamburger Einzelhandel, 1948-1951, und Norddeutsche Einzelhandelszeitung, 1952ff.
[66] Schreiben Kurt Barnekows an den Präses der Handelskammer Hamburg, Albert Schäfer, vom 16.11.1950, in: Nachlass Kurt Barnekow.
[67] 50 Jahre KUBAH, Broschüre Hamburg 1983, S. 10.
[68] Schreiben Kurt Barnekows an Hans Körner vom 07.08.1975, in: Stadtarchiv Wedel 2043.3.
[69] Carsten Dürkop: Wedel. Eine Stadtgeschichte, Pinneberg 2000, S. 205.
[70] Zitiert nach ebd.
[71] Hans Otto Eglau: Egbert Snoek. Eine Revolution namens „Ratio", in: ders.: Die Kasse muß stimmen. So hatten sie Erfolg im Handel. Von der Kleiderdynastie Brenninkmeyer über die Discountbrüder Albrecht bis zur Sexversenderin Beate Uhse. Düsseldorf – Wien 1972, S. 183-197, hier S. 191.
[72] Der Spiegel 17 (1963) 52, S. 34.
[73] Zitiert nach Hamburger Abendblatt vom 02.01.1964.
[74] Interview mit Claus Grabow vom 12.03.2003.
[75] Vgl. Zeitungsausschnittsdokumentation zur Ratio Handel GmbH & Co KG, in: Hamburger Weltwirtschaftsarchiv 2DE T 181.
[76] Schreiben vom 02.08.1958, in: Nachlass Kurt Barnekow.
[77] Interview mit Reinhard Busch vom 21.11.2002.
[78] Interview mit Gerhard Kern vom 14.11.2002.
[79] Schreiben des Bürgermeisters der Stadt Wedel, Örtliche Ordnungsbehörde, an Peter Biehl vom 11.09.1963, in: Private Sammlung Peter Biehl.
[80] Interview Peter Biehl vom 04.06.2003.
[81] Schreiben Kurt Barnekows an Peter Biehl vom 23.01.1964, in: Private Sammlung Peter Biehl.
[82] Schreiben Peter Biehls an Kurt Barnekow vom 27.04.1967, in: ebd.
[83] Interview Lothar Filenius vom 22.01.2003.
[84] 40 Jahre KUBAH: 2. VIII. 1933-2. VIII. 1973, Broschüre Wedel 1973, S. 4.
[85] Schreiben Fritz Russ' an den Deutschen Gewerkschaftsbund, Ortsausschuss Hamburg, vom 07.06.1952, in: Private Sammlung Josef Schmid; vgl. auch Hamburger Echo vom 06.06.1952.

[86] Jürgen Brammer/Klaus Weigle: Die „Illegalen" 1956/1968, in: Demokratische Geschichte. Jahrbuch für Schleswig Holstein 12 (1999), S. 281-330, hier S. 305.
[87] Schreiben vom 22.03.1961, in: Nachlass Kurt Barnekow.
[88] Vgl. auch Bundesarchiv Berlin, SAPMO DY 30/10.03/217, Bl. 19f.
[89] Hektographiertes Flugblatt vom 20.04.1961, in: ebd.
[90] Neue Landespolitik 4 (1961), S. 10, in: ebd.
[91] So Kurt Barnekow in einem Schreiben an Kurt Noell vom 17.12.1981, in: Private Sammlung Kurt Noell.
[92] Gaby Lütgering: Die Möbelindustrie: Produktionsstrukturen und Fertigungstechnologien und ihre Auswirkungen auf Qualifikationsanforderungen, Arbeitsbedingungen und Beschäftigung, Universität Bielefeld, Fakultät für Wirtschaftswissenschaften 1985 (Forschungsprojekt 3150: „Der sektorale und regionale Strukturwandel in Ostwestfalen-Lippe in den siebziger und achtziger Jahren – Problemanalyse und deren Umsetzung in kooperativer Weiterbildung", Projektpapier 15), S. 137f.
[93] Lage- und Tätigkeitsbericht 1959 des Landesverbandes SH der Holzverarbeitenden Industrie e.V. vom 20.06.1960, 4 Seiten, hier S. 2, in: Archiv des Verbandes Holz und Kunststoff Nord-Ost e.V. (HKN), Ordner: Gründungsakte Holz, Mitgliederversammlungen Schleswig-Holstein 1948-1969.
[94] Schreiben des Landesverbandes Schleswig-Holstein der Holzverarbeitenden Industrie e.V. an Hermann Hess vom 03.01.1961, in: Archiv des Verbandes Holz und Kunststoff Nord-Ost e.V. (HKN), Ordner: Vorstandssitzungen 1950-1967.
[95] Barnekow, Entwurf (wie Anm. 2), S. 6.
[96] Wirtschaftswoche vom 14.09.1964.
[97] Niederschrift über die Sitzung des Vorstandes, Beirats und Sozialpolitischen Ausschusses [des Landesverbandes Schleswig-Holstein der Holzindustrie und Kunststoffverarbeitung e.V.] am 09.02.1968 in Bad Bramstedt, Hotel „Zur Post, o.D., 5 Seiten, hier S. 4, in: Archiv des Verbandes Holz und Kunststoff Nord-Ost e.V. (HKN), Ordner: Vorstandssitzungen 1968-1972.
[98] Interview mit Jost de Vries vom 11.03.2003.
[99] Niederschrift über die Vorstandssitzung [des Landesverbandes Schleswig-Holstein der Holzindustrie und Kunststoffverarbeitung e.V.] am 27.10.1969 in Bad Bramstedt, Hotel „Zur Post, o.D., 5 Seiten, hier S. 1f., in: Archiv des Verbandes Holz und Kunststoff Nord-Ost e.V. (HKN), Ordner: Vorstandssitzungen 1968-1972.
[100] Kurt Barnekow: Referat am 19. September 1969 auf der Regionalkonferenz in Westerland GROSSEINKAUF EUROPA MÖBEL G.m.b.H. & Co. K.-G., Manuskript Hamburg o.D., 17 Seiten, hier S. 2ff., in: Nachlass Kurt Barnekow.
[101] Schreiben an Kurt Barnekow vom 31.07.1973, in: Archiv der IHK Kiel 1902.
[102] Schreiben Kurt Barnekows an Kurt Noell vom 30.09.1981, in: Private Sammlung Kurt Noell.
[103] Niederschrift über die Vorstandssitzung [des Landesverbandes Schleswig-Holstein der Holzindustrie und Kunststoffverarbeitung e.V.] am 27.10.1969 in Bad Bramstedt, Hotel „Zur Post, o.D., 5 Seiten, hier S. 1f., in: Archiv des Verbandes Holz und Kunststoff Nord-Ost e.V. (HKN), Ordner: Vorstandssitzungen 1968-1972.
[104] Barnekow, Entwurf (wie Anm. 2), S. 7.
[105] So Volker Döhl: Neue Rationalisierungsstrategien in der Möbelindustrie I. Markt und Technikeinsatz, Frankfurt am Main-New York 1989, S. 20.
[106] So z.B. Lütgering, Möbelindustrie (wie Anm. 92), S. 108f.
[107] Schreiben vom 07.10.1976, in: Stadtarchiv Wedel 2043.3.

Neuanfang statt Ruhestand

[1] Wedel Schulauer Tageblatt vom 09.09.1970.
[2] Elisabeth Pfeil: Das Einkaufsverhalten im Hamburger Umland. Sonderauswertung einer

Modellerhebung der GEWOS Gesellschaft für Wohnungs- und Siedlungswesen e.V., Hamburg, gedrucktes Manuskript Hamburg 1968, S. 25.

[3] Zitiert nach Wedel Schulauer Tageblatt vom 09.09.1970.
[4] Urkundenrolle des Amtsgericht Pinneberg (Kopie) Nr. 1052 / 1970, in: IHK Kiel 1902.
[5] Wedel-Schulauer Tageblatt vom 02.10.1971.
[6] Wedel-Schulauer Tageblatt vom 13.11.1971
[7] Hamburger Abendblatt vom 06./07.06.1998.
[8] Vgl. Hamburger Abendblatt vom 26.05.1971 und Schreiben des Hamburger Möbelfachverbandes e.V. an die IHK, Zweigstelle Elmshorn, vom 01.06.1971, in: Archiv der IHK Kiel 1902.
[9] Vermerk „Betr.: Werbung der Fa. Kubah Kaufkraft Einrichtungs-Center G.m.b.H., Wedel" vom 05.09.1972, in: ebd.
[10] Schreiben Heinz Meyers an Kurt Barnekow vom 12.09.1972, in: ebd.
[11] Schreiben Kurt Barnekows an die IHK Kiel, Zweigstelle Elmshorn, vom 21.06.1973, in: ebd.
[12] Der Spiegel 29 (1975) 9, S. 60.
[13] Schreiben der IHK-Zweigstelle Elmshorn an die Hauptgeschäftsstelle der IHK Kiel vom 18.03.1975, in: Archiv der IHK Kiel 1902.
[14] Schreiben des Sozialministers des Landes Schleswig-Holstein an die KUBAH Kaufkraft Einrichtungs-Center GmbH vom 21.11.1977, in: Archiv der IHK Kiel 1902.
[15] Schreiben vom 18.10.1976, in: Stadtarchiv Wedel 2043.3.
[16] In: Archiv der IHK Kiel 1902.
[17] Kurt Barnekow: Grundsatz-Erklärung vom 10.11.1983, in: Stadtarchiv Wedel 2043.3.
[18] Interview mit Karin Brennecke-Barnekow vom 16.04.2003.
[19] Zitiert nach Wedel-Schulauer Tageblatt vom 31.07.1975.
[20] Zitiert nach Norderstedter Nachrichten vom 31.07.1975.
[21] Schreiben Kurt Barnekows an Bürgermeister Dr. Hörnig vom 05.08.1975, in: Stadtarchiv Wedel 2043.3.
[22] Schreiben vom 09.08.1977, in: Private Sammlung Helmut Ballaschke.
[23] Zitiert nach: Ludwig Berekoven: Geschichte des deutschen Einzelhandels, 2. Auflage, Frankfurt am Main 1987, S. 124f.
[24] Zitiert nach Der Spiegel 31 (1977) 16, S. 82.
[25] Ebd., S. 82 und 84.
[26] Schreiben Kurt Barnekows an die Hauptgemeinschaft des Deutschen Einzelhandels vom 02.11.1978, in: Stadtarchiv Wedel 2043.3.
[27] Schreiben vom 05.10.1983, in: ebd.
[28] Vgl. Schreiben vom 30.07.1978, in: ebd.
[29] Vgl. Die Welt vom 12.08.1981 und vom 14.10.1982.
[30] Schreiben des Stellvertretenden Vorsitzenden der SPD-Bundestagsfraktion, Wolfgang Roth, an Kurt Barnekow vom 29.01.1982, und Schreiben der IHK-Zweigstelle Elmshorn, Heinz Meyer, an die Hauptgeschäftsstelle der IHK Kiel vom 16.01.1978, beide in: Archiv der IHK Kiel 1902.
[31] Schreiben Kurt Barnekows an Dr. Fritz Hörnig, Bürgermeister Wedel, und an den Stadtkämmerer Wedel vom 07.10.1976, in: Stadtarchiv Wedel 2043.3.
[32] Auszug aus Protokoll der 105. Sitzung des Magistrats der Stadt Wedel vom 21.03.1977, in: ebd.
[33] Schreiben vom 09.08.1977, in: Private Sammlung Helmut Ballaschke.
[34] Kurt Barnekow: Entwurf – KUBAH Kurt Barnekow K.-G., Manuskript Hamburg o.D. [1983, Ergänzung 1996], 9 Seiten, hier S. 8, in: Nachlass Kurt Barnekow.
[35] Aktenvermerk [Fritz] Hörnig vom 02.03.1979, in: Stadtarchiv Wedel 2043.3; vgl. auch Schreiben Klaus Neumann-Silkows an Kurt Barnekow vom 24.04.1979, in: ebd.

[36] Schreiben in: ebd.
[37] Schreiben Kurt Barnekows an Klaus Neumann-Silkow, Erster Stadtrat Wedel, vom 14.11.1979, in: ebd.
[38] Interview mit Klaus Neumann-Silkow vom 20.02.2003.
[39] Interview mit Hans-Uwe Ehlers vom 07.02.2003.
[40] Ebd.
[41] Schreiben Kurt Barnekows an seine Enkelin Andrea-Christin Ottmüller zum 18. Geburtstag vom 10.04.1978, 44 Seiten, hier S. 22ff., in: Nachlass Kurt Barnekow.
[42] Ebd.

Eine Tradition wird beendet

[1] Uetersener Nachrichten vom 11.08.1983.
[2] Wedel-Schulauer Tageblatt vom 20.07.1983.
[3] Vgl. Zeitungsausschnittssammlung in: Nachlass Kurt Barnekow.
[4] Kurt Barnekow: Festansprache beim Empfang am 10.08.1983, Manuskript o.O. 20 Seiten, hier S. 1f., in: ebd.
[5] Ebd., S. 3.
[6] Ebd., S. 4.
[7] Beide Zitate ebd., S. 20.
[8] Schreiben Hans-Peter Scherrers, Vorstand Axel Springer Verlag, an Kurt Barnekow vom 02.08.1983, in: ebd.
[9] Ansprachen auf der Feier anlässlich des Jubiläums-Empfanges im „Schulauer Fährhaus" am 10.08.1983 zum 50jährigem Firmenbestand, Abschrift o.O. 8 Seiten, hier S. 8, in: ebd.
[10] Ebd., S. 2-7.
[11] Zitiert nach Wedel-Schulauer Tageblatt vom 11.08.1983.
[12] Kurt Barnekow: Entwurf – KUBAH Kurt Barnekow K.-G., Manuskript Hamburg o.D. [1983, Ergänzung 1996], 9 Seiten, hier S. 8, in: Nachlass Kurt Barnekow.
[13] Urkundenrolle des Amtsgericht Pinneberg (Kopie) Nr. 1052 / 1970, in: IHK Kiel 1902.
[14] Aktennotiz [Anneliese Köpke] für Dr. Hans-Uwe Ehlers, Betr.: Barnekow, wirtschaftliche Situation der Unternehmensgruppe, vom 09.05.1986, in: Private Sammlung Helmut Ballaschke.
[15] Kurt Barnekow: Presseinformation vom 01.10.1986, in: Nachlass Kurt Barnekow.
[16] Inside, Nr. 284 vom 26.09.1986.
[17] Hamburger Abendblatt vom 02.10.1986.
[18] Schreiben in: Nachlass Kurt Barnekow.
[19] So die Pinneberger Zeitung vom 19.10.1996.
[20] Mehrere Beispiele befinden sich im Nachlass Kurt Barnekows.
[21] Schreiben Kurt Barnekows an Kurt Noell vom 21.03.1989, in: Private Sammlung Kurt Noell.
[22] Interview mit Udo Bandow vom 16.01.2003.
[23] So Arthur Wittmann, Institut für Menschenkunde, München-Solln: Psychologisches Gutachten (Schriftanalyse) über Kurt Barnekow, 4 Seiten, vom 11.08.1960, in: Nachlass Kurt Barnekow.
[24] Schreiben Kurt Barnekows an seine Enkelin Andrea-Christin Ottmüller zum 18. Geburtstag vom 10.04.1978, 44 Seiten, hier S. 29ff., in: ebd.

Danksagung

An der vorliegenden Publikation haben als Zeitzeugen mitgewirkt: Helmut Ballaschke, Udo Bandow, Peter Biehl, Karin Brennecke-Barnekow, Reinhard Busch, Axel Dornblüth, Hans-Uwe Ehlers, Lothar Filenius, Claus Grabow, Bernd Grohmann, Gerhard Kern, Anneliese Köpke, Klaus Neumann-Silkow, Kurt Noell, Manfred und Ingeborg Timm, Jost de Vries.

Ihnen gilt besonderer Dank.

Bildnachweis

S. 8, o. l. : Stadtarchiv Stralsund
S. 11: Bildarchiv Preußischer Kulturbesitz
S. 33: Landesmedienzentrum Hamburg
S. 55: KZ-Gedenkstätte Neuengamme
S. 74: Landesmedienzentrum Hamburg
S. 167: dpa/Picture-Alliance
Alle übrigen Illustrationen stammen aus dem privaten Besitz von
Karin Brennecke-Barnekow.

Zitatnachweis

S. 10: Schreiben Kurt Barnekows an Immtraut Seibt, Evangelisches Pfarramt der Marienkirche Stralsund, vom 14.11.1990, in: Nachlass Kurt Barnekow.
S. 20: Kurt Barnekow: Von der Reklame, unveröffentlichtes Manuskript in 2 Bänden, Hamburg März 1929, hier Bd. 1, Kapitel 2ff. (im Privatbesitz Karin Brennecke-Barnekow).
S. 27: Schreiben Kurt Barnekows an seine Enkelin Andrea-Christin Ottmüller zum 18. Geburtstag vom 10.04.1978, 44 Seiten, hier S. 5f., in: Nachlass Kurt Barnekow.
S. 43: Eidesstattliche Erklärung Kurt Barnekows vom 03.03.1947, 8 Seiten, hier S. 3, in: ebd.
S. 74: Zeitzeugenschilderung, in: Private Sammlung Josef Schmid.
S. 94: Heimatbuch der Stadt Wedel, hrsg. von der Stadtverwaltung Wedel, Wedel 1950, S. 105f.
S. 106: Kurt Barnekow: Offener Brief an Herbert Westerich, Vorsitzender des Gesamtverbandes des Hamburger Einzelhandels e.V., vom 10.10.1950, 4 Seiten, hier S. 3., in: Nachlass Kurt Barnekow.
S. 111: Schreiben Kurt Barnekows an den Präses der Handelskammer Hamburg, Albert Schäfer, vom 16.11.1950, 18 Seiten, hier S. 6, in: ebd.
S. 117: Ebd., S. 10f.
S. 140: Kurt Barnekow: Referat am 19. September 1969 auf der Regionalkonferenz in Westerland GROSSEINKAUF EUROPA MÖBEL G.m.b.H. & Co. K.-G., Manuskript Hamburg o.D., 17 Seiten, hier S. 9ff., in: ebd.
S. 163: Klaus Neumann-Silkow, Interview vom 20.02.2003, in: Private Sammlung Josef Schmid.
S. 168: Kurt Barnekow: Festansprache beim Empfang am 10.08.1983, Manuskript o.O. 20 Seiten, hier S. 18, in: Nachlass Kurt Barnekow.